第一里 縣內面 邑內

第一戶

第二戶

第三戶

本书系国家社会科学基金一般项目"朝鲜王朝户籍制度与国家治理研究"
（20BSS061）阶段性成果

新 / 经 / 济 / 史 / 丛 / 书

"十四五"国家重点出版物出版规划项目

编户齐民

朝鲜近世的
户籍文书

朱玫 著

社会科学文献出版社

SOCIAL SCIENCES ACADEMIC PRESS (CHINA)

"新经济史"丛书序言

黄国信　温春来

呈现在大家面前的这套丛书，最终以"新经济史"命名，是一个无奈的选择，也是一个有意识的选择。以"新"来命名历史学或者历史学相关学科，实在缺乏表现力；更糟糕的是，"新经济史"本是 20 世纪西方经济学中以数量分析而著名的经济史流派。这两个因素，足见以"新经济史"来命名一套丛书，绝非明智之举。但我们最终仍然行此下策，是希望能赋予这一概念某种新义。我们所谓的"新经济史"，是结合经济史中的历史学派与计量学派的学术理路，以中国社会经济史传统为学术传承，以历史上经济、政治、社会、文化等密切联系的各要素的整体组合为思考依据，从历史过程的内在逻辑出发，以阐释学术意义上的中国传统经济体系为旨归，力图据此与相关社会科学展开对话，推动基于中国历史经验的经济史解释模式学术理路的形成与发展。

　　学界通常所说的"新经济史"，兴起于 1950 年代的美国，是计量方法与历史主义方法竞争的结果。受德国经济学历史学派的影响，1880 年代以后，历史主义一直是美国经济史研究的主流方法，研究者并不以新古典经济理论为指导，而是强调历史文献和历史数据统计，意图从描述史料和统计数据中形成理论。然而，1950 年代开始，经济学在美国全面数学化。在一般均衡原理得到数学的严格证明后，1957 年在美国经济史协会的专题学术会议上，有学者正式提出，同样可以用新古典经济学理论解释历史上的因果关系，这成为美国新经济史的宣言，计量方法开始挑战历史主义方法，并逐步成为美国经济史研究的主流。

　　在此背景下，1964 年，罗伯特·福格尔（Robert W. Fogel）出版了《铁路与美国经济增长：计量经济史论文集》一书，成为美国新经济史的代表作品。该书以新古典理论为指导，意在基于计量，精确地对铁路与美国经济增长的关系予以新解。此前，著名发展经济学家沃尔特·罗斯托（Walt W. Rostow）认为，铁路是美国经济起飞的重要动力，铁路降低了运输成本，扩大了国内市场，并且带动了煤、铁和现代工业的成长。这一观点得到经济史学界的广泛认可，成为经典论述。不过，福格尔认为，这一论述缺少足够的数理支持，只能视为一种假说。因此，在缺乏直接数据的情况下，福格尔极有创意地采用了反事实推定法，他推算如果没有铁路，美国的经济增长会受到多大影响。为此，他设定了一系列指标，并用线性规划模型，据已有数据创造数据，计算出 1890 年铁路带来的货物运输的社会节约是 5.6 亿美元，仅为当年 GDP 的 4.7%，铁路建设对钢铁、机械、木材等产品的购买量为 3211 万美元，仅占制造业总额的 3.94%。综合两个数据后，他觉得罗斯托关于铁路是美国经济起飞重要动力的结论，是有问题的。

福格尔新论一出，引起了美国经济史学界的强烈关注，支持者众，批评者亦不少。但他把由直觉推论得到的结论，置于科学主义的计量分析之下，具有极大魅力。由此开始，以计量为主要方法、以新古典经济学为理论指导的"新经济史"在美国蓬勃兴起。1968年，道格拉斯·诺斯（Douglass C. North）的《1600~1850 年海洋运输生产率变化的原因》发表。该文用每吨货物的平均海洋运输成本来衡量海洋运输生产率，认为 1600 年至 1850 年轮船代替帆船之前，货物的平均运输成本下降，海洋运输生产率提高。而造成这一变化的原因，不在众口一词的海洋运输技术进步，而在海洋运输的安全性加强和市场经济规模扩大。而后者的动力，来自制度的变革。诺斯的研究，把新经济史的计量分析演化成经济学史上的新制度学派，制度从经济分析中的常量，一跃成为内生变量，"新经济史"由此进入一个新阶段。

实际上，比"新经济史"在美国的兴起稍早，在法国，计量方法也在历史研究中产生了重大影响。法国年鉴学派大约从 1930 年代起，逐步将计量方法引入历史研究。他们首先利用计量开展价格史研究，并逐步将其发展为"系列史"。所谓系列史，就是将一组同质的事实材料，尤其是数字材料，排成一个序列，以分析其在特定时间范围内的变化，既包括价格、税收等经济史数据，也包括宗教文书、建筑等同质数据。在系列史中，过程成为研究对象，时间的同质性被消解。由此，最终发展出米歇尔·福柯（Michel Foucault）的历史非连续性论断。此后，年鉴学派又将计量方法引入心态史研究，推动历史学的计量化，比美国"新经济史"走得更远。

凭借计量的科学感、制度分析的魅力，法国年鉴学派和美国新经济史学派引领了大批学者进入历史计量分析行列。虽然由于历史上的统计数据常常残缺，难以直接计量，但具备良好数理逻辑思维的研究者，总可以将许多并非数据的史料，通过赋值转化成数据史料来利用。比如，可以将黄河决堤理解为水量增加，把沿海动乱看成海盗活动，并将其赋值，进而进行计量分析。经过赋值，历史计量可能性变大，研究领域大幅扩展。由此，计量方法不仅在经济史研究中广泛运用，而且被推广到历史学其他领域，形成了全球性的"计量历史学"热潮，以《计量历史学》为名的教科书应广泛的市场需求而产生。与此同时，经济学家也从史料中寻找数据源，努力创新经济理论，诺斯还因此获得诺贝尔经济学奖。

　　"新经济史"和计量历史学以其模型化和计量化，把不可计量的内容变成可计量，反对"从直感得到推论和综合"的历史学，得到了作为社会科学家的经济学家们的认可，他们甚至期待这一方法可以将历史学彻底"科学化"。不过，这也激起了一批经济史家、经济学家和历史学家的广泛批评，其要点可以概括为以下几个方面。第一，计量数据与历史语境的抵牾性。以"新经济史"为代表的计量历史学以统计分析为基本手段，数据是其根本基础。然而，不少计量历史学研究者利用数据时，缺乏良好的历史学素养，不了解既有数据的语境，将其视为当然，直接使用，难免差之毫厘，失之千里。须知历史数据与其他史料一样，必须置于其语境中去考察，否则就可以根据清前期田赋额较低，而推断当时国家能力孱弱了。既有数据之外，对非数据史料赋值，更需要良好的历史感，符合历史学的基本原则，不然就可以根据史料中盗贼出现的次数，来推断农民起义爆发的次数了。计量经济史学家认为，推动经济学学理意义上的学术进步，才是计量经济史学的重点，在这一目标之下，某些数据错误并不影响计量结论。诚然，如果经济数据的性质早已得到广泛认可，数据的大小有偏差，并不影响逻辑结论，比如清嘉庆年间，中国的 GDP 占全球 30% 还是 35%，的确不影响宏观结论，但如果得出宏观结论本身所依据的数据有错误，则跟物理实验材料用错性质相同了。所以，英国著名历史学家埃里克·霍布斯鲍姆（Eric Hobsbawm）早就指出过，"新经济史"虽然可促进历史学者清晰思考，但它把终结历史神话的历史学家变成算术工具，失去对史料的掌控和驾驭，严重伤害了历史学。第二，人文学科与社会科学的方法论差异。历史学是典范的人文学科，关注行动者的主体性和能动性，重视具体场合所发生事情的多样性与丰富性。人们做出决策的机制非常复杂，在人的复杂决策机制中选择一两项作为变量而将其他视为常量或者外生变量，显然会背离事实。进而言之，历史是在无数人的合力推动下演变的，较之于个体，变量尤其复杂多歧，虽然康德、黑格尔、恩格斯等先哲早就表述过，无数个体的激情与意图所造成的偶然性，无损于历史总体内在的合规律进程，但如果研究者不是从这种历史哲学出发去阐明整个人类历史演变的宏观模式，而是致力于实证性的经验研究，就不得不面对人心易变且变量变化可能杂乱无序的状况。这就需要以整体史观作为研究的理论指导，以人为思考的中心，尽量关注到各种变量，并且要注意变量的突变，即同一个或一群人决策时，变量从 A 突然跳跃到 B 的情况（诸如有人开始以经济理性做决策，突然又转变到为宗教理性所左右）。此外，相当多的历史学者，和不少经济史家一样，明确表示无法接受历史研究的反事实推定，他们认为假定即虚构，由此构建的数据与事实无关。而一批有良好历史感的经济史家，则几乎众口一词地认为"新经济史"构建的历史模型，控制变量太多，自变量太少，结论可信度大有问题。第三，经济理论不像自然科学公式那么有效，只能是经济和经济史分析的工具，不能直接套用。它不是经济史的源头，反而经济史才是经济理论的来源之一。凯恩斯（John M.Keynes）指出，经济理论只是人们思考和理解经济问题的工具，并不具有普适性，不能与自然科学的公式相提并论。韦斯利·C.米切尔（Wesley C. Mitchell）同样认为，如果将理论当作公式分析历史数据，则不仅可能违背历史逻辑，更会遗漏发明经济理论的可能机会。第四，某些计量经济史研究不过是用一些漂亮的模型来表达一些历史学习以为常的结论。虽然经济学家可能认为这是将历史学结论从假定变成了科学验证的结论，但是，批评者仍然认为，这种研究没有提供任何新的知识，是无意义的重复劳动，对历史研究并无帮助。

　　计量历史学的种种缺陷，使当初曾雄心勃勃想以之改造历史学的学者们的意图彻底落空，甚至有的主要倡导者也很快改弦易辙。1967 年，著名历史学家、年鉴学派第三代学者的代表之一埃马纽埃尔·勒华拉杜里（Emmanuel Le Roy Ladurie）放言："未来的历史学家要么就是一个程序员，要么就不是历史学家。"然而，仅仅 8 年后，他的代表作《蒙塔尤》出版，这部享誉世界的史学经典，回归到传统史学的叙事，与计量毫无关系。1970 年代后，计量历史学逐渐衰落。近年来，计量历史学在一些国家和地区有复兴趋势，这有着计算机算法进步、云计算与大数据时代来临的背景。一些计量历史研究和"新经济史"也号称大数据，但事实上，许多计量历史研究，无论是在基本理念、数学模型还是数据规模上，都与六七十年前的第一代计量历史学没有多大区别，体现不出多少新意，失误的类型也如出一辙，唯一的区别可能只是史料获取更为方便了。

　　"新经济史"和计量历史学受到的批评，除了数据的语境之外，主要是经济学与历史学之间的学科差异造成的，双方都有自己的学理依据，都觉得有必要去改造对方。但是，对双方来说，这都是不可能完成的事情，毕竟双方学科的基本逻辑不一样。因此，提出"看得见的手"的著名企业史家艾尔弗雷德·D. 钱德勒（Alfred D. Chandler）认为，与其让双方不停相互指责，不如让双方各守本业。

我们认为，固然双方都有自己的学科本位，但中间亦存在着沟通的可能性与必要性。基于此，本丛书希望在传承中国社会经济史学术传统的基础上，就此开展一些探索。中国社会经济史研究有着近百年的时间纵深，自诞生起，它就坚持历史学的严谨考证方法，注重史料语境，强调史料利用的可靠性，并在此基础上，引入经济学、社会学等学科的分析方法，揭示纷繁复杂的历史现象所蕴含的意义。梁方仲的明代中国商业经济"一马当先"论、傅衣凌的资本主义萌芽于山区论、吴承明的二元经济论和广义经济学，均是此类研究的经典和代表。在他们开创的学术道路上，近年来刘志伟提出贡赋经济体系，系统解释了传统中国商业的高度活跃与高度集权的政治经济体系之间的关系，构建了经济史研究的"中国模型"。

本丛书倡导的"新经济史"，希望循着既有的研究路径，坚持历史学本位，以社会科学视野为观照，探析传统中国经济史的可能路径，既注重史料的语境及其可靠性，讲求历史过程的内在逻辑，也注重经济学等社会科学的分析方法和模型化的思维方式，进一步推进历史学与社会科学的融合。中国经济史文献中，叙述性史料浩如烟海，占据着主导地位，它们难以被数量化，但又是我们理解传统经济运行机制的凭借，也为相关数据性史料提供了语境。基于此，必须高度重视叙述性史料，但除了利用考据、编年等传统史学方法对之进行解读外，还必须以建构模型的视野来分析之，并且要考虑更多变量。我们也高度重视数据史料，既重视数据本身，也重视其生产过程与文本意义，回归历史场景和历史内在逻辑来建构数量关系模型。此外，我们对通过赋值来产生数据的方法持谨慎态度，不会轻易将复杂的历史现象归结于一两个简单的指标以创造数据。作为历史学者，我们深知，稍有不慎，看似科学、客观的赋值数据就会变成研究者的主观臆断，千疮百孔，破绽百出。总之，我们希望可以建构一套宏观理解传统中国经济体系的模型，以此为指导，结合扎实的描述史料和数量分析，具体展现财政、盐政、矿政、马政、市场以及其他领域的经济运行机制。我们希望本丛书倡导的新经济史在方法论上有下述特点。

第一，坚持历史学的基本原则，但对经济学和其他社会科学保持开放性。研究对象本身并不意味着学科属性，研究取向才真正决定学科性质。对过去的人与社会的研究，可以是历史学，可以是人类学，也可以是经济学，或者其他学科，但如果不遵守历史学的史料处理原则，不遵从历史过程的内在逻辑，就意味着无论研究的时期为何，都不能被视为史学研究，而只能是其他学科的研究。从历史学的立场出发，无论是文字史料、数字史料还是非文字史料，都应该当作文本看待，史料是生产于具体语境之中的，脱离语境，必将误读史料。建立在误读史料基础上的研究，无论描述如何精彩，统计如何"精确"，模型如何优美，都只是一种背离史实的智力游戏，很容易就被大量的史料与史实所证伪，不可能令历史学者满意，更不要说试图以此来改造历史学了。

但是，经济史研究也应超越美国历史主义经济史传统，不要认为只能从历史中产生理论，而不能用经济理论和其他社会科学理论来分析历史现象、历史数据和历史材料。我们认为，经济学以及其他社会科学的理论、概念和方法，有助于理解、分析和把握历史时期的经济现象与其他社会现象。很多时候，凭借这些理论、概念和方法，研究者往往能够事半功倍地穿透纷繁复杂的历史文献资料，看到意义，抓住要害，发现历史的内在逻辑，并使分析明晰化。

　　社会科学是在近代西方发展起来的，中国史研究对其保持着开放性，必然会涉及本土经验与西方理论的调适问题。我国史学界存有一种观念，认为西方理论产生于西方土壤，应用于中国历史，难免水土不服。然而，理论本就是对经验现象的简化与抽象，因此一定是与现实不完全吻合的，古今中外的任何理论莫不如此。简化与抽象的角度不同，针对同一现象的理论之间甚至可能势若冰炭。若说西方理论符合西方经验，那就不至于基于同一西方经验现象，却产生出层出不穷的西方理论了。理论的意义不在于完全符合现实，而在于提供一种观察视角与分析工具，而不同的人类社会虽然存在着差异，但或多或少有相通、相似之处，因此来自异域的分析工具，往往有可利用之处。只是任何理论，不管是来自本土还是异域，都不能简单套用，否则就是将工具等同于现实了。

　　本丛书倡导的"新经济史"，希望立足于本土经验，并认为传统中国的经济史有自身的历史逻辑，并非可以由现有的任何理论模式轻易阐释。近年来贡赋经济、帝制农商社会等理论，虽然在逻辑的自洽性以及与西方理论对话的能力上，并非完全等同，但都是立足本土经验并积极放眼国际学术所发展出来的经济史理论，值得我们重视和借鉴。

　　我们相信，异域经验不仅可以作为研究中国经济史演进的对照与参考，而且从异域经验出发产生的经济学理论等社会科学的理论，很多也能作为中国经济史分析的工具。众多西方的大师级学者中，有的甚至关注过中国，他们高屋建瓴的理论建构以及对中国本土经验的抽象概括，令人叹服，已经成为中国研究的宝贵学术积累。因此，无论是他们理论模型中的中国经验，还是他们产生于中国经验之外的理论架构与概念方法，均可以在切实弄清其语境和中国的历史情境之后，判断是否可加以利用。例如，近年来明清社会经济史学界日益认识到，传统中国赋役、财政与市场之间紧密结合的情形，与习俗经济、命令经济、再分配经济等来自异域的、与市场相关的西方理论之间，存在着很大的利用与对话的可能，从这里出发，我们有可能更深入地认识传统中国独树一帜的经济体系与别具一格的国家治理模式，并进而提出相应的概念范畴与理论体系。

第二，坚持整体思维的基本原则，但不避讳模型思维。鉴于计量经济史研究数理模型存在设定的常量和外生变量多而内生变量少，并且无法处理变量的突变等缺陷，我们希望坚持整体思维，从一堆复杂的历史现象里，尽可能地观察到更多的变量，进而从历史的内在逻辑出发，分析它们之间的关系，确定哪些是变量而哪些是常量，哪些应该深入展开，以及变量会不会突然跳转、常量与变量会不会转换等要素，然后再以此指导复杂的史料分析。

在这样的分析中，我们并不忌讳模型思维，而是在整体思维的基础上利用模型。我们将历史视为有机联系的整体，借用模型来洞察复杂的历史关系，并在模型中融入历史维度，以期将历史展现得更为清晰，更富有逻辑，更具备与社会科学对话的可能与潜力。当然，我们强调的模型思维，必须建立在扎实的史料基础上。否则，模型会变成脱离实际的空中楼阁，非但价值不大，甚至会造成某种误导。此外，由于整体思维的引入，并且要观照变量之间的突变以及常量和变量之间的转换，我们并不一定要追求模型的函数化及其可计算性，模型可以用文字表述，也可以用图形表达，当然也可以是公式化的。

第三，在追求历史的丰富性与多样性的同时，力求从总体上给出一种明晰的解释。经济学家所写的经济史，通常围绕一两个基本假设展开，抛去那些烦琐的细节，剔除与主旨疏离的事实，显得明晰、简洁而优美。从历史学出发的经济史，则往往缺乏一以贯之的概念与主线，但却有着复杂的枝蔓与丰富的史实。本丛书基于历史学的定位，力图不厌其烦地从史料中发掘经济现象的细枝末节，呈现不同行动者的矛盾与博弈，考察经济决策的来龙去脉及其落地的具体情景，探讨管理制度的区域与人群差异。不过，我们也深知这样的研究取向庞杂而缺乏解释力，所以，我们也要在丰富性与多样性呈现的基础上，给出提纲挈领、简明扼要的总括说明，并进而提出一些概念范畴，以期更为深刻、明晰地解释复杂的历史现象。为此，历史学者应积极借鉴社会科学家那种概念清晰、逻辑自洽的表述方式。

目前，各种社会科学的分析概念与理论模式，均无法完全有效解释传统中国的经济模式与运行机制，我们希望从史料及其语境出发，以人为思考的中心，借鉴经济学等社会科学的概念方法，结合整体史观与模型思维，注重描述研究与计量分析，基于历史过程的内在逻辑，提出一些关于中国传统经济体系的理论解释，并探索与社会科学理论对话的可能。这样一种"新经济史观"，并不敢企望真正融合钱德勒所说的经济史研究中的双方，而是希望凝聚一批志同道合者，表达一种努力的方向。

2022 年 4 月 28 日

于中山大学马岗顶历史人类学研究中心

序 一

　　本书的绪论里也有简单介绍，现在朝鲜半岛发现的最古老的户籍文书是公元前 45 年的木简《乐浪郡初元四年县别户口簿》。乐浪郡是汉代在朝鲜半岛北部设置的四郡之一，该资料发掘于平壤的古坟。这份资料伊始，直到朝鲜王朝的户籍资料，历代户籍文书里揭示出朝鲜半岛古代户籍调查的几个特征，有助于理解本书。朝鲜半岛历代王朝的户籍，接受了中国古代王朝统治理念和制度，同时也发展出不同于中国固有的记录和制度。

　　上述资料揭示了乐浪郡下属各县的户数和人口数，并记录了相比以前调查的增减数值。由此可知该地区基于郡县制地方行政体系频繁展开户口调查。这也说明中央集权统治体系下实施的秦汉王朝时期的户口调查很早就影响到朝鲜半岛。秦汉王朝时期现存的户籍资料里，有记载各户人员信息的"户籍"，也有记录各行政区域户口总数的"户口簿"。上述资料可以说属于后者。仅凭这份户口总数难以确认当时实施了各户差等性的户口调查。

户口调查依据户等制实施，在8~9世纪写成的"新罗帐籍"，又被称为"新罗村落文书"中也十分明显。该资料记录了现在韩国清州地区新罗王朝西原京某县四个行政村的户口调查结果。这一"户口簿"在各"村"的地势和村域周长后面，分成"上上"至"下下"九个等级，统计户口总数。该资料不仅记录了户口总数，也记录了每个村的整体耕地面积和牛马、坚果类树木的数量，以及三年间的增减情况。这说明在实施定期户口调查时，为了设定户口等级需要调查各户经济情况。

中国古代的户籍，既有登记每户构成人员信息的资料，也有并记耕作地相关信息的资料。后者往往记录了赋税负担额或者相应户的家畜所有情况和产业等信息。从这些记录可以看到户的管理是根据各户经济情况差等性地进行的。户的差等性管理，又可以理解为根据赋税负担能力进行均等赋课的"均税"方法。"均税"的另一种方法是均等地编制户，均等地分配赋税负担，这一方法符合以"夫妇"为单位的均分土地的"均田"理想。

朝鲜半岛现存登记户内构成员的人员信息的最古老的户籍，是本书有详细介绍的高丽王朝的"李乔户籍"。这份户籍没有登记耕作地等信息。该户籍之后现存的其他户籍资料，都只登记了户构成员的人员信息。土地收租权原则上根据职役赋予，户籍和土地实际上紧密地结合在一起，但在古代朝鲜半岛两者是分开调查的。中国宋代以后户籍上消失的职役，在高丽王朝以后有持续的登记。高丽王朝和朝鲜王朝一直坚持唐代以前兵农一致的职役制度。户口调查的目的及重心在于管理职役和身分。

朝鲜王朝的户籍承袭了高丽王朝的样式。随着赋予职役者的土地收租权的逐渐消失，对于他们的法定身分保障也随之消失。职役成为执行公共事务良人身分对于国家的义务事项。职役只有国役的区分，获得职役的所有户，对于国家来说理念上是平等的存在。户籍首先以郡县下面的面为单位编纂"中草"，然后汇总成郡县整体的"户籍大帐"。但并非现实中的所有家户都登载于户籍帐簿。各地区分得的职役数呈平均分配状态，通过一定的编制过程，只有部分户口登载于户籍上。

面以下的各村编"家作册"，上面登记各户的职役、奴婢数和耕地规模等。这是考虑户口调查基层的社会经济地位差异，进行差等性的家户调查资料，基于该资料对户进行编制，并登载于面单位以上的户籍帐簿中。户籍帐簿登载之前，户口编制的具体方法目前仍然不十分清楚。不过，通过户籍帐簿中的一些痕迹，可以确认户的编制的相关事实。18 世纪末的《庆尚道彦阳县户籍大帐》里记载了作为户的代表者的家庭和"挟人"家庭。这一地区口数对户数的差定比较高，因此各户下面只好登载较多的构成人员。户籍大帐原本只登记"主户"，挟人需要另外登记在"挟户成册"里进行管理。在处于行政末端的基层社会，从多个不同的家庭中选择代表者作为主户登记于户籍大帐，其他家庭则以主户与挟户的从属性关系存在于户籍大帐之外。

19 世纪济州岛的《大静县户籍中草》记录了大户、中户、小户等不同户等。这一地区没有可据农业生产赋予土地税的耕地。大部分地区的赋税将上纳的多种物产，即贡纳转换成土地税，而济州地区大部分赋税仍然呈现基于户役的贡纳形态。为了确保依据现实的家户经济地位进行赋课的赋税负担之公平性，有必要通过户籍帐簿登记向政府上报户等制。

　　朝鲜王朝的户籍是在户等制和户口编制的阶段性户口调查过程中编纂而成的。郡县的户籍大帐中，将相应式年调查的户口按照所辖行政单位及“统户”顺序进行记载，帐簿最后设置了“都已上”条附记郡县全体的户口总数、性别和职役、身分统计。即使是同一户，其统户地址三年后也可能发生改变。这是因为每到户口调查之际，就会对登记于户籍大帐上的户口重新进行甄别。由此登记的户口统计数值体现了该地区全体居民的赋税能力。19世纪初，为了充实庆尚道丹城县的地方财政曾经征收过地方税，当时就依据户籍大帐上登记的所辖面里行政单位的户总，对各户一律进行负担赋课。

　　朝鲜王朝户籍可以说是登载户口调查过程中被甄别、被编制户口的帐簿。户籍并没有原原本本登记当时所有家庭和个人的社会经济地位。以户籍为资料做社会经济史的分析时尤其需要注意资料本身的这一性质。为了分析户籍，有时需要在研究方法上对户口进行重新构建。一方面，朝鲜王朝户籍的最大特征是在全国范围内定期且持久地实施户口调查。尽管只有部分郡县存留下了户籍大帐，这仍有利于我们对17~19世纪的两三百年做长时段的时间序列观察。不拘于户口记载样式和原则的偶然性记录也相当丰富。可以毫不夸张地说，没有哪种资料能像户籍这样如此全面地展现朝鲜王朝个人和家庭的存在形式、社会关系和变动的具体情况。

　　朝鲜王朝的户籍，庆尚道大邱府、蔚山府、丹城县、彦阳县、汉城府和济州各县等地的户籍大帐都有庞大的数量保存。韩国成均馆大学东亚学术院自2000年前后起，花了20年时间对丹城县和大邱府的户籍大帐展开数据化工作。本书作者在成均馆大学读研期间，一直参与户籍大帐的数据输入和反复校正的工作。本人和研究者一起开发了户籍数据化的方案，并主管该项目。在项目进行期间，我和包括本书作者在内的工作人员一起，不间断地召开户籍组会，对数据输入的错误进行校对，针对新出现的记录形态对数据输入样式进行修订，等等。

通过户籍数据化项目，我们对户籍的资料性质有了更深的理解。我想本书对于户籍性质的论述就是在这一过程中通过实践而获得的一些心得。我们做成的户籍数据库不仅在社会经济史领域有诸多运用，还可以利用历史人口学、语言学、人类学、哲学等诸多学术领域的研究方法对户籍进行分析和加以运用。本书对高丽王朝和朝鲜王朝的户籍展开分析，我坚信这将成为作者基于户籍资料开拓新的研究方法的重要基石。

成均馆大学东亚学术院　孙炳圭

2024 年 1 月 24 日

序 二

自战国秦汉以后，中国逐渐建立起发达的户籍制度，形成各种类型的户籍文书。同时，中国的户籍制度与户籍文书也开始深刻地影响到东亚的朝鲜半岛，"编户齐民"也成为朝鲜（韩国）国家政治统治和社会管理的一项基本制度。不论在欧洲、日本还是其他国家的历史经验中，户籍与国家的关系都没有像中国、朝鲜（韩国）这样始终联系紧密。因此，中国与朝鲜（韩国）历史经验的比较研究可以帮助学术界重新思考户籍与东亚官僚制国家的形成，乃至东亚近代化过程的关系。

2015年，朱玫在韩国成均馆大学东亚系获得博士学位，随后进入中国社会科学院历史研究所，从事博士后研究工作。一般中国学者研究韩国史，多是关注政治史，或中韩关系史，对于韩国社会经济史则缺乏足够的关注。朱玫在韩国留学 8 年，先后师承金建泰教授（当时为成均馆大学教授，现为首尔大学教授）、孙炳圭教授（成均馆大学教授），系统地学习了朝鲜王朝社会经济史。她不仅能够熟练地运用户籍册、土地册、契约等古文书，以及家谱等新史料从事研究工作，而且通过参与成均馆大学的朝鲜王朝户籍数据化项目，积累了丰富的社会科学研究经验。在进入历史研究所后，她开始关注徽州文书，希望通过家族文书、户籍文书的比较研究，从制度运作层面展开中韩两国户籍制度、家族制度的比较研究。在博士后期间，朱玫积极参加了历史研究所的"中国古文书研究班""徽州文书研究班""《吏文》研究班"等，系统地学习明清时期的公私文书。她曾申请了第 59 批中国博士后科学基金面上资助项目"明清徽州和朝鲜岭南分家习惯的比较——以古文书为中心"，通过对中韩两国最重要的古文书群——"徽州文书"与"岭南古文书"的比较研究，考察中国明清与朝鲜王朝的分家习惯的异同。经过两年多的努力，最终完成了《13~17 世纪中韩户籍文书比较研究》的出站报告。2018 年，朱玫进入中山大学历史学系工作，此后继续韩国社会经济史的教学与科研工作。本书就是她多年来研究成果的结晶。

　　本书立足于户籍文书实物与传世典籍的紧密结合，深入分析了高丽、朝鲜王朝户籍文书的形式、内容、性质及功用，系统地考察了韩国近世籍文书系统、户籍制度的演进，并结合朝鲜半岛东南部丹城县的个案，探寻朝鲜近世户籍制度与王朝统治、社会变迁的互动关系。本书的研究基于朝鲜王朝时期社会经济史与户籍制度研究长期深厚的学术积累，同时受到古文书学、比较研究、长期社会变动等学科与方法的启发。这是本书的一大特色。

　　本书将韩国近世户籍文书放到东亚史的背景下，特别是展开与中国元明时期户籍文书的比较研究，这是本书的另外一个特色。中国古代有"仁政必自经界始"(《孟子》)的观念,通过"经界"而实现土地均平,进而实现赋役的均平。到了明清时期,"均田均役"成为赋役改革的通行话语。同时,中国的赋役与户籍制度也发生了重大变化,特别是明代的一条鞭法与清代的摊丁入亩制度,户籍详于"事产"而略于"人丁",其赋役属性日趋重要,而户口登记与身分关系日趋淡化。然而朝鲜近世户籍制度的发展脉络却有所不同。高丽以前的统一新罗时期,土地等事产的情况也是作为附带项目登记于户籍文书中,这与唐代的户籍文书相似。到了高丽后期,虽然户籍与地籍文书开始分离,但与宋元明中国户籍文书仍然登记土地事产等项目不同,出现只登记人口、身分的纯户籍文书,其与家谱的样式趋同。当时,国家的赋役主要与户口登记紧密相关。朝鲜王朝的著名文人丁若镛(1762~1836)曾说过:"户籍者,诸赋之源,众徭之本,户籍均而后赋役均。"也就是通过"均户"而实现"均役",一直是朝鲜王朝的特点。这种变化也反映在户籍文书中,详于"人丁"(包括女口)而略于"事产"。即使到了19世纪末的大韩帝国时期的"新式户籍",也只看到"家宅"一栏,土地情况是不登记于官修户籍中的。

同时,高丽、朝鲜王朝在户口统计时更关注人丁与身分,不仅同时记录父系与母系亲属,而且也详细登载奴婢的家庭情况。这些登载事项上的差异也同时反映了官编户籍在功用上的不同,户籍除了确保一般性的赋役征收以外,还具有维持身分秩序的重要功用。户籍登记这种差异可能与农业发展水平、国家统治结构等诸多因素有关。就农业发展水平而言,高丽后期,土地生产力固然有所提高,但与同时代的中国江南地区相比,高丽后期的土地生产力尚处于较低的水平。只登载户口的户籍册的记载样式没有体现身役、户役与土地多寡之间的直接联系。也就是说,国家对人口、土地采用了各自独立的登记体系,这一登记体系为朝鲜王朝所沿用。因此,中国的"编户齐民"户籍政策在朝鲜的落地过程，不能简单归纳为"接受"，也须从朝鲜社会自身历史脉络中寻找其内在化与更新改造的过程。本书通过对中韩两国古代户籍文书的比较研究，从中发现不同阶段中韩两国户籍制度、赋役制度、身分制度的异同与其制度、社会背景，有助于厘清东亚传统社会户籍赋役制度的内在关系和演变路径，具有重要的意义。

正如宫嶋博史所指出的那样，唐宋变革期以后东亚一体性减弱的认识，是以变革期前后中国文明的样态基本没有发生变化为前提的，即持续的中国文明和摆脱其影响的朝鲜和日本。但事实上，中国文明的样态在唐宋变革期前后发生了根本性的变化，新的文明对朝鲜半岛和日本列岛也产生了很大的影响。唐代为止对于中国文明的接受主要是国家体制层面的接受，宋代以后的接受则涉及整个社会的广大领域。而朱玫的研究为从社会层面去了解东亚社会的变迁，提供了生动的实例。

近年来，国别史、全球史研究日益受到重视。然而，国家之间的历史比较研究能够走向深入，实际上取决于研究者能够在某一国别史领域进行深入研究的基础之上进行比较研究，这样才能够实现创新。朱玫在接受严格的朝鲜社会经济史研究训练后，开始了中国与朝鲜历史的比较研究，相信以这本著作明确的问题意识、细密的考证、翔实的史料，一定能够给读者带来很多启发。

本书的主体还是有关朝鲜户籍制度与户籍文书的研究成果，博士后出站报告中某些比较研究的章节，并没有完全收入本书，这也反映出作者的认真态度。期待着朱玫就相关问题展开更深入的研究，取得更大的成绩。

阿风

2024 年 3 月于北京清华园

目　录

图表目录

绪　论

一

在中国古代，户籍制度是统治者进行政治统治和社会管理的最基本手段。通过户籍这一具体形式，实现编户齐民，确立其统治基础，不仅为中国历代王朝所延续，[1]同时被具有中央集权国家形态甚至其他政权形态的周边地区所接受。东亚历史上朝鲜、日本、越南等国家，都曾深受中国户籍制度的影响。同时它们也结合自身的统

1　梁方仲、王毓铨、刘志伟等，都强调户籍赋役制度在中国传统社会制度中的重要地位。梁方仲编著《中国历代户口、田地、田赋统计》，中华书局，2008，第1~24页；王毓铨：《莱芜集》，中华书局，1983，第33~64页；刘志伟：《在国家与社会之间——明清广东地区里甲赋役制度与乡村社会》，中国人民大学出版社，2010，第1~3页。

治需要，与本国的实际相结合，编造出不同形态和功用的户籍，形成了不同的特点。户籍可以说是理解东亚不同地区统治体制共性与多样性的典型文书。在研究东亚传统政治与社会结构时，户籍制度是最基础的制度。

朝鲜半岛在致力于建立官僚体制国家的进程中，借鉴了中国的王朝统治制度，其中就包括户籍制度。作为一项基本制度，户籍制度在朝鲜半岛延续了两千年之久。韩国在 2005 年 3 月 31 日废除户主制度、2008 年 1 月 1 日废除《户籍法》之后，才开启了以夫妇为中心的家族关系登记制度。

从资料的角度看，朝鲜半岛不仅在传世文献中留下了户口统计和户籍制度的相关记载，而且存留了大量的户籍文书实物。早期的户籍文书实物相对零散，包括汉四郡时期的木简《乐浪郡初元四年县别户口簿》、[1]三国时期百济户籍文书的相关木简，[2]以及统一新罗时期的"新罗村落文书"[3] 等。高丽王朝（918~1392）户籍文书实物共 24 件，都是 13~14 世纪制成。朝鲜王朝（1392~1910）

1　尹龙九：《新发现的乐浪木简——乐浪郡初元四年县别户口簿》，《韩国古代史研究》第 6 辑，2007；金秉骏：《乐浪郡初期的编户过程与"胡汉稍别"——以"乐浪郡初元四年县别户口 □□"木简为端绪》，《木简与文字》创刊号，2008；尹龙九：《平壤出土"乐浪郡初元四年县别户口簿"研究》，《木简与文字》第 3 辑，2009；权五中：《乐浪郡户口簿研究》，东北亚历史财团，2010；高光仪：《乐浪郡初元户口簿再检讨》，《木简与文字》第 7 辑，2011；等等。

2　尹善泰：《罗州伏岩里出土百济木简的判读与用途分析：与 7 世纪初百济的地方统治相关》，《百济研究》第 56 辑，2012；洪承佑：《从木简资料看百济的籍帐文书和收取制度》，《韩国古代史研究》第 80 辑，2015；朴贤淑：《百济户籍文书相关木简的再检讨》，《百济研究》第 67 辑，2018；金昌锡：《通过户籍相关资料看三国时期的户籍制度》，《木简与文字》第 23 辑，2019；等等。

3　尹善泰：《新罗村落文书的计烟和孔烟——以中国、日本户等制、年龄等级制的比较为中心》，《韩国古代史研究》第 21 辑，2001；尹善泰：《"新罗村落文书"的记载样式与用途——以中国、日本籍帐文书的比较检讨为中心》，卢明镐等：《韩国古代中世古文书研究》（下），首尔大学出版社，2011，第 163~209 页；等等。

户籍文书有相当规模遗存至今。朝鲜近世户籍文书的保存形态多样，记载内容丰富，亦有多个地区存有特定行政单位编造的户籍册，是考察赋役制度、社会构造、家庭人口、地方社会与国家的关系等问题的宝贵资料。包括户籍文书在内的朝鲜古文书乃至社会经济史资料尚未引起中国学界的充分关注，其史料价值仍有待挖掘。整理与研究朝鲜近世户籍文书，考察传统社会户籍制度的实行情况，比较东亚各地区户籍制度之间的内在联系及演变路径，对于审视东亚历史上户籍与王朝国家、社会变迁的互动关系具有重要意义。

1392 年建立的朝鲜王朝，其统治延续五百余年之久。朝鲜王朝在统治理念上接受了中国古代"溥天之下，莫非王土；率土之滨，莫非王臣"的王土和王民思想，对其王权所及之处实行"编户齐民"制度。对于朝鲜王朝的统治者来说，王土和王民思想是一种统治理想和观念。它在赋予国家统治和管理庶民与土地正当性的同时，意味着统治者将面临如何赋予庶民均等的义务和权利的课题。朝鲜初期实行齐民政策，标榜庶民均等，并将庶民编入户籍。但事实上，庶民均等的理想在朝鲜初期的社会现实状况下很难实现。国家提出"均等"的最低标准，即所有庶民都有向臣属的王朝承担租庸调的纳税义务，试图克服这一矛盾。与齐民政策相关的，还有国役体制和良贱制。正如金盛祐所指出，齐民政策、国役体制、良贱制可以视为朝鲜王朝初期国家运作的三大核心机制。齐民政策通过国役体制得以驱动，即通过赋予国役，向承担租庸调的纳税者提供直接参与国家运作的机会。朝鲜王朝采用良贱身分制编制庶民，将有可能参与到国役体制的人定为良人（良民），那些无法参与到国役体制的人则被定为贱人（贱民）。良人被赋予军役、教育和出仕等权利。[1]

　　编户齐民[2]作为朝鲜王朝赋役制度的基础，是维系其统治的重要根基。对于王朝国家来说，户籍编制的最直接目的是要向编户齐民征调赋税和差役。朝鲜文人丁若镛（1762~1836）一语道出了户籍对于赋役的重要性："户籍者，诸赋之源，众徭之本，户籍均而后赋役均。"[3]朝鲜王朝建立后，将户籍制度视为重要的政治和社会制度加以推行，将每三年改户籍的造籍周期写入法典，并明确规定户籍实行中央、道、各邑三级保管模式，初步奠定了朝鲜时期的户籍制度。但是在全国范围内实行以家户为单位的定期的户籍编造，大概在17世纪才得以实现。随着朝鲜前期以来地方制度再编、科举官僚制国家的确立、农业技术变革等一系列措施，朝鲜社会以科举官僚制、郡县制为特征的政治社会转型逐渐完成，编户齐民成为维系朝鲜传统政治体制的基础。现存17世纪初至19世纪末每三年一造的户籍大帐，可以说是体现编户齐民具体形式的一手资料。

1　金盛祐：《社会身分》，韩国史研究会编《新韩国史指南（上）：韩国史研究入门》（第3版），知识产业社，2008，第455~456页。

2　本书使用"编户齐民"这一关键词，受到杜正胜和刘志伟的启发。杜正胜指出，"编户齐民"一词习见于汉人的著作，有时简称"编户"，或称作"齐民"。政府按户登记人口，谓之"编户"。凡编户之民皆脱离封建时代各级贵族的束缚或压迫，是国君统治下的平等人民，故曰"齐民"。他指出，中国社会从古典的、封建的政治社会向传统的、郡县的政治社会转型以后，编户齐民成为新时代、新社会的基石。编户齐民是此后两千年传统社会的基本骨架，撑起两千年的传统政治体制。杜正胜：《编户齐民：传统政治社会结构之形成》，台北，联经出版事业公司，1990，第1页。刘志伟亦指出，户籍制度是中国历代王朝控制编户齐民的具体形式。而对编户齐民的控制，是每一个王朝建立正常的社会秩序，确立其统治的基础。刘志伟：《在国家与社会之间——明清广东地区里甲赋役制度与乡村社会》，第2页。

3　丁若镛：《与犹堂全书》第五集政法集卷二一《牧民心书》卷六《户典六条·户籍》，韩国民族文化推进会编《影印标点韩国文集丛刊》第285册，景仁文化社，2002，第424页（《韩国文集丛刊》原文可通过韩国古典综合DB检索，网址为https://db.itkc.or.kr/）。

本书的出发点，就是探讨编户齐民在朝鲜传统社会的形成与落地过程，检讨户籍制度在朝鲜传统政治社会结构中的历史地位。编户齐民在朝鲜的落地，不能简单归纳为"接受"问题，本书希望勾勒的落地过程既包含朝鲜社会自身历史脉络里形成的编户齐民机制，同时注意到其在朝鲜社会的内在化与更新改造过程。

"户籍"一词在古代朝鲜社会，大部分情况下具有比较宽泛的含义，是指与户口相关的资料，既包括纳于官府的户籍，也适用于藏于民间的户籍。载于《高丽史·食货志》的一则材料就体现了"户籍"之含义："恭让王二年（1390）七月，都堂启：'旧制，两班户口，必于三年一成籍，一件纳于官，一件藏于家。各于户籍内户主世系及同居子息、兄弟侄婿之族派，至于奴婢所传、宗派所生名岁，奴妻婢夫之良贱，一皆备录，易以考阅。近年以来，户籍法废，不唯两班世系之难寻，或压良为贱，或以贱从良，遂致讼狱盈庭，案牍纷纭。愿自今仿旧制施行，其无户籍者，不许出告身立朝，且户籍不付奴婢，一皆属公。'王纳之，然竟未能行。"[1] 宽泛意义上的户籍一词，一直沿用至近代以后，直至今日仍运用于韩国的法律、社会等领域。

高丽、朝鲜时期的文献中经常出现"帐籍"一词，帐籍在朝鲜近世的户籍文书系统里，通常是指为了掌握户口的详细情况，以某一行政单位编造的户口版籍，与记录一户户口情况的单件户籍文书有所区别。[2] 朝鲜时期还出现了"户口帐"的用语，户口帐一词最早

<hr />

1　郑麟趾等：《高丽史》卷七九《食货志二·户口》，西南师范大学出版社、人民出版社，2014年标点校勘本，第2515页。

2　崔承熙在对户口资料的分类中，也把户籍等同于帐籍。崔承熙：《关于户口单子和准户口》，《奎章阁》第7辑，1983。不过，中世的"新罗村落文书"也被视为具有帐籍的性质。关于"帐籍"一词在不同时期的用法，仍有待进一步整理。

见于朝鲜世宗六年（1424）的"汉城府启"，[1]其含义对应户口成籍的"帐籍"。[2]本书采用"户籍文书"一词，用来指代与户籍相关的各类文书，"户籍法"或"户籍制度"指的是与户籍相关的制度。

二

在朝鲜社会经济史研究领域，户籍文书及相关制度长期以来备受研究者重视。[3]四方博基于大邱府户籍大帐所做的人口研究以及身分阶级的长期变动考察，可以说为此后的户籍大帐研究做出了奠定性的贡献。[4]20世纪60~70年代，金容燮利用尚州地区量案和户籍，对该地区农民的身分变动和土地占有进行了分析。[5]金容燮利用量案、户籍的一系列研究，引发了"内在发展论"等关于朝鲜时代社会性

1　《朝鲜世宗实录》卷二四，世宗六年四月庚戌，第2册，韩国国史编纂委员会，1955~1958年影印本，第592页（《朝鲜王朝实录》原文可通过韩国国史编纂委员会韩国史DB检索，网址为 https://sillok.history.go.kr/main/main.do）。

2　另据吴英善考证，"户口帐"一词是世宗十年（1428）新出现的用语，文书实物则首次见于世宗二十三年（1441）发给的《崔仲则准户口》。吴英善：《高丽末朝鲜初户口资料的形式分类》，卢明镐等：《韩国古代中世古文书研究》（下），第121页。

3　关于朝鲜后期户籍大帐的研究史，可参阅以下论文。金锡禧：《朝鲜后期地方社会史研究动向与课题：以户籍大帐研究为中心》，《韩国民族文化》第5辑，1992；郑杜熙：《朝鲜后期户籍研究的现况和课题》，《韩国史研究》第101辑，1998；卢永九：《朝鲜后期户籍大帐研究现况和电算化一例》，《大东文化研究》第39辑，2001；孙炳圭：《朝鲜后期国家身分的规定及其适用》，《历史与现实》第48辑，2003；沈载祐：《朝鲜后期社会变动和户籍大帐研究的课题》，《历史与现实》第62辑，2006；权乃铉：《朝鲜后期户籍、户口的性质与新的论争》，《韩国史研究》第135辑，2006；权乃铉：《朝鲜后期户籍的理解：论争和课题》，《韩国史研究》第165辑，2014；权奇重：《朝鲜后期户籍研究的现在与今后课题》，《大东文化研究》第100辑，2017。

4　四方博：《李朝人口に關する身分階級別の勸察》，京城帝國大學法文學會編《朝鮮經濟の研究》第3，岩波书店，1938，第363~482页；四方博：《朝鲜社会经济史研究》（中），国书刊行会，1976。

5　金容燮：《朝鲜后期的身分制动摇和农地所有》，《史学研究》第15辑，1963；金容燮：《朝鲜后期农业史研究：农村经济、社会变动》，一潮阁，1970。

质的讨论。[1] 这一时期，户籍大帐还被部分社会学家、人类学家作为
资料，运用于家族制度、同姓村落的研究。

80 年代以后户籍研究迎来了新的转机。随着新的户籍大帐得到
发掘，丹城、彦阳、济州等地的户籍大帐陆续影印出版，研究者对
户籍大帐的利用更加便利。除了对以往研究领域的深入讨论，80 年
代以后关于户籍大帐的研究转向更为广阔的领域。李荣薰就挟户、
挟人的关系和户政运作发表了若干重要文章，提出了户籍上的户是
编制而成的户，而非自然家户。最后一个观点引发了韩国学界关于
户的性质的一系列讨论。[2] 社会学、人类学领域还出现了利用户籍大
帐对人口史、家族史、亲族制度的研究倾向。历史学领域也出现了
利用户籍大帐展开对生活史、妇女史研究的个案。得益于新视角的
引入与新方法的运用，这一时期的户籍研究日益活跃。

进入 90 年代，研究者注意到户籍大帐与现实社会状况之间的
复杂关系，对户籍大帐的记录本身展开了批判性的探讨。例如，郑
震英将户籍和族谱、洞案进行综合分析比较，发现户籍大帐上的户
口记录存在漏载、改名等现象。[3] 金建泰和孙炳圭等组建项目团队，
从 1999 年开始对庆尚道丹城县户籍大帐进行数据库建设及相关研
究，2006 年起又对庆尚道大邱府户籍大帐进行数据库建设。研究者

1　关于朝鲜时期社会史研究的演进，参见近代史研究会编《韩国中世社会解体期的诸问题
　　（下）：朝鲜后期史研究的现况与课题》（经济、社会篇），首尔学术出版社，1987；金仁杰
　　《朝鲜时期社会史研究动向与资料活用方案》，李海濬、金仁杰等《朝鲜时期社会史研究法》，
　　韩国精神文化研究院，1993；金仁杰《朝鲜社会的结构和性质》，韩国史研究会编《新韩国
　　史指南（上）：韩国史研究入门》（第 3 版），第 335~350 页；金仁杰《1960、70 年代"内在
　　发展论"与韩国史学》，《朝鲜时代社会史与韩国史认识》，景仁文化社，2017，第 371~413
　　页；等等。
2　这些论文收录于李荣薰《朝鲜后期社会经济史》，韩吉社，1988。
3　郑震英：《18 世纪户籍大帐"户口"记录的检讨：与族谱、洞案类的比较》，《李树健教授停
　　年纪念：韩国中世史论丛》，2000。

对户籍大帐开展了长时段、多维度和区域性的考察，就朝鲜时代户籍编制、户的构造与户政运作、职役登记等基本问题，尤其是户籍登记与现实的关系、户的性质提出了新的见解。[1]孙炳圭利用朝鲜时期的户籍、大韩帝国时期光武户籍以及日据时期的民籍等户口记录，探讨了 17 世纪初至 20 世纪 20 年代户籍制度与国家统治结构、社会变迁之间的关系。[2]近年来，户籍研究在新领域继续扩展，新方法的尝试也在陆续展开，包括跨断代研究、身分继承与流动、地缘和亲属关系网络、历史人口学等。[3]前辈学者的户籍研究，不仅在资料、课题和方法上不断开拓，而且推动了朝鲜时期赋役制度、户籍制度、国家与社会的关系等诸多领域研究的深入。

本书的研究基于朝鲜时期社会经济史与户籍制度研究长期深厚的学术积累，同时受到古文书学、[4]比较研究、[5]长期社会变动[6]等学科与方法的启发。户籍作为对民统治的基础资料，也是赋役征

1　相关研究收录于户籍大帐研究组《丹城户籍大帐研究》，成均馆大学大东文化研究院，2003。

2　孙炳圭：《户籍——从 1606~1923 年的户口记录看朝鲜的文化史》，人文主义者（humanist），2007。

3　孙炳圭编《朝鲜王朝户籍：新研究方法的摸索》，成均馆大学大东文化研究院，2020。

4　韩国的古文书学萌芽于殖民地时期，经过几代学人的努力，现已成为一门系统研究古文书的学科。崔承熙将古文书学的研究对象归纳为三类：古文书的种类；古文书的外形（材料、形态、封法、文字、书体、墨色、署押、印章）；古文书的构成（内容、书式、作成的手续与方法等）。崔承熙：《韩国古文书研究》（增补版），知识产业社，1989，第 23 页。全炅穆也指出，古文书学的研究对象应包括古文书的内容、样式、形态，以及古文书的材质、书体、保存方法和真伪等问题。全炅穆：《古文书研究的方法论与活性化方案——与韩国学中央研究院的作用相关》，《精神文化研究》第 28 卷第 2 号，2005。近年来，黄正建、阿风等也致力于推动中国古文书学的研究与发展。黄正建：《中国古文书学的历史与现状》，《史学理论研究》2015 年第 3 期。

5　宫嶋博史多年以来致力于东亚三国的比较研究，本书的比较研究方法受其启发。宫嶋博史将自己的东亚三国的比较史研究方法，称为"历史的三角测量"。宫嶋博史：《韩日比较通史：有必要重新整理历史像之际》，Nermerbooks，2020，"序言"，第 5~9 页。

6　溝口雄三、浜下武志、平石直昭、宮嶋博史编《長期社會變動》（"アジアから考える"Vol.6），東京大学出版会，1994。

调、基层社会秩序得以维持的文书行政之出发点。从古文书学的角度把握文书的构成、基本性质，是深入开展东亚古文书比较研究的基础。从唐代开始，中国的公私文书制度深刻地影响到东亚的朝鲜、日本等国家，这些国家在吸收唐朝文书制度的同时，也与本国的实际相结合，形成相对独特的发展模式。唐代以后中国的公私文书制度既发生了巨大的变化，又有很强的延续性。朝鲜近世户籍的形态、样式、内容、功用等与中国户籍存在何种内在联系，又形成了怎样的特征，比较史角度的研究更容易看到一国史研究中户籍文书被忽略的某些特征，从中发现东亚各国制度与社会变迁的特点。

朝鲜王朝不仅定期开展全国性户口调查，编制户籍，还实施全国规模的量田（土地调查），编造量案，并从国家层面进行制度规制。编造户籍和地籍的背后，是王朝国家试图建立起一套直接控制人和土地的体系的努力。由国家控制所有的人和土地，源于古代律令国家的理念，从世界范围来看，是东亚地区独特的现象。无论是中国还是朝鲜，都在很长的历史时期延续了这一理念，整理出一套实践这一理念的相关制度。可以说，朝鲜半岛在理念上接受律令制以后，在社会层面实现国家对所有人和土地的管控，经过了相当长的历史时期。朝鲜王朝定期且持久地大规模编造户籍和地籍的这一现象，不仅有制度或理念的影响，更向我们提出了理念何以转为现实的问题。而对这一问题的回答需要从朝鲜自身的历史发展脉络出发。厘清朝鲜近世籍文书与户籍制度的演变路径和内在关系，有助于从理念与现实的相互关系层面去理解和审视东亚历史的特质。

从世界范围看，中国是世界上很早就开始实行全国性户口调查的国家。[1]早在汉代，中国的郡县制和户籍制度就已经传播到朝鲜

1　梁方仲编著《中国历代户口、田地、田赋统计》，"总序"，第 1~24 页。

半岛，在朝鲜中世、近世直至近代以后，户籍制度一直都是朝鲜社会政治统治和社会管理的基本制度。不论在欧洲、日本还是其他国家的历史经验中，户籍与国家的关系都没有中国、朝鲜（韩国）这样始终联系紧密。而且，日本和欧洲的近世人口记录或限于部分地区，或因各地人口调查方式不同出现不同的格式，一些则以寺院或修道院为媒介编造，并不是完全以居住地为单位形成的人口调查史料。与之相比，中国和朝鲜（韩国）的近世户籍主要由政府管理，进行全国性、统一性的户籍编造，形成了网罗一定行政区域内居民的有体系的户口记录。基于国家需要或目的编造的户籍，其记载方式呈现格式化，同时也使户籍上记载的户口内容不能如实反映社会的家庭人口现实情况。因此，中国与朝鲜（韩国）的历史经验可以帮助学术界重新思考户籍与东亚官僚制国家形成，乃至东亚近代化过程的关系。本书将户籍文书与户籍制度研究放在长时段和比较史的视域下进行考察，与上述问题意识有关。

三

　　为了理解朝鲜近世的户籍制度与社会变迁，考察朝鲜王朝户籍制度在某个地区的实行情况，或许会是更理想的切入方式。考虑到国内学界对于朝鲜近世户籍文书和户籍制度缺少宏观的理解，仍有必要做一些基础性的工作。因此本书用比较多的篇幅论述文书格式与内容，以及国家规制的户籍制度之演变，少数章节涉及庆尚道丹城县户籍制度的推行情况。未尽部分将留作后续的研究课题。

　　朝鲜时期各地实行的户籍制度并非整齐划一，丹城县等部分郡县留存的 17～19 世纪户籍大帐，仍是理解朝鲜近世户籍制度、家庭人口与社会变动的最重要资料。本书将户籍文书实物与传世典籍紧密结合，深入分析高丽、朝鲜王朝户籍文书的形式、内容、性质及功用，系统地考察朝鲜近世户籍文书系统、户籍制度的演进，并结合朝鲜半岛东南部丹城县的个案，探寻朝鲜近世户籍制度与王朝统治、社会变迁的互动关系。正文分成三个部分进行论述。

第一部分，对高丽、朝鲜时期户籍文书本身展开整理与研究，包括梳理户籍文书的形态、分类及功用，分析文书的登录格式和内容，介绍户籍编造制度与户籍文书遗存情况，这部分包括第一章至第四章。

第一章通过比较高丽王朝户籍原本和转写本，发现转写本的格式有所模糊，记载内容也经过取舍和加工。户籍文书在收录到族谱后主要凸显了其中谱系信息的价值。诸多证据显示，户籍文书是推寻、辨析、整理世系，甚至谱系资料实际编纂过程中所依据的重要资料。同时，户籍文书作为具有官方效应的文书，收录进族谱后大大提高了族谱相关记载的可靠性，这是高丽后期户籍文书载入族谱的重要背景。转写本在记载格式和内容上的变化，反映了户籍文书到了民间以后，其功用发生了转变。户籍原本作为官府编造的户籍，其主要功用是征兵调役和维持身分秩序。当户籍文书私藏于民间，尤其是被后世收录进族谱以后，其功用则主要体现在证明祖先身分地位与系谱关系上。

第二章选取高丽末和宁府户籍与同时期的元代湖州路户籍册、明初徽州府祁门县汪寄佛户帖作为比较对象，比较了高丽后期与元代、明初户籍文书的演进轨迹。高丽后期户籍文书与同时代江南地区的户籍文书呈现出不同的记载样式。随着宋代以后土地赋税征收的重要性日渐凸显，元代湖州路户籍册和明初徽州地区的户帖均采用人丁事产并录的记载方式。与之形成对比的是，高丽后期的户籍文书呈现出纯户口籍的形态。高丽在户口统计时更关注人丁与身分，不仅父系与母系亲属均记录，而且也详细登载奴婢的家庭情况。这些登载事项上的差异同时也反映了官编户籍在功用上的不同。高丽后期的户籍除了一般性的赋役征收以外，还具有维持身分秩序的重要功用。

高丽后期，新进士大夫势力逐渐壮大，并成为朝鲜建国的中坚势力。他们从高丽末期开始就积极推进田制和户籍制的改革。第三章从朝鲜前期户籍制整顿所确立的主要内容入手，通过与高丽时期户籍制度的比较，探讨朝鲜前期户籍制整顿的意义。朝鲜前期对户籍制的一系列整顿，反映了朝鲜朝建立以后逐渐向中央集权制和科举官僚制转变的趋势。作为朝鲜前期户籍制整顿的主要成果，《经国大典》对户籍的编造制度、户口文书的书式两方面内容做了明文规定，初步奠定了朝鲜朝的户籍制度。朝鲜朝前期所确立的户籍制度延续了高丽时期的户籍制度，但同时也发生了一些变迁。

第四章从户籍的攒造过程出发，对朝鲜时期各类户籍文书的产生背景进行梳理。朝鲜时期从户籍攒造到移送上级官厅形成了一套完整的程序。户籍攒造过程所产生的户籍文书主要有户口单子、准户口、户籍中草、户籍大帐等，这也是现存朝鲜时期户籍文书的主要构成类型。户口单子和准户口仍主要为各家门私藏，是私家文书的重要组成部分。户籍大帐作为官造户籍的原件，通常以府县为单位，府县以下的多个面或里的户籍均有所保存。

第二部分，着重探讨朝鲜时期的基层组织与户籍编制。朝鲜时期的面里制与五家统制属于两种不同系统的设置。统主要作为邻保单位存在，属于基层邻保自治系统。统的上部组织面里属于基层行政系统。朝鲜王朝的基层行政系统和基层邻保自治系统始终是并行的，一直延续至近代以后，可以说在基层社会发挥着相对稳定的作用。这部分内容对应第五章和第六章。

　　第五章首先对朝鲜时期面里制的成立过程进行考察，并利用户籍文书与邑志，对 17~18 世纪庆尚道丹城县面里建置的演变过程展开讨论。17 世纪关于面里制的内容设计在强调国家对乡村实行再编和统治的同时，积极吸收古法的封建制理念，并继承了古代乡里制、乡官制的遗志。朝鲜时期面里制的形成是基于村落与地域的。庆尚道丹城县户籍所见的面里建置演变过程显示，丹城县面里编制以及面—里纵向统属关系从 17 世纪后期开始逐渐形成，18 世纪基本确立。随着朝鲜后期面里制的成立，一些地方出现了郡县的下级单位面开始承担起与户籍管理相关的职能的现象。

　　第六章梳理朝鲜时代基层组织"五家统"的确立与内容设计，并利用存世的朝鲜户籍文书，对户籍编制中五家作统的落实情况试做探析。朝鲜肃宗元年（1675）设计的"五家统"是针对当时富国强兵、强化乡村统治诉求，以《周礼》"比闾什伍"等古法作为理论依据的基层制度改革。五家统制的内容设计不仅包含了五家统，还涉及面里制、纸牌法，并体现了乡约和社仓赈恤之精神，将当时朝鲜社会面临的户籍、良役问题和地方统治问题有机地结合在一起。统既是朝鲜时代官治基层组织，亦是朝鲜时代户籍编制最小单位。17 世纪后期以降，朝鲜版图内的户口以"面—里—统"的登记体系方式编入官修户籍。基层组织的"统"与"面里"相结合，成为王朝国家维持基层社会秩序、进行乡村治理的重要官治组织。

　　第三部分，对户籍相关的若干制度进行了考察，包括职役制、家座册与基层户政运作，以及号牌制与人丁管理等，对应第七章至第九章。

　　第七章考察了职役的基本含义、户籍大帐上的职役类别与统计、职役与身分的关系等问题。职役是传统王朝国家征调财源的依据，与赋役制度有密切联系。朝鲜王朝赋役制度下，职役又称"国役"，包括官职、军役、乡役等从中央到地方的各役种。户籍大帐通过登记个人职役，设定了个人与国家的关系。职役体系体现了王朝国家对人丁的控制方法，不管是有官职者、良人还是贱民，原则上都要载入官修户籍。随着职役征调运作的体系化，朝鲜王朝的人丁管理逐渐出现中央集权化倾向，并以郡县单位进行分定。呈现在官修户籍大帐上的户籍数字反映了国家财政、劳役需求与地方社会内部秩序之间逐渐出现的平衡关系。

第八章以 18~19 世纪的牧民书为中心，对家座册的设计原理，尤其是在基层户政运作中的地位等问题展开论述，从过去较多关注的户籍大帐等官修资料转向对地方官在基层统治中所运用的簿册类资料的讨论，并综合现存家座册实物和规式，大致可以复原出家座册的书式。家座册最主要的特征是采用了丁口事产并录的登载格式，这是与帐籍系统户籍文书最大的不同之处，可以说是适应基层统治需要的新式户籍文书。朝鲜后期出现的家座册是地方官为了掌握所辖郡县的邑势、民户的虚实，命令乡吏编造的一种册子。地方官掌握此类切实反映基层实际民情的册子，其实质是为了能均平赋役，更好地进行基层统治，也是为了防止乡吏之横滥，强化地方官基层统治权的体现。

第九章对号牌的渊源进行了考证，梳理了朝鲜时期号牌的设废和功用类别等问题，并试图勾勒出牌类文书在朝鲜与元、明王朝的不同演变路径。号牌自元代传入高丽后，结合自身的社会经济结构有所调整，到了朝鲜王朝已经发展成兼有政治、军事和社会功用的制度。朝鲜时期的号牌融合了中国南北方制度的相关要素，形成了朝鲜王朝特有的号牌制度。

本书的大部分内容曾经发表在学术杂志或论文集中，还有部分章节曾经提交给学术研讨会。这些论文在收入本书的时候，根据章节需要进行了补充和修改。

1.《高丽后期户口文书浅议》,《域外汉籍研究集刊》第 15 辑,中华书局,2017。(本书第一章)

2.《朝鲜王朝的户籍攒造及其遗存文书研究》,《史林》2017 年第 5 期。(本书第四章)

3.《朝鲜后期的面里制与户籍登记》,《韩国研究论丛》第 35 辑,社会科学文献出版社,2018。(本书第五章第五节)

4.《13~14 世纪中韩户口文书登载事项的对比研究——以高丽与元明的户口文书为中心》,《明史研究》第 16 辑,黄山书社,2018,后收入黄正建编《中国古文书学研究初编》,上海古籍出版社,2019。韩文版载孙炳圭编《朝鲜王朝户籍:新研究方法的摸索》,成均馆大学大东文化研究院,2020。(本书第二章)

5.《朝鲜王朝后期户籍所见"职役"论析》,《北华大学学报》(社会科学版)2024 年第 1 期。(本书第七章)

6.《朝鲜王朝的"号牌"》,《安徽史学》2019 年第 5 期。(本书第九章)

7.《朝鲜朝前期的户籍制度整顿及其意义》,《东疆学刊》2020 年第 1 期。(本书第三章)

8.《中国古代地方行政制度在朝鲜半岛的接受与变迁——以朝鲜朝"面里制"为中心》,《中华文史论丛》2020 年第 2 期。(本书第五章)

9.《17 世纪朝鲜基层组织"五家统"的成立与制度设计》,《古代文明》2021 年第 3 期。(本书第六章)

10.《朝鲜后期"家座册"的设计与基层户政运营》,《历史人类学学刊》第 21 卷第 2 期,2023。(本书第八章)

本书的写作,离不开业师孙炳圭教授、金建泰教授和宫嶋博史教授的教诲和启发。三位老师常年深耕于韩国社会经济史领域，一直将户籍、地籍、族谱等资料视为其研究的重要资料。宫嶋博史教授一再强调，户籍和地籍作为国家征调赋役的两大台帐，是理解东亚传统社会经济结构的基础资料。回国以后，阿风老师、刘志伟老师、滨下武志老师给予我诸多指导和鼓励。他们都启发着我注意从户籍等基础资料出发，力图勾勒朝鲜传统社会的结构，并将其置于更大的视野下去思考和定位。

第一章　户籍入谱：高丽时期户籍文书的
　　　　　　　　诸形态及其社会意义

　　高丽时期的户籍制度，可以从官修史籍和文书两种材料切入，这两种材料提供了国家和社会理解户籍的不同视角。现存的高丽王朝户籍文书实物总共有 24 件，既保留了登记个别户的户籍文书，也保存了登记多个户的帐籍资料。得益于许兴植等先学对高丽后期户籍文书的发掘、整理和开拓性研究，[1]韩国学界对这批文书的关注由来已久，并积累了一定的研究成果。以往的研究主要侧重于两个层

1　崔弘基：《韩国户籍制度史研究》，首尔大学出版社，1975；许兴植：《高丽社会史研究》，亚
　　细亚文化社，1981。

面：一是文书本身或户籍制度的讨论；[1]二是阐明当时的家庭形态或社会结构。[2]值得注意的是，高丽时期的户籍文书大部分为转写本，文书的这一存在形态对文书的格式与内容有何影响，为何以这一形态得以保存等问题在既往研究中没有得到关注。本章将结合文书的保存形态及格式内容，分析户籍载入族谱的社会意义。

第一节　定为"国制"

根据庆州府尹的名簿《庆州先生案》中"统和四年（成宗五年，986）丙戌，内外户口施行"的记载可知，[3]高丽王朝在全国设置十二牧整顿地方制度的同时，还曾实施过某种户口调查。

1　金英夏、许兴植：《唐宋户籍制度对韩国中世户籍的影响》，《韩国史研究》第 19 辑，1978；白承钟：《高丽后期的"八祖户口"》，《震檀学报》第 34 辑，1984；卢明镐：《高丽时期户籍记载样式的成立及其社会意义》，《震檀学报》第 79 辑，1995；李钟书：《高丽八祖户口式的成立时期和成立原因》，《韩国中世史研究》第 25 辑，2008；吴英善：《高丽末朝鲜初户口资料的形式分类》，卢明镐等：《韩国古代中世古文书研究》（下），第 117~144 页；李相国：《高丽时期户口把握样像及其意义——以户口资料为中心》，《大东文化研究》第 52 辑，2005。

2　李佑成：《高丽时代的家族》，《东洋学》第 5 辑，1973；崔在锡：《高丽后期家族的类型与构成——对国宝 131 号高丽后期户籍文书的分析》，《韩国学报》第 3 辑，1976；许兴植：《从国宝户籍看高丽末的社会构造》，《韩国史研究》第 16 辑，1977；权斗奎：《高丽时期的别籍异财与家庭规模》，《庆北史学》第 13 辑，1990；卢明镐：《高丽时期的分家规定和单丁户》，《历史学报》第 172 辑，2001；李钟书：《高丽末和宁府户籍的作成原则与记载内容——以同居状况及关联性为中心》，《震檀学报》第 95 辑，2003。

3　赵喆济译注《（国译）庆州先生案》，庆州文化院，2002，第 190 页。

　　有关高丽王朝户籍制度的一些情况，可以从官修史籍《高丽史》中获取。《高丽史·食货志》"户口"条收录了仁宗十三年（1135）以后的户籍制度。"户口"条开篇就讲道，"民年十六为丁，始服国役"，将其定为"国制"。这段话还强调了户籍对于国制的重要性，通过户籍的两个主要功用实现：对户口进行统计和据此征兵调役。对于王朝国家来讲，这是维持其统治的根基所在。

　　　　国制，民年十六为丁，始服国役；六十为老而免役。州郡
　　每岁计口籍民，贡于户部。凡征兵调役，以户籍抄定。[1]

　　《高丽史·食货志》"田制"条记载忠烈王二十四年（1298）忠宣王即位后曾下教，全国田丁，随职役平均分给。这里的"职役"包括官职和军役等对国家的差役，就是上文所说的"国役"。无主田地，则分给军人和闲人，使其"立户充役"。由此可见，作为土地分配依据的职役，是以户为单位设定的。

　　　　二十四年正月，忠宣王即位，下教：一、先王制定，内外
　　田丁，各随职役，平均分给，以资民生，又支国用。……宜令
　　诸道按廉及守令穷诘还主，如无主者，其给内外军闲人，立户
　　充役……[2]

　　从《高丽史·食货志》的相关记载看，高丽时期已创立了定期造籍的制度。前述恭让王二年七月的这则材料讲道："两班户口，必

————————

1　郑麟趾等：《高丽史》卷七九《食货志二·户口》，第 2513 页。
2　郑麟趾等：《高丽史》卷七九《食货志一·田制》，第 2478 页。

于三年一成籍。"[1] 各户呈送官府的两件户口文书，一件纳于官府用于户籍编造，一件经核实对照后还付于各户。

高丽王朝还多次试图进行户口调查和统计。《食货志》"户口"条多次出现"计口籍民""计户口""计点民户""计点户口"等字句。[2] 下面这则史料就提到，忠烈王五年（1279），忠烈王曾向诸道分派"计点使"。虽然多次派遣计点使，却未见成效。十八年（1292），忠烈王又遣使调查户口增减和土田垦荒情况。元宗己巳年（1269），元宗也曾下令"计点民户，更定贡赋"。

> 忠烈王五年九月，分遣计点使于诸道。初，都评议使司言："太祖奠五道州郡，经野赋民，皆有恒制。近来兵馑相仍，仓储悬罄，横敛重于常贡，逋户累其遗黎，是宜计户口，更赋税，以革姑息之弊。"由是，累发计点使，而未见成效。及东征之役，发民为兵，故复有是命。
>
> 十八年十月，教曰："诸道之民，自兵兴以来，流亡失业。在元王己巳年，计点民户，更定贡赋，厥后赋敛不均，民受其病。可更遣使，量户口之赢缩、土田之垦荒，计定民赋，以遂民生。"[3]

不过，由于可见史料有限，高丽时期的户籍制度及其实施情况仍有很多模糊不清的地方。高丽王朝是否将三年一造籍真正付诸实施，亦缺乏确切的史料证据。

1　李相国依据现存高丽后期的准户口和"和宁府户籍"对实际的造籍时间做了推测，认为造籍时间大致是在子、卯、午、酉结尾的式年。详见李相国《高丽时期户口把握样态及其意义——以户口资料为中心》，《大东文化研究》第52辑，2005。
2　郑麟趾等：《高丽史》卷七九《食货志二·户口》，第2513~2514页。
3　郑麟趾等：《高丽史》卷七九《食货志二·户口》，第2513~2514页。

正史食货志对于户籍制度的相关记载，主要站在王朝国家的立场，强调户籍对于国家的重要性。如果我们将目光转向高丽时期的户籍文书实物，可以发现这些藏于民间、留存于世的户籍文书隐藏着更为丰富的内容，有其独特的社会意义。我们不妨从这批文书的保存形态讲起。

第二节 户籍文书的保存形态

24件文书的具体作成年代，最早的为1237年，最晚的为1391年，全都限于高丽后期。[1] 这些户籍文书已经全部整理出版并收录于《韩国古代中世古文书研究》一书。[2] 表1-1对24件文书按照年代做了整理，并列举了各文书的名称、年份、保存形态及保存名称。

表1-1 高丽王朝户籍文书的保存情况

序号	文书名称	年份	保存形态	保存名称
1	李乔户口资料	1237	骊州李氏小陵公派谱（1745）	高丽开城府户籍
2	李秀海户口资料	1270	骊州李氏小陵公派谱（1745）	
3	金镜高准户口	1280	咸昌金氏族谱（1934）	判官公庚辰户籍

---

1 研究者对高丽前期的户籍文书也有过部分的推测和讨论，但由于缺少实物，其具体样式尚无定论。
2 卢明镐等：《韩国古代中世古文书研究》（上为"校勘译注篇"，下为"研究·图版篇"），首尔大学出版社，2011。

续表

序号	文书名称	年份	保存形态	保存名称
4	郑仁卿准户口	1292	瑞山郑氏家乘（1819）	郑仁卿政案
5	金琏准户口	1301	光山金氏礼安派宗家（转写本） 光山金氏世系（1608） 光山金氏族谱（1923）	
6	韩康准户口	1331	清州韩氏派谱（1930）	
7	李光时准户口	1332	龙仁李氏族谱别录（1869） 龙仁李氏大同谱（1983）	判书公壬申户籍
8	乐浪郡夫人崔氏户口资料	1333	骊州李氏小陵公派谱（1745）	
9	金積准户口	1333	光山金氏礼安派宗家（转写本） 光山金氏世系（1608） 光山金氏族谱（1923）	
10	金克孙准户口	1336	咸昌金氏族谱（1934）	祭酒公丙子户籍
11	崔硕玘户口资料	1367	水源崔氏世谱（1935） 水源崔氏世谱（1936）	令同正硕玘户籍 令同正讳硕玘户籍抄
12	永州李氏户口资料	1372	骊州李氏小陵公派谱（1745）	
13	朴得贤准户口	1372	密阳朴氏汉城公派谱（1938）	
14	朴惟干准户口	1372	密阳朴氏汉城公派谱（1938）	
15	朴秀准户口	1373	潘南朴氏世谱（1825）	密直公癸丑户籍
16	南敏生户籍写本	1390	（英杨南氏）南宗通记（1668）	英杨南敏生户籍洪武庚午年
17	金涛户口资料	1390	义城金氏宗宅（转写本）	
18	裴尚志户口资料	1390	（兴海裴氏）先祖柏竹堂实纪	洪武二十三年庚午东部上里户籍
19	金铭户口资料	1390	宣城金氏世谱	洪武二十三年庚午户籍

续表

序号	文书名称	年份	保存形态	保存名称
20	金得雨户籍写本	1390	安东金氏世谱（1833）	附 典农正公安东府旧藏丽朝户帐
21	安东金氏户口资料断片	1390	转写本（丰山柳氏族谱·纸背）	
22	郑光厚户口资料	1391	迎日郑氏世谱（1915·1981）	附判尹公光厚户籍
23	郑义龙户口资料	1391	兴海裴氏宗宅（转写本）	辛未年成籍
24	高丽末和宁府户籍断片	1391	原本	

注：* 各文书依据《韩国古代中世古文书研究》（上）"凡例"，采用"户主 + 文书性质及样式"的顺序命名。

**《骊州李氏小陵公派谱》（1745）中，共收录了李乔（本表资料 1）、李乔的次男李秀海（资料 2）、李秀海长男李谦的夫人乐浪郡夫人崔氏（资料 8）、李谦三男李允芳的夫人永州李氏（资料 12）为户主的四件户口资料。《密阳朴氏汉城公派谱》（1938）中，共收录了朴得贤准户口（资料 13）、朴惟干准户口（资料 14）两件户口资料，朴惟干为朴得贤的三男。《郑仁卿政案》同时收录了准户口和政案。

***据《南宗通记》记载，资料 16《南敏生户籍写本》为"安东府上大明洪武二十三年庚午年户籍"的抄本。

24 件文书的保存形态大致有两类。"和宁府户籍"（序号为 24）是唯一保存帐籍原来形态的一次资料；其余的 23 件文书（序号 1~23）或转写于族谱，或以写本的形式保存。

"和宁府户籍"是朝鲜王朝的开国之君李成桂（1335~1408）下令在自己的本乡和宁府（今朝鲜咸镜南道永兴一带）编成的户籍，又称"李太祖户籍原本"或"国宝户籍"。[1]该文书于 1934 年从咸兴的濬源殿移管至奉谟堂（藏书阁前身），后又移藏于国立中央博物

---

[1] 研究者依据户籍的具体内容，推测该户籍可能是恭让王三年（1391）以开城府为中心编成的。文书第 1、2 幅的记载内容和李成桂、李芳远有关，因此命名为"李太祖户籍原本"。但从第 3 幅及以下的户籍内容看，该户籍并非李成桂个人的户籍，而是依据相关资料所攒造的一般帐籍。许兴植：《从国宝籍看高丽末的社会构造》，《韩国史研究》第 16 辑，1977。

馆。"和宁府户籍"现残存 8 幅断片，每幅长宽约 50 厘米。从外形上看是由 8 幅文书连起来的长卷文书。整卷文书纵长 56 厘米，横宽达 386 厘米。第 1 幅记载了李成桂被册封功臣时赐予奴婢的情形，第 2 幅记载了户籍做成的经纬和户口成籍的具体事目，第 3 幅以下是依据事目所编的具体户籍内容。[1]

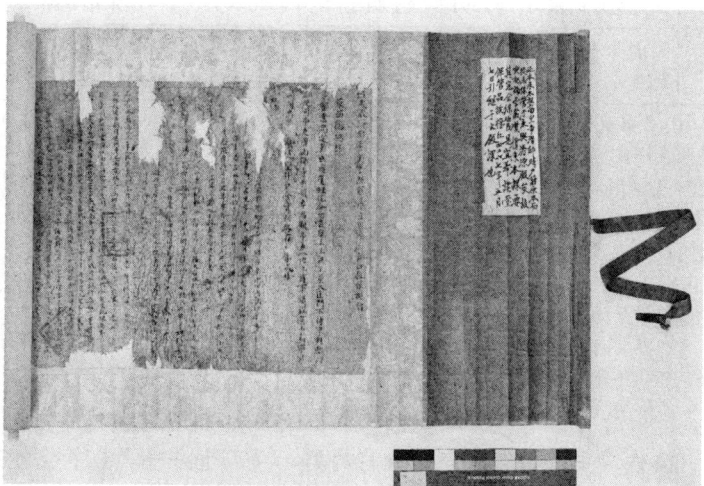

图 1-1 "和宁府户籍"外观

资料来源：韩国国家遗产厅，https://www.heritage.go.kr。

其余 23 件文书则是记载各户户口的具体文书。崔承熙将高丽、朝鲜时期的户籍文书分成了三大类。在造籍前，由户主提供的户口申告书叫作户口单子（户口申告书）；官府将收到的户口单子经对照后攒造的户籍册叫作户籍（帐籍）；由官府根据成籍户籍

1　关于资料的保存经纬、判读、作成年代和各幅的记载内容，许兴植在《从国宝户籍看高丽末的社会构造》一文中有详细的说明。

所载内容发给个人的誊本叫准户口（户口誊本）。[1] 依据此分类，资料 3~7、9~10、13~15 为准户口，其余的文书形态具体属于准户口还是户口单子并不明确。其中，资料 16 和资料 20 是户籍的抄本，故命名为"户籍写本"，其他通称为"户口资料"。不管原来的文书属于何种形态，其保存形态或载于各家门的族谱，或以写本保存于宗家。严格地讲，其并不属于保存原来形态的一次资料，而是二次甚至三次资料。但作为该时期为数不多的户口资料，其史料价值不言而喻，因此亦被学界视为高丽时期户籍文书的重要组成部分。

第三节　文书格式与内容分析

一　户籍原本"和宁府户籍"

　　"和宁府户籍"第 3 幅及以下是具体的户籍内容，共载 40 户。若以户主的良贱身分区分，40 户中有 15 户属于奴婢户，25 户属于良人户。良贱户分开记载，奴婢户载于第 3 幅，良人户则载于第 4~8 幅。以下选取了 1 个奴婢户和 2 个良人户，探讨"和宁府户籍"的格式和记载内容。

1　崔承熙：《关于户口单子和准户口》，《奎章阁》第 7 辑，1983。

宁川郡夫人申氏户奴直金户（第3幅第15户）

> **户**　宁川郡夫人申氏户奴直金　年参拾参
>
> 妻　同户婢延德　年参拾七
>
> 并产　元文
>
> 同户奴金连　年伍拾肆
>
> 妻　□□□婢召史　年伍拾九　印[1]

这是一户奴婢户，户主是宁川郡夫人申氏的户奴，名字叫直金，其妻也是同户的奴婢，名延德，年龄是37岁。"并产元文"是说他们有儿子名元文。同户名下还有奴婢金连，54岁，其妻召史，59岁。最后写有"印"表明这是原户籍册押印之处。

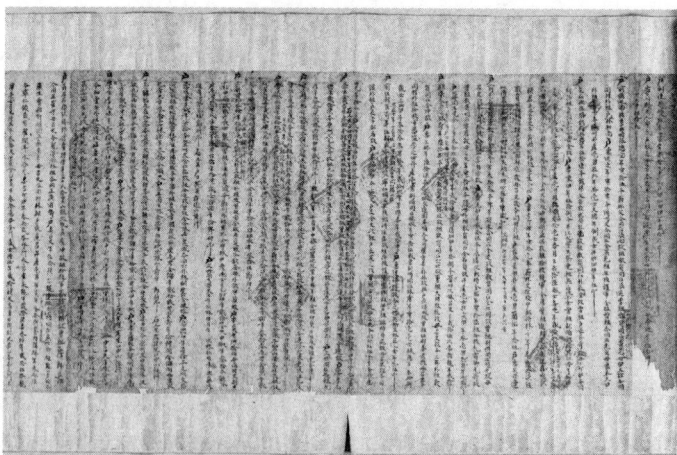

图1-2　"和宁府户籍"第4幅

资料来源：韩国国家遗产厅，https://www.heritage.go.kr。

1　《高丽末和宁府户籍（断片）》，收录于卢明镐等《韩国古代中世古文书研究》（上），第255~269页。原文户内各事项之间均为连写。为便于辨认世系等，笔者对原文进行了隔写、换行、空格，阙文之处可确认字数处用□表示，不可确认字数处用□□□表示。下同。

前左右卫保胜郎将朴彦户（第4幅第2户）

　　户　前左右卫保胜郎将　朴彦　年伍拾柒　本龙津

　　　父　检校郎将　朴亮　故

　　　祖　散员同正　朴长金　故

　　　曾祖　户长　朴奇　故

　　　母　小斤伊　本同村

　　　外祖　户长　朴蒙吾金　故

　　户妻　栗伊　年伍拾捌　本平江

　　　父　学生　蔡连

　　　祖　兵正　仇木金

　　　曾祖　都领郎将　其仁

　　　母　亏加伊（故）本宁远

　　　外祖□□　金台　故

　　并产　壹男　朴兴顺　年参拾

　　　壹女　春月　年贰拾陆

　　　贰女　春屯　年贰拾　印

　右员矣前年九月付火次　户口作文等乙烧亡　口申以施行[1]

　　这是一良人户，户主是前左右卫保胜郎将朴彦，57岁，原籍是龙津。其下则是其父、祖、曾祖、母亲、外祖的姓名、身分与年存情况。先写其父系，再写其外系。户妻栗伊，58岁，原籍平江。其下也登记了其父、祖、曾祖、母亲、外祖的情况。亦是先写其父系，再写其外系。这一家庭育有一男二女，长为男，30岁。因为原

1　"矣"和"乙"均为"吏读"，是借用汉字音标记朝鲜语的一种文字形式，相当于汉语的"的"和"被"。

来的户口作文等在前年九月的火灾中被烧毁，故该户籍以口头申告的方式成籍。

前左右卫保胜郎将崔得守户（第 6 幅第 1 户）

户　前左右卫保胜郎将　崔得守　年五十六　本豊山县
　　父　散员　崔冲　故
　　祖　检校军器监　崔辅　故
　　曾祖　丞仕郎良酝令同正　崔守
　　母　召史　本龙潭县
　　外祖　令同正　廉宥卿
户妻　召史　年伍拾肆　本龙潭
　　父　别将同正　廉士卿
　　祖　散员同正　廉生
　　曾祖　别将同正　廉重奇
　　母　召史　本同村
　　外祖　户长　廉吕
　并产　壹男　崔贵　年参拾捌
　　　　妻　内隐扬　年参拾陆　本宁仁镇
　　　贰男　崔涧　年参拾参
　　　　妻　亏斤伊　年参拾贰　本登州
　　　参男　崔永起　年贰拾柒
　　　　妻　参珎　年贰拾伍　本龙潭
　　　壹女　召史　德氏　年参拾
　　　　夫　学生　金乙贵　年参拾壹　本金州
　　　贰女　德壮　年贰拾肆

　　夫　忠勇右卫尉丈　李乙奉　本文州

三女　召史　崔壮　年贰拾

　　夫　学生　金吕奉　本文州

肆男　崔顺　年拾捌

肆女　召禄伊　年拾陆

伍女　胜伊　年玖

伍男　巴只　年参　印

□□□**户**祖崔辅矣妻　召史　本□□县

父　散员同正　朴洪

祖　伍尉　朴能好

曾祖　良酝令同正　朴祥仲

母　召史　本同村

外祖　令同正　朴□□

户曾祖崔守父　尚乘副内承旨同正　崔文

祖　制述业进士　崔宥冲

曾祖　备巡卫精勇保胜摄郎将　崔炎

母　召史　本同村

外祖　制述业进士　崔玉

户曾祖妻父　户长同正行户长中尹　崔琪　本同村

父　郎将行首户长　崔得成

祖　户长中尹　崔引才

曾祖　户长同正　崔永仁

母　召史　本同村

外祖　户长　李公世

户外祖廉宥卿父　令同正　廉臣祐

祖　令同正　廉得龙

曾祖　礼宾丞同正　廉顺

母　召史　本长城郡

外祖　令同正　徐永仁

户外祖妻父　令同正　全长祐　本天安部

父　令同正　全喜善

祖　令同正　龙甫

曾祖　令同正　全德元

母　召史　本龙宫

外祖　令同正　全有龙

户妻父　别将同正　廉士卿　本龙潭

祖　散员同正　廉生

曾祖　别将同正　廉重器

母　召史　本同村

外祖　散员同正　廉元守

户妻矣外祖　廉□□□

户妻矣外祖妻父　散员同正　高世　本同村

父　检校别将　廉生

祖　别将同正　廉松

曾祖　仁惠

母　召史　本同村

外祖　户长□□□

户父母同生长妹　故

夫池元　故　本长平

次妹　故

夫　判事金大器　本宁仁镇

次弟　司酝司正　崔得雨

次　司酝司同正　崔得之

次　司酝司同正　崔得海

次　司酝司同正　崔安发

次弟妹　故

夫　前中正书云正　徐连　本双阜县

户父边传来奴　金三　年伍拾

所生婢　金德　年贰拾参　印

祖边大德十年十一月日丙午年京户口　父母现付宣光八年

七月日　龙潭县令陈省以准

　　这也是一个良人的户籍，除户主、户妻、子女外，还包括媳、女婿，户主的祖、曾祖、外祖等以及所率奴婢等内容。该户的成籍参考了两类资料，祖边的信息参考了 1306 年 11 月做成的京户口，父母的信息则依据 1378 年 7 月龙潭县令的调查。

　　从以上选取的"和宁府户籍"三个户可以看出当时户籍的格式，每户另起一行，户与户之间不连书。每户以粗体"户"字为抬头，表示户主，且"户"字提高一格书写。一户内的内容均连书，不过"户妻"等其他户主亲属成员的"户"字用粗体表示，以作区别。一户的记载内容结束时，常用"印"字结尾。在书写格式上，良贱户基本相同，只是良人户在户的末尾，通常会附上小注，说明编写户籍所依据的资料。

　　奴婢户的构成较为简单，一般由户主夫妇、户内成员两部分构成。户内成员包括所产子女，有时还会有同居的奴婢夫妇。奴婢户的户主夫妇呈对称记载，记载内容依次为现所有主的信息，包括身分、名字和年龄。若户内成员的所有主与户主相同，使用"同"；不同于户主时，则注明所有主的信息。"和宁府户籍"所见的奴婢均为私奴婢。[1]这类奴婢可以赠予、继承、买卖或赁贷，形同主人财产。[2]对奴婢来讲，明确所属关系也就显得极为重要。

　　良人户通常由户主夫妇、世系、户内成员三部分构成。（1）户主夫妇。户主和户妻的信息呈对称记载，记载内容依次为职役、姓名、年龄、本贯、世系。良人作为国家公民，有承担国役的义务。良人名字前记载的官职、乡役、军役等不同职役名称，就是其具体承担的国役类别。良人从属于家族，其出生后便获得父系的"姓"和表示出自地的"本贯"。姓贯体系本身也内含身分的属性，奴婢在高丽时期通常是不标记姓和本贯的。（2）世系。记载在世系上的祖先大多为推寻所至，这些祖先大部分已经死亡，非生存户口。世系上的父系祖先只记载职役和名，母等非父系成员还会记载姓和本贯。户主夫妇世系的推寻范围通常包括四祖（父、祖、曾祖、外祖）及母。这样的世系记载样式一般称为"四祖户口式"。但前左右卫保胜郎将崔得守户则将世系推寻到户主的祖妻、曾祖、曾祖妻父、外祖、外祖妻父，户妻的父、外祖、外祖妻等。这样的世系记载方式接近"八祖户口式"。[3]25个良人户中共有4个户的世系记载呈现出八祖户口式的特征。[4]（3）户内成员。户内成员一般包括

1　"昔箕子封朝鲜，设禁八条：'相盗者，没入为其家奴婢。'东国奴婢，盖始于此。士族之家世传而使者，曰私奴婢，官衙州郡所使者，曰公奴婢……"郑麟趾等：《高丽史》卷八五《刑法志二·奴婢》，第2716页。

2　丘秉朔：《高丽时代奴婢制度的法理（1）》，《法律行政论集》第14辑，1976；洪承基：《高丽时期私奴婢的法制上地位》，《韩国学报》第4辑，1978；洪承基：《高丽时期公奴婢的性质》，《历史学报》第80辑，1978。

3　"己巳朔，礼曹启：'谨稽高丽士大夫户口式，只录四祖者，谓之四祖户口，其祖父母、曾祖父母、外祖父母、妻父母之四祖具录者，谓之八祖户口。"《朝鲜世宗实录》卷六九，世宗十七年九月己巳，第3册，第639页。

4　关于八祖户口式的成立背景，白承钟认为八祖户口式的成立与入仕资格、荫叙资格的确认有密切联系；李钟书则认为八祖户口式为民间自发形成的户籍文书样式，但被国家默许。详见白承钟《高丽后期的"八祖户口"》，《震檀学报》第34辑，1984；李钟书《高丽八祖户口式的成立时期和成立原因》，《韩国中世史研究》第25辑，2008。

所产子女、兄弟姐妹等。户内成员已婚时，其妻或夫的相关信息也有登载。前左右卫保胜郎将崔得守户内，并产子女依次按照已婚未婚，再以先男后女和出生顺序排列。户主夫妇若有率居奴婢，率居奴婢及其所产子女也会一一记载。率居奴婢虽然隶属于户主夫妇，但前面会标记"父边传来"、"母边传来"或"妻边传来"等信息。[1]

二　转写本

与户籍原本相比，其他23件户籍文书的格式和内容稍有不同。在讨论这些文书的书写格式和记载内容时，有必要首先考察其独特的保存形态。从表1-1可知，23件户籍文书大部分载入族谱或以写本保存于宗家。以下以"金镜高准户口""李乔户口资料""金得雨户籍写本"3件载入族谱的户籍文书为例，试探讨户籍文书转写后在格式及内容上的变化。

金镜高准户口

　　典议　庚辰七月日　东部上杨堤七里己卯年户口准

　　写经院判官文林郎礼宾同正　金镜高　古名至刚　年五十四　本咸昌郡

　　　父　追封卫尉　丞仁　故

　　　祖　司宰注簿同正　禄文　故

---

[1]　许兴植认为这一记载方式与高丽时期奴婢的继承制度有关。妻边传来的财产即使在婚后仍在法制上区别于丈夫的财产。这意味着在夫亡再嫁、夫亡无嗣时该财产归妻或生家所有。甚至到了子女一代，其所有权的效力仍未消失，故有"母边传来"的标记。详见许兴植《从国宝户籍看高丽末的社会构造》，《韩国史研究》第16辑，1977。

曾祖　检校少监行监察御使　钧　故

母　初封永嘉郡大郡　权氏　故

外祖　登仕郎尚衣奉御同正权济　故　安东府

妻　玉氏　故　班城郡

父　殿中内给事同正　玉光邵　故

祖　检校军器少监行中尚署丞　成器　故

曾祖　检校大将军行中郎将　思瑾　故

母　吴氏　故　珍原郡

外祖　殿中内给事同正行天寿寺真殿直　吴懿　故

并产　一女　召史　故

一男　颖　年二十三

二女　召史　年十二

后妻　召史　年三十九

父　卫尉丞同正　李昌寿　故　年六十三　已丑年东月

仙印

祖　弘护寺真殿直检校军器少监　授休　故

曾祖　检校尚书右仆射行考功员外郎　元硕　故

母　召史女　年六十四　故

并产　一男　年四　节付

奴婢已下不准印[1]

　　这件户籍文书的户主为金镜高，以"判官公庚辰户籍"为题载于《咸昌金氏族谱》（1934）。准户口作为官府根据户籍所载内容发给个人的誊本，原本是具有一定的书写格式的。第一件文书之所以

1　卢明镐等：《韩国古代中世古文书研究》（上），第182~183页。

被判定为准户口，依据的是文书的抬头。文书的抬头揭示了文书发给处"典议"、发给时间"庚辰七月日"，以及所依准的户籍"东部上杨堤七里己卯年户口准"。[1] 该户由户主、妻及其所产以及后妻及其所产构成。该文书末尾有"奴婢已下不准印"的字样。

李乔户口资料

　　宋嘉熙元年丁酉（理宗十三年　丽高宗二十四年）北部兴国里

　　户　郎将同正　李乔　古名唐柱　年五十一　丁未生（印本无丁未）本黄骊

　　　　父　户长　军尹（印本无户长）孝温

　　　　祖　副户长　元杰

　　　　曾祖　仁勇校尉　仁德

　　　　外祖　户长　中尹（印本无户长）李仲规本庆州

　　　妻　闵氏　故　本（誊本作籍）黄骊

　　　　父　乡贡进士　洪钧　古名孝全（誊本父进士孝全）

　　　　祖　守户长　世儒

　　　　曾祖　户长　存寿

　　　　外祖　文林郎检校（印本无检校）军器监　李孙美　本（字缺，誊本无本字）

　　　率　一男（印本只书子字，下皆如之）书艺同正　秀山　年十九

　　　　二男　巴只　年十三　改名秀海（印本子秀海年十三）

1　还有一类准户口的抬头通常会多一行，如朴惟干准户口（表1-1资料14）抬头包括"部上洪道六里壬子年良中　千牛卫海领别将朴惟干　相准为内教"，表示该文书是依据王命发给的。具有此类抬头格式的准户口共有6件（表1-1资料4、5、6、9、13、14）。

三男　巴只　年一　改名秀龙（印本子秀龙年一）
一女　年九[1]

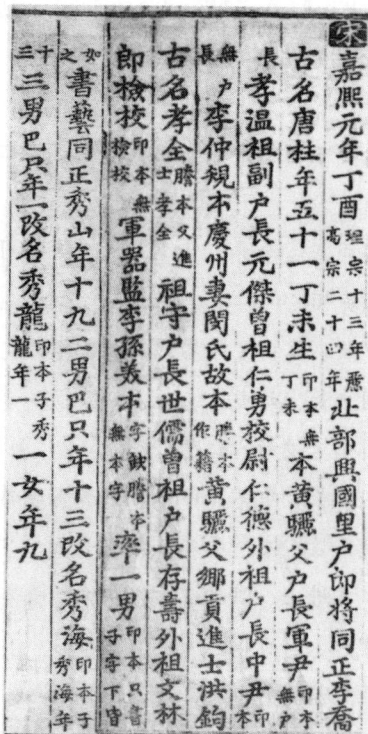

图 1-3　李乔户口资料
资料来源：卢明镐等《韩国古代中世古文书研究》（下）。

这件户籍文书的户主为李乔，以"高丽开城府户籍"为题保存于《骊州李氏小陵公派谱》（1745）。"李乔户口资料"的抬头部分署明了文书的发给时间"宋嘉熙元年丁酉"和所依准户籍的名称

1　卢明镐等：《韩国古代中世古文书研究》（上），第 178 页。

"北部兴国里"，接近准户口的抬头，但不完全相同。该文书的格式中有两处较为独特：一是文书开头加了国号，国号"宋"黑底空心，抬高一格书写；二是族谱编纂者对原文书做了注记。（ ）内即注记的内容。通过注记的内容可知，文书载于族谱前有印本和誊本两种版本，族谱编纂者在对照和综合两个版本后，才形成了载于族谱的户口资料。23 件户籍文书中，唯独收录于该族谱的 4 件文书加了"宋""元""皇明"的国号和注记（表 1-1 资料 1、2、8、12）。该户由户主、妻及其所产构成。

金得雨户籍写本

　　户　前中显大夫典农正　金得雨　年五十九　本安东

　　父　正议大夫判礼宾寺事致仕　义　故

　　祖　承仕郎卫尉注簿同正　资

　　祖妻　父升仕郎都染令同正　金允侃　本安东

　　　父　国学博士　雍

　　　祖　户长正位　吕黄

　　　曾祖　副户长　用义

　　　外祖　金吾卫别将同正　金应孚　本安东

　　曾祖　制述业进士升仕郎卫尉注簿同正　金熙　古名
瑄　本安东

　　　父　户长正位　南秀

　　　祖　户长　吕基

　　　曾祖　公须副正　习敦

　　　外祖　户长正朝　曹硕材　本安东府

　　曾祖妻父　户长　权公茂　本安东

　　　父　兵正　世衡

祖　权知户长　均亮

曾祖　神骑都领行食禄副正　通义

外祖　户长正朝　金至诚　本安东

外祖　追封匡靖大夫门下评理判典工寺事　金龟　本咸昌郡

父　及第检校礼宾卿　克孙

祖　追封朝议大夫国学祭酒宝文署学士上护军　镛古名颖

曾祖　试少府丞　镜高

高祖　追封卫尉丞　金仁

外祖　金吾卫别将同正　金应碑　本盈德

外祖妻父　左右卫保胜散员权契本安东

父　文林郎尚衣直长同正　谞

祖　文林郎卫尉注簿同正　洪俊

曾祖　副户长　永平

外祖　内库副使礼宾丞同正　金温　本安东

户先妻　豊山郡夫人　柳氏　故　本豊山

父　前中显大夫书云正致仕　柳开　古名琦　年七十五

祖　从仕郎昌平县令　兰玉

曾祖　恩赐及第　柳伯

高祖　户长　廷庄

五代祖　户长　敦升

六代祖　户长　柳节

外祖　兴威卫保胜散员　林松衍　本甫州

并产　一女　永嘉郡夫人　金氏　故

夫　通直郎右献纳知制教　权轸　本安东

　　父　左右卫保胜郎将兼监察纠正　希正　故

　　祖　别将　用一

　　曾祖　承奉郎中门祗候　权奕

　　外祖　版图捴郎　金可器　古名允藏

　并产　一女　召史　年十

户　一男　内侍通仕郎寿昌宫提举司司涓　金革　古名用

庄　年二十四

　　妻　加史　户别

　　　父　监察纠正　权希正　故

户　二女　召史　年二十五

　　夫　宣差知印散员　孙仁裕　年二十一　生别

　　　父　密直司左代言　孙得寿

世系图

父边　玄玄祖公须副正金习敦　子户长吕基　子户长南

秀　子注簿同正熙　子注簿同正资　子判礼宾寺事致仕义　子

前典农正得雨

　母边　玄玄祖追封卫尉丞金仁　子试小府丞镜高　子追国

封学祭酒镐　子及第克孙　子追封上护军龟　女子咸昌郡夫人

金氏　子前典农正得雨

　妻父边　玄玄祖户长柳节　子户长敦升　子户长廷庄　子

恩赐及第柳伯　子昌平县令兰玉　子书云正致仕开　女子丰山

郡夫人柳氏前典农正金得雨[1]

　　最后这件户籍文书的户主是金得雨，以"附　典农正公安东府

1　卢明镐等：《韩国古代中世古文书研究》（上），第241~242页。

旧藏丽朝户帐"的名称收录于《安东金氏世谱》（1833）中。"金得雨户籍写本"属于对户籍原文进行抄写的写本，完全不具备准户口的抬头格式 。[1]除了户主和妻，还有祖、曾祖、外祖、前妻、女婿、媳等的信息。本文结束后，还附上了含有父边、母边、妻父边的世系图。

从文书格式来看，"金镜高准户口"为准户口，"李乔户口资料"接近准户口，"金得雨户籍写本"的文书属性难以判定，也就是说后两者的文书格式均不明确。"李乔户口资料"还被族谱编纂者加了注记。仅从格式上看，相当部分的文书经过转写，失去了户籍文书原有的格式。

与户籍文书的原来形态相比，这3件文书在内容上也有变化。23件户籍文书的主体内容构成类似于"和宁府户籍"的良人户，包括户主夫妇和并产子女的相关信息。虽然文书的主人公都为上层人士，但与"和宁府户籍"相比，均没有出现户主所有的奴婢或户主兄弟姐妹的记录。"金镜高准户口"的末尾有"奴婢已下不准印"的字样，明确指出所载内容后面奴婢以下的部分没有被收录进来。这意味着在依准原户籍的过程中，只誊写了该户户口的部分内容，而原户籍中奴婢相关的内容在准户口中并没有得到体现。[2]而准户口作为官文书，其功用之一是在诉讼时作为添附资料，或作为推刷奴婢的依据。户主夫妇属下奴婢的记载，原本是户籍文书极为重要的组成部分。但包括准户口在内的23件文书，一律未将奴婢以下的部

1　23件户籍文书中，共有10件文书具备准户口的抬头格式，5件文书的抬头接近准户口的格式（表1-1资料1、2、8、12、18），其余的8件文书不具备准户口抬头格式（表1-1资料11、16、17、19~23）。

2　准户口文书中，有5件文书的末尾载有类似"以下不准印"的字样（表1-1资料3、4、9、13、14）。

分收录进来。

尽管奴婢以下的记录有所缺失，文书对世系的记录却保存完好，且极为详尽。前两件文书记录了户主、户妻、户主的四祖及母、户妻（后妻）的四祖及母的相关信息。这两件资料的世系范围限定在户主和户妻的四祖范围内。与之相比，"金得雨户籍写本"的世系则涵盖户主、户祖妻父、户曾祖、户曾祖妻父、户外祖、户外祖妻父的四祖，先妻的六祖及女婿的四祖，不仅超出了四祖的范围，而且出现了六祖、女婿四祖等其他世系。

第四节　户籍何以载入族谱

文书格式及内容的取舍与详略，与文书独特的保存形态有着紧密的联系。当户籍文书载入族谱后，户籍文书上先祖的身分、姻亲关系及世系等内容对保存这些户籍文书的家门来说显得尤为重要，而其他内容如兄弟姐妹、率居奴婢等部分对族谱的编纂就显得无关紧要。因此，在对原文书的二次甚至三次转写过程中，不仅部分文书的格式出现了模糊，文书的内容也发生了一些变化。

户籍文书在收录到族谱后主要凸显了其中谱系信息的价值。若对 23 件户籍文书的世系记载范围进行整理，可以发现世系记录范围在四祖以内的文书共有 10 件（资料 1~6、8、10、12、15），其余 13 件文书的世系记录范围均超出了四祖范围（见表 1-2）。这些文书的世系，通常包括户和户妻的四祖，祖母、曾祖父和曾祖母、外祖父和外祖母、妻父和妻外祖等的四祖信息，有些还包含了子妻、女婿、户父、户高祖和户高祖妻父等的四祖信息。一些文书还出现了一祖、二祖、三祖、六祖等不同形态的世系记载样态。更有户籍文书直接附加了简单的世系资料，为世系的推寻提供了便利。如"金得雨户籍写本"就在世系记录后面附加了父边、母边和妻父边的"世系图"。[1]

表 1-2　高丽后期 23 件户籍文书的世系记载范围

资料	户	户妻	户祖妻 /~父	户曾祖	户曾祖妻 /~父	户外祖	户外祖妻 /~父	户妻父	户妻外祖	备注
1	○	○								
2	○	○								
3	△	△								
4	△	△								
5	△	△								
6	△	一祖								
7	△	○		○						户曾祖的父系 6 代
8	○	○								
9	△	△	△	△	△	△		△	△	子妻、女婿的四祖及母
10	△	△								
11	△	△				△	△			
12	○	○								
13	△	△	△	△	△		△			
14	△	△	△	△	△	△				
15	○	○								

1　23 件户籍文书中，共有 2 件户籍文书附加了世系图（表 1-2 资料 11、20）。

续表

资料	户	户妻	户祖妻/~父	户曾祖	户曾祖妻/~父	户外祖	户外祖妻/~父	户妻父	户妻外祖	备注
16	○	○	○		○		三祖			
17	○	○	○	○	○	○				世系图
18	△	△								父侧（祖、曾祖、高祖）、母侧（祖、曾祖、外祖）、妻父侧（祖、曾祖）、妻母侧（祖、曾祖、外祖）的妻父
19	△	△		○	○					户父、户高祖、户高祖妻父的四祖
20	○	六祖	○	○	○	○				女婿的四祖、世系图
21	○?	○?	○	○	○	○				
22	△	一祖	二祖	三祖	二祖					
23	○		○	○	○	○				

注：* 本表的资料序号与表 1-1 一致。

　　** 四祖为○，四祖及母为△。其他的世系范围做了具体标注。

　　若将表 1-2 中的主要世系以图示的方式（见图 1-4）表示出来，我们可以清楚地看到，户籍文书可以转化成以个人为中心向上推寻父边、母边、妻边世系的谱系记载样式。这与"八高祖图""十六祖图"等族谱出现以前的小规模家系记录颇为相似。[1] 因

---

[1]　宋俊浩：《朝鲜社会史研究——朝鲜社会的构造和性格及其变迁研究》，一潮阁，1987，第 19~28 页；权奇奭：《族谱和朝鲜社会——15~17 世纪的谱系意识和社会关系网》，太学社，2015，第 47~83 页。

此，依据户籍文书的内容，很容易加工成各种类型的谱系资料。附加在文书之后的世系图，同样包含了父边、母边和妻父边的世系，应该就是依据前面的户籍文书制作而成的。而那些包含父系12代、户高祖世系的户籍文书极有可能是参照了多份户籍文书综合而成的。诸多证据显示，户籍资料在谱系类资料的实际编撰过程中确实发挥了作用。像《文化柳氏嘉靖谱》《氏族源流》在实际编纂过程中，户籍文书是推寻、辨析、整理世系的重要资料来源。谱图、族图等的作成、子孙谱等朝鲜前期族谱的编纂主要依据的是高丽后期以后的户籍文书。[1]

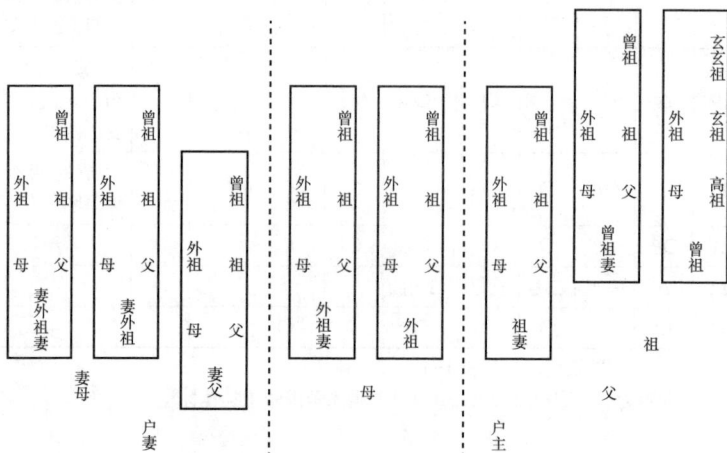

图1-4　高丽后期户籍文书所录世系示意
资料来源：笔者自制。

户籍文书载入族谱还有一个重要原因是，户籍文书在民间被视作记载内容值得信赖且具有官方效应的文书。23件户籍文书

1　宫嶋博史：《从〈安东权氏成化谱〉看韩国族谱的构造特征》，《大东文化研究》第62辑，2008；李正兰：《高丽时代系谱记录和财产继承——以女系家门的继承权为中心》，《女性和历史》第23辑，2015。

上的登载人物或是在中央任官职的两班，或为乡吏，皆属于高丽
时期的统治阶层。这些人物在族谱中往往成为始祖或显祖，是彰
显家族身分的重要人物。因此，将证明祖先身分地位与系谱关系
的户籍文书收录进族谱，大大提高了族谱相关记载的可靠性。在
"李乔户口资料"中，族谱编纂者将两个版本的户籍文书对照过程
以注记的形式进行了标注，也是为了强调依据资料内容的可靠性。
这在朝鲜后期的谱学家赵从耘编撰的《氏族源流》一书中得到了
很好的体现。赵从耘为了整理各家门的系谱关系，积极收集各家
所藏的高丽后期户口资料和早期的谱系记录。他在推寻的世系图
旁边补充户口资料的内容或获取经纬，以强调其复原的系谱是有
据可循的。[1]

小　结

　　本章着重对高丽王朝的户籍编造制度，以及高丽后期24件户籍
文书的存在形态、格式和记载内容进行了梳理。通过比较户籍原本
和户籍转写本，我们发现后者的格式有所模糊，记载内容也经过了
取舍和加工。户籍文书在收录进族谱后主要被凸显了其中谱系信息
的价值。户籍文书以个人为中心向上推寻父边、母边、妻边世系的

---

[1]　李正兰的《高丽时代系谱记录和财产继承——以女系家门的继承权为中心》一文对此有具体
　　考证。

谱系记录特征与"八高祖图""十六祖图"等族谱出现以前的小规模家系记录颇为相似。诸多证据显示，户籍文书是推寻、辨析、整理世系，甚至谱系资料实际编纂过程中所依据的重要资料。同时，户籍文书作为具有官方效应的文书，收录进族谱后大大提高了族谱相关记载的可靠性，这是高丽后期户籍文书载入族谱的重要背景。

转写本在记载格式和内容上的变化，同时也反映了户籍文书到了民间以后，其功用发生了转变。户籍原本作为官府编造的户籍，其主要功用是征兵调役和维持身分秩序。但当户籍文书私藏于民间，尤其是被后世收录进族谱以后，其功用则主要体现在证明祖先身分地位与系谱关系上。

中国古代对王权所及之处实行"编户齐民"的统治理念影响了周边国家。高丽后期已经初步确立了以户为单位，将不同身分的人编入国家户籍的统治体制。但由于两个社会在生产力水平和社会结构方面的差异，高丽并没有照搬中国的户籍文书形态，而是摸索出了符合自身社会现实的户籍登记样式，而且这一登载样式到了民间，发生了更为复杂和在地化的变化。与之相比，同一时期的元代户籍册以及明初户帖均为典型的人丁事产登记样式。关于高丽后期户籍与同一时期的元、明户籍相比所呈现的记载特征及其背景等问题，下一章将具体讨论。

第二章　高丽与元、明户籍的比较
——以登载事项为中心

　　高丽王朝（918~1392）于10世纪初统一朝鲜半岛时，唐朝（618~907）虽已灭亡，但唐朝的制度和文化成为高丽各种制度典章的重要根基。高丽初期唐制仍是其效仿的典范。[1] 以往涉及户籍文书比较的研究均侧重考察唐宋户籍制度对高丽的影响，将唐及宋初的户籍相关文书作为比较对象。[2] 应注意的是，今日遗存可知的高

1　《高丽史》中多次提到高丽要效仿唐制。例如，《高丽史》卷七三《选举志一》云："高丽太祖首建学校，而科举取士未遑焉。光宗用双冀言，以科举选士，自此文风始兴。大抵其法颇用唐制。"又如《高丽史》卷七八《食货志一》载："高丽田制，大抵仿唐制。"等等。

2　金英夏、许兴植：《唐宋户籍制度对韩国中世户籍的影响》，《韩国史研究》第19辑，1978；卢明镐：《高丽时期户籍记载样式的成立及其社会意义》，《震檀学报》第79辑，1995。

丽户籍文书全都集中产生于 13~14 世纪，而这一时期，也就是唐朝灭亡四百年后的元朝及随后的明朝，无论是高丽还是中国，当时社会经济结构等方面都发生了诸多变化，这在户籍文书中表现得尤为明显。

为了比较清晰地看到两国户籍文书演变趋势的异同，有必要将同时代的文书放入比较范畴。近年来黑城文书中元代户籍相关材料的出土，以及纸背公文书资料中元代湖州路户籍册的发现，包括明代户帖和黄册等实物的遗存，为比较研究提供了条件。本章将选取高丽末和宁府户籍与同时期的元代湖州路户籍册、明初徽州府祁门县汪寄佛户帖作为比较对象，试比较高丽后期与元代、明初户籍文书的演进轨迹。

第一节 元、明户籍举例

一 元代湖州路户籍册

元代湖州路就是今天的浙江省湖州市，元代属江浙行省。近年来，一些学者在元刊书籍的纸背上发现了一部分 13 世纪末湖州路的户籍册，相对较为完整，对于了解元代江南地区的户籍登记情况弥足珍贵。

以下选取了元代湖州路户籍册第一册所载的王万四户。与黑城的元代户籍只存残卷相比，元代湖州路户籍册具有一定的规模，且记载格式和内容较为具体完整。目前第一册的材料已经整理并公开。据推测，这批元代湖州路人丁事产登记册很可能是至元二十六年（1289）江南籍户的登记册或登记草册。[1]

元至元二十六年湖州路王万四户户籍

一户：王万四，元系湖州路安吉县浮玉乡六管施村人氏，亡宋时为漆匠户，至元十二年十二月归附。

计家：亲属陆口

男子：叁口

成丁：贰口

男王万十，年肆拾贰岁。弟王十三，年叁拾伍〔岁〕。

不成丁：壹口，本身，年陆拾玖岁。

妇人：叁口

妻徐一娘，年柒拾岁。男妇叶三娘，年叁〔　　　〕。

孙女王娜娘，年玖岁。

事产：

田土：贰拾柒亩玖分伍厘

水田：贰亩壹分伍厘　　陆地：捌分

山：贰拾伍亩。

房舍：瓦屋贰间。

孳畜：黄牛壹〔头〕。

1　王晓欣、郑旭东：《元湖州路户籍册初探——宋刊元印本〈增修互注礼部韵略〉第一册纸背公文纸资料整理与研究》，《文史》2015 年第 1 期。

营生：漆匠。[1]

元至元二十六年湖州路李十四户户籍

一户：李十四，元系湖州路安吉县移风乡一管人氏，亡宋作瓦匠，至元十二年十二月内归附。

计家：肆口

亲属：肆口

男子：叁口

成丁：壹口

弟多儿，年肆拾伍岁

不成丁：贰口

本身，年陆拾玖岁

男归儿，年陆岁

妇人：壹口

妻王二娘，年伍拾玖岁

驱口：无

典雇身人：无

事产：

田土：壹拾亩伍厘

水田：壹亩

陆地：贰亩伍厘

山：柒亩

1　《增修互注礼部韵略》册一（上平声第一）纸背录文（叶十一上下），转引自王晓欣、郑旭东《元湖州路户籍册初探——宋刊元印本〈增修互注礼部韵略〉第一册纸背公文纸资料整理与研究》，《文史》2015年第1期。

　　　房舍：

　　　　瓦屋叁间

　　孳畜：无

　　营生：

　　　瓦匠为活[1]

　　元代湖州路户籍册上各户的记载事项之间均为列书。首行标注户主为第几户、户主的姓名、居住所在地、亡宋时为何种户、归附的时间。

　　各户的主体部分由户口、事产等构成。户口部分又称"计家"，包括亲属和非亲属。亲属项又分成男子和妇人，男子项内再分为成丁和不成丁，妇女不做区分。元代湖州路户籍册对各户内亲属成员除了记载与户主的关系、姓名、年龄，还登记口数，包括家口、男女口数、成丁和不成丁的口数。年龄的记载只有具体年龄，无等级之分。李十四户的"计家"类项的"亲属"项之下出现了"驱口"或"典雇身人"分项，标记"有"或"无"字样。事产部分登记于户口部分之后，登载内容详细。事产部分一般分为田土（水田、陆地、山等）和房舍（瓦屋等），分别记载其种类和规模。如果有孳畜还要记载孳畜的种类和数目。在"计家"、"事产"及"孳畜"部分之后，列有"营生"项，登记各户的户计类别。[2]册一中所见的营生主要有民户和匠户两类：民户的营生一般标记为养种，匠户的营

1　《增修互注礼部韵略》册一（上平声第一）纸背录文（叶二十八下、叶二十九上），转引自王晓欣、郑旭东《元湖州路户籍册初探——宋刊元印本〈增修互注礼部韵略〉第一册纸背公文纸资料整理与研究》，《文史》2015 年第 1 期。

2　元朝将全国居民按不同的职业（还有按民族和其他标准）划分为各种户，统称为诸色户计。主要有军、站、民、匠、儒、盐、僧、道等，其中民户占大多数。参见陈高华《元代役法简论》，《元史研究论稿》，中华书局，1991，第 26 页。

生则细分为漆匠、泥水匠、木匠、裁缝匠、纸匠等具体营生的户计十余种。

二　明初徽州府户帖

洪武三年（1370），朱元璋命"户部籍天下户口，每户给以户帖"，"籍藏于部，帖给之民"。[1] 现存的徽州文书中保留下来的洪武四年的户帖，可以反映出明初的户口登记情况。[2] 明初户帖存世的实物中，藏于中国社会科学院古代史研究所的保存完好，为研究者所广泛引用。

《明洪武四年（1371）徽州府祁门县汪寄佛户帖》
（户部洪武三年十一月二十六日钦奉全文略）
　　　　一户汪寄佛，徽州府祈［祁］门县十西都住民，应当民差，计家伍口。

男子叁口：

成丁贰口：

本身，年叁拾陆岁。

兄满，年肆拾岁。

不成丁壹口：

男祖寿，年四岁。

1　《明太祖实录》卷五八，洪武三年十一月辛亥，台北中研院历史语言研究所，1962 年校印本，第 1143 页。

2　洪武十四年的黄册与户帖有一定的承继关系，参见梁方仲《明代的户帖》，《梁方仲经济史论文集》，中华书局，1989，第 219~228 页（原载《人文科学学报》第 2 卷第 1 期，1943 年 6 月）；栾成显《明代黄册研究》（增订本），中国社会科学出版社，1998，第 21~26 页。

　　　　　　妇女贰口：

　　　　　　　　　妻阿李，年叁拾叁岁。

　　　　　　　　　娚［嫂］阿王，年叁拾叁岁。

　　　　　　事产：

　　　　　　　　　田地：无。

　　　　　　　　　房屋：瓦屋三间。孳畜：无。

　　　　　右户帖付汪寄佛收执。准此。

　　　　　　洪武四年　　　月　　　日

　　　　□字伍伯拾号（半字）（押）

　　　部　（押）[1]

　　该户帖具有十分典型的官文书格式。户帖的首部为户部洪武三年十一月二十六日钦奉圣旨的全文，左上部有墨迹书写的半印勘合字号。户帖末尾有户帖的收执者、户帖颁布时间等，左下角有官吏的花押印文。

　　明初户帖上的户内记载事项之间也为列书。户帖的首行标注户主为第几户、户主的姓名、居住所在地、应当何差，[2] 计家口数。

　　户帖的主体部分同样由户口、事产构成。人丁事产部分的内容与元代湖州路户籍册几乎一致。户口分为男子和妇人，男子分项内再分为成丁和不成丁，分别登记与户主的关系、姓名、年龄，还登记口数，并统计各项的口数。事产部分登记于户口部分之后，分为田地、房屋、孳畜等，登记其种类和规模。

1　王钰欣、周绍泉主编《徽州千年契约文书》（宋·元·明编）第1卷，花山文艺出版社，1991，第25页。

2　明朝各色人丁必须立户收籍（军、民、匠、灶等）。什么籍的人户当什么差叫作"户役"。户役是每一类人户为朝廷承担的差役。参见王毓铨《纳粮也是当差》，《史学史研究》1989年第1期。

第二节　高丽与元、明户籍登载事项的差异及其原因

　　从以上介绍可以看出，高丽与同一时期中国江南地区的元代与明初户籍文书的主要差异体现在"事产"与"身分"的记载事项上，高丽户口统计时更关注人丁与身分，不仅父系与母系亲属均记录，而且详细登载奴婢的家庭情况，是一种纯粹的"户口帐"。而中国元、明的户籍文书除了登记人丁变化外，也登记事产，体现出一种"赋役册"的性质。

　　高丽户籍文书与元明户籍文书都源于唐代户籍文书，然后各自历经四百年的发展后，户籍文书已经有了很大不同，特别是登录事项的差异，体现了唐代以后两国户籍文书发展阶段与脉络的不同。

一　"事产"登记

　　高丽后期的户籍文书上只登载户口，没有土地等事产的记录，属于单纯的户口籍。与此相比，元、明户籍文书却呈现出另一番面貌，元、明户籍文书是典型的人丁事产登记。事产的登记内容主要为土地，也包括房舍、孳畜、车船等其他内容。

　　人丁事产的登载与户口、土地在赋役征收中的地位变化有紧密联系。根据梁方仲对中国历代户籍、地籍的关系及演变总体趋势的梳理，宋以前户籍是基本册籍，土地情况只是作为附带项目

登记于户籍册中，当时的户籍具有地籍和税册的作用。但自唐代中叶以后均田制渐趋废止，尤其是宋以后私有土地的日益发达与土地分配日益不均，土地对于编排户等高下的作用愈显重要。地籍进而从户籍中独立出来，并逐渐取得了和户籍平行的地位。砧基簿等归户属性的册籍、鱼鳞图等各种单行的地籍相继设立；原有户籍多半失实，户帖、丁口簿、鼠尾册等新型的户籍纷纷增设。[1] 这里选取的元代户籍册与明初的户帖可以说是应这一演变趋势出现的新型户籍。这一时期赋役征收的原则正处于以人丁为本转向以资产尤其是土地为本的过渡阶段。元代在至元元年（1264）始行户等制，按照事产多寡划分户等。[2] 明初则根据人丁多少和事产厚薄定户等，据户等以编役。[3]

　　高丽以前，土地等事产的情况也是作为附带项目登记于户籍上的。统一新罗时期作成的"新罗村落文书"上同时登载了人丁和马牛、畓田、麻田、桑柏木等事产内容。[4] 到了高丽后期，户籍以纯户口籍的形式出现。由于高丽前期户籍和地籍实物的缺乏以及相关史料记载的不足，目前尚没有研究对此做系统的梳理。但我们仍可以找到一些线索，推论如下。

　　第一，若比较新罗村落文书与高丽后期户籍文书对年龄的记载，我们可以发现新罗村落文书将所有男女村民按年龄分成若干等级，以丁、丁女为中心，向上有"老 -""除 -"，向下则有"助 -""追 -""小 -"等。而到了高丽后期的户籍文书，年龄等级

1　梁方仲编著《中国历代户口、田地、田赋统计》，"总序"，第 11~24 页。
2　陈高华：《元代户等制略论》，《中国史研究》1979 年第 1 期。
3　王毓铨：《明朝徭役审编与土地》，《历史研究》1988 年第 1 期。
4　《新罗村落文书（断片）》，收录于卢明镐等《韩国古代中世古文书研究》（上），第 315~319 页。

制的记载已经消失，只记具体年龄。高丽时期国役的担当主体为丁（男丁），男丁以外的人口已不再是国家征发劳动力的对象。从这一变化看，高丽后期国家赋役直接依赖劳动力的程度与前代相比有所下降。

第二，高丽前期实施以田柴科为代表的土地分给制。在这一体制下，从王族到文武两班、军人、乡吏，所有支配层以及从王室到中央各司、地方机构等所有统治机构均分给一定的收租地。国家以土地为媒介，将统治层和统治机构编入职役体系。这一体制完成于 10 世纪，但 12 世纪初开始有了动摇的迹象，进入武臣执政期间，趋于崩溃。[1]授田制的日趋崩溃有可能成为地籍、户籍分离的契机。[2]

第三，高丽时期虽然没有完好的量案（地籍）实物存世，但有转载于寺刹文书的量案残片。据金容燮考证，高丽时期已经出现关于量田和量案（量田帐簿、量田都帐、田籍、导行帐）的相关规定。[3]这意味着这一时期地籍已从户籍中独立出来。从以上几条线索看，统一新罗到高丽后期的整体趋势与宋以后的演变趋势是趋于一致的。

在地籍与户籍逐渐分离的趋势下，高丽后期并没有出现"人丁事产"的记载样式。这一差异可能是农业发展水平、国家统治构造等诸多原因综合作用的结果。就农业发展水平而言，高丽后期与统一新罗时期相比，土地生产力固然有所提高，但与同时代的中国江

1　国史编纂委员会编《新编韩国史》第 19 卷《高丽后期的政治与社会》，国史编纂委员会，1996，第 225~234 页。

2　许兴植也将授田制崩溃看成是地籍、户籍分离的契机。参见金英夏、许兴植《唐宋户籍制度对韩国中世户籍的影响》，《韩国史研究》第 19 辑，1978。

3　金容燮：《高丽时期的量田制》，《东方学志》第 16 辑，1975。

南地区相比,高丽后期的土地生产力尚处于较低的水平。[1] 纯户口籍的记载样式没有体现身役、户役与土地多寡之间的直接联系。也就是说,国家对人口、土地采用了各自独立的登记体系,这一登记体系为朝鲜王朝所沿用。

二 "先祖"与"母系"

高丽后期户籍文书各户的登记内容中,与事产记录的缺失形成鲜明对比的一大特征是户口部分记载详尽,尤其是世系的记载占据了户口部分的大量篇幅。世系的推寻范围一般至四祖,两班等上层则往往推寻至八祖。由此,高丽后期的户籍文书形成了"四祖户口"或"八祖户口"的特定样式。关于这两种户口式,卢明镐认为国家规定的样式是四祖户口式,八祖户口式的形成时间晚,且只限于官人层的一部分;[2] 李钟书也认为四祖户口式才是应国家行政需要形成的户籍文书样式,而八祖户口式为民间自发形成的户籍文书样

---

1 宫嶋博史在概观东亚小农社会的形成时对中国和朝鲜农业发展阶段的不同有所言及。伴随着宋代以后农业技术的变革,江南地区经历了山间平地的集约型水田农业、冲积平原地带的开发及冲积平原地带的集约型水田农业的转型,逐渐成为中国农业的中心地带。这一过程自宋代开始,到明前期基本完成。而朝鲜在 15~16 世纪才开始对山间平地和西海岸一带的农地进行大规模的开垦,17 世纪前后基本完成向集约型农业的转型;河川下游地区或广阔平原地带向集约型水田农业的转变则要到日据时期的水利组合结成以后才得以实现。参见宫嶋博史《东亚小农社会的形成》,《人文科学研究》第 5 辑,1999(中文版载《开放时代》2018 年第 4 期)。另外从朝鲜时期赋役体制的总体趋势,也可以推测出高丽后期户口和土地在赋役征收中的地位。16 世纪以前,在国家赋役收入的三大来源中,田赋的比重反而最小,军役和贡纳等负担相比更重。随着农业生产力的安定化,17、18 世纪实施大同法和均役法,贡纳和部分军役逐渐实现地税化。参见岸本美绪、宫嶋博史《朝鲜和中国近世五百年》,金炫荣、文纯实译,历史批评社,2003,第 244~247 页。

2 卢明镐:《高丽时期户籍记载样式的成立及其社会意义》,《震檀学报》第 79 辑,1995。

式，但为国家默许。[1] 尽管学界对于四祖式还是八祖式尚存争议，但同一时期中国的户籍文书则只记父系，而且只有"承故父某某"，并不推寻祖上。这种情况的产生主要与高丽社会中父系与母系并重的双侧亲属构造有关。

高丽王朝虽然在光宗九年（958）就引入了科举制度，[2] 但荫叙制一直与之并存，是产生官吏的重要途径。[3] 高丽社会兼有贵族社会和官僚社会的双重特性，身分地位的流动仍存在强烈的承袭特征，而户籍文书上的世系记载是证明承袭权的重要凭证。与此相比，宋以后科举逐渐成为产生官吏的主要途径，其实质是要削弱政治社会地位的承袭层面。以上所举的元、明户籍文书均不见与世系有关的记载。

值得注意的是，高丽后期户籍文书上的户主夫妇呈对称记载，两者的世系均有推寻。世系上不仅有父边的祖先，还包含了母边、妻边的祖先。高丽后期户籍文书上父系、母系亲族并重的世系记载特征源于高丽社会双侧的亲属结构特征。[4] 反映在身分流动上，不仅父系祖先具有决定性的影响，母族及妻族的祖先也有一定的影响力。

这在科举、入仕、限职、荫叙等选举、任官制度上表现得尤为明显。如科举应试者需在卷首写姓名、本贯及四祖。[5] 此外，大小功

1　李钟书：《高丽八祖户口式的成立时期和成立原因》，《韩国中世史研究》第25辑，2008。

2　"光宗九年五月，双冀献议，始设科举，试以诗、赋、颂及时务策，取进士，兼取明经、医、卜等业。"郑麟趾等：《高丽史》卷七三《选举志一·科目一》，第2304页。

3　金龙善：《高丽社会的基本性质》，《韩国史市民讲座》第40辑，一潮阁，2007，第92~108页；金龙善：《科举和荫叙——高丽贵族社会的两种登用之路》，《韩国史市民讲座》第46辑，一潮阁，2010，第40~56页。

4　卢明镐：《高丽社会的两侧亲属组织研究》，博士学位论文，首尔大学，1988。

5　郑麟趾等：《高丽史》卷七四《选举志二·科目二》，第2340页。

亲之间所产者，禁止入仕。[1] 八祖中若有涉及奴婢等贱类血统者，禁止入仕。[2] 杂类仕路人子孙的仕路限职依据四祖范围。[3] 荫叙基本在八祖范围内施行，大部分受自父、祖、曾祖、外祖，也有受自外高祖、外高祖父、五代祖等。[4]

三　良人职役

高丽时期实施兵农合一的职役制度。"国制，民年十六为丁，始服国役；六十为老而免役。州郡每岁计口籍民，贡于户部。凡征兵调役，以户籍抄定。"[5] 高丽时期的良人成年男子具有承担国役的义务，户籍承担着征兵调役的重要功用。高丽后期的户籍文书上良人成年男子名字前记载了各种不同的职役名，国家所需差役的不同种类是通过户籍上的职役体系进行征调的。成年男子名字前所记载的军役、官职、乡役等具体职役名，就是其承担的国役类别。职役中最具代表性的是军役，而广义上乡役、官职、学生等也属于职役的范畴。军役由庶民的主体丁农承担，丁农是可以随时被征发为军士的。学生在非常时期也可以被征发为军士。只有进士以科举及第为前提，具有免役特权。可见，高丽时期兵农合一，大部分的庶民与军役是有直接关系的。

与高丽不同，元代湖州路户籍册通过"营生"项，明初的户帖通过"应当何差"项，将各色人丁划分为军、民、匠等各种户计

1　郑麟趾等：《高丽史》卷七五《选举志三·铨注》，第2384页。
2　郑麟趾等：《高丽史》卷八五《刑法志二·奴婢》，第2718页。
3　郑麟趾等：《高丽史》卷七五《选举志三·铨注》，第2382页。
4　白承钟：《高丽后期的"八祖户口"》，《震檀学报》第34辑，1984。
5　郑麟趾等：《高丽史》卷七九《食货志二·户口》，第2513页。

或户役，每一类人户承担相应的差役。元、明均实行军户制，军役（军差）由军户承当。军户作为户计或户役中的一类，是指被专门指定出军的人户。民户、匠户等非军户的人丁与军役无关。[1]

四　贱民身分

高丽后期"和宁府户籍"上，作为贱民主体的奴婢也被编入了户籍，奴婢不仅作为户内成员登载在所有主人的户下，还可以作为户主夫妇单独立户。"和宁府户籍"所载的40户中，15户是奴婢户，比重非常高。良贱身分的记载格式严格区分。良人成年男子的名字前记载职役名；奴婢名字前则标记所有主人信息和"奴"或"婢"的身分。奴婢的身分承袭实行"凡为贱类，若父若母，一贱则贱"，即父母中有一方为贱民，子女也为贱民。[2]

父母的身分也是判断奴婢身分的重要依据。因此，奴婢所产子女也一一记载。高丽后期压良为贱、以贱从良、奴婢所有关系不明成为当时争讼的焦点之一，"近年以来，户籍法废，不唯两班世系之难寻，或压良为贱，或以贱从良，遂致讼狱盈庭，案牍纷纭"。[3] 户籍是判明身分的依据，"其无户籍者，不许出告身立朝，且户籍不付，奴婢一皆属公"。[4]

与之相比，元代湖州路户籍册中虽然有个别"驱口"的记载，但元、明的户籍文书上基本不存在良贱的区分。在元代湖州

1　陈高华：《论元代的军户》，元史研究会编《元史论丛》第1辑，中华书局，1982；王毓铨：《明代的军户——明代配户当差之一例》，《历史研究》1959年第6期（收入《莱芜集》，第342~361页）。

2　郑麟趾等：《高丽史》卷八五《刑法志二·奴婢》，第2718页。

3　郑麟趾等：《高丽史》卷七九《食货志二·户口》，第2515页。

4　郑麟趾等：《高丽史》卷七九《食货志二·户口》，第2515页。

路户籍册中，个别财力之家的"亲属"分项之下出现了"驱口"分项，但这是极个别的现象（册一户序数的 46、75、76、88、89、92、129）。驱口在元代湖州路户籍册上主要作为户内成员存在，不像高丽后期的户籍文书作为户主出现，记载信息也十分简略，只标记"有"或"无"。元代湖州路户籍册上册一的驱口后面均标记了"无"，这一记载样式很可能是受元朝北方户籍登记样式的影响。[1]

小　结

高丽后期户籍文书与同时代江南地区的户籍文书呈现出不同的记载样式。随着宋代以后土地在赋税征收中的重要性日渐凸显，元代湖州路户籍册和明初徽州地区的户帖上均呈现出人丁事产并录的记载方式。与之形成对比的是，高丽后期的户籍文书呈现出纯户口籍的形态。通过对户籍、地籍的关系及演变过程的梳理可知，两个社会的总体演变趋势还是一致的。但两国的户籍文书上为何出现人丁事产登记方式的差异，这背后的原因较为复杂，土地生产力、国家统治结构等方面的差异都有可能是重要的背景。

与元、明户籍文书相比，高丽在户口统计时更关注人丁与身

1　王晓欣、郑旭东：《元湖州路户籍册初探——宋刊元印本〈增修互注礼部韵略〉第一册纸背公文纸资料整理与研究》，《文史》2015 年第 1 期。

分，不仅父系与母系亲属均记录，而且也详细登载奴婢的家庭情况。这些登载事项上的差异同时也反映了官编户籍在功用上的不同。高丽后期的户籍除了一般性的赋役征收以外，还具有维持身分秩序的重要功用。

第三章　治国之急务：朝鲜前期的
户籍制整顿

朝鲜王朝建立后，为了扩大良丁层、征兵调役，强化国家的财政基础，展开了一系列的户籍制整顿。这期间所确立的户籍制度成为朝鲜王朝户籍制度的重要根基。因此，在考察朝鲜时期户籍制度的形成过程时，有必要追溯到朝鲜前期。但以往对朝鲜王朝户籍制度的研究主要集中于户籍文书保存较多的朝鲜后期。针对上述研究现状，本章试从朝鲜前期户籍制整顿所确立的主要内容入手，通过与高丽时期户籍制度的比较，进而探讨朝鲜前期户籍制整顿的意义。

第一节　高丽、朝鲜的换代与户籍改革论议

　　朝鲜王朝是在高丽王朝内部通过易姓革命建立的。高丽王朝末期，高丽内部国王与贵族、各派系之间的权力斗争进一步激化。亲明派的武人李成桂联合文、武臣等势力推翻王氏高丽后建立了李氏朝鲜。朝鲜王朝的建国势力崇尚朱子学，研读朱子学经典。正是这些新儒学的文献让他们产生了对新的社会政治秩序的展望，并在新王朝对这些秩序做了重新创造。高丽后期以来成为讨论焦点的田制和户籍，成为朝鲜建国势力积极推进的改革内容。

　　高丽末期，田制紊乱、户籍不明。太祖三年八月己巳谏官的上疏里就讲到前朝户籍不明及户籍荒废所带来的"劳役不均""良贱混淆、词讼日繁、骨肉相毁"等弊端。[1] 丽末主导朝鲜建国的势力积极建言，提出户籍改革方案。恭愍王十年（1361）红巾军入侵，"公私文卷，亡失殆尽"，[2] 由来已久的户籍改革重新被提上议程。恭愍王二十年（1371）十二月的下教中就言及尤其要整顿户籍："本国户口之法，近因播迁，皆失其旧。自壬子年为始，并依旧制，良贱生口，分拣成籍，随其式年，解纳民部以备参考。"[3] 不过从辛禑十四年（1388）八月大司宪赵浚的上疏内容"近来户籍法坏，守令不知其州之户口，按廉不知一道之户口"来看，户籍法的荒废并没有得到

1　《朝鲜太祖实录》卷六，太祖三年八月己巳，第1册，第66页。

2　郑麟趾等：《高丽史》卷八五《刑法志二·诉讼》，第2715页。

3　郑麟趾等：《高丽史》卷七九《食货志二·户口》，第2514页。

改善。[1]

恭让王二年（1390）七月都堂的户籍整顿建言，明确指出户籍之法荒废导致了身分制的混乱与讼狱盈庭。[2]主导朝鲜开国的新兴士大夫继续谋求改革户籍法，但他们的建议未被采纳。其结果是丽末的田制改革以科田法的颁布告一段落，而户籍的问题却未得到及时解决，关于户籍制改革的讨论一直持续至朝鲜前期。

> 乙丑，议政府进时务数条："……一、户口之法久废，以致良贱相混，流亡不息。曾降判旨，参考良贱分拣，限三年成籍，致有恒产。"[3]

> 丙子，受常参，视事。……佥曰："户籍，一以均赋役，二以禁流移。近因多事，中外户籍，久废不成，须令成籍。"上曰："近来民弊实多，姑待丰年为之，未晚也。"[4]

> 甲辰，上曰："我国户口不明，因此致弊多端。如今下三道赈济之时，难于计口，民之生死，眩然未知也。至于两界，值贼入侵，人民未尽入保，遂被掳掠，皆户口不明之所致也。户籍，我祖宗之所未能整也，予不可以一朝而遽整也。然弊今如此，将若之何？"[5]

> 庚申，谕诸道观察使曰："我国户籍不明，军丁多漏，每因凶歉姑待丰年。是则成籍无时，置都会成籍，则非但诸邑吏婿赢粮往来有弊，奸吏因缘增减。卿其巡行诸邑，面谕守令，

1　郑麟趾等：《高丽史》卷七九《食货志二·户口》，第2514页。

2　郑麟趾等：《高丽史》卷七九《食货志二·户口》，第2515页。

3　《朝鲜太宗实录》卷一六，太宗八年七月乙丑，第1册，第446页。

4　《朝鲜世宗实录》卷五五，世宗十四年一月丙子，第3册，第368页。

5　《朝鲜世宗实录》卷七五，世宗十八年十一月甲辰，第4册，第40页。

二十岁以上录籍以启，务要勿致骚扰。予将亲览，考其能否。"
又令兵曹、汉城府悉刷京中闲良者录籍。[1]

　　谕京畿、忠清、全罗、庆尚、江原、黄海道观察使曰："我
国户籍不修，因此军籍不明，豪者多自影占，弱者孑立无助，
民不聊生。今遣大臣修明军籍，但欲矫积弊耳，非欲尽刷隐丁
以充军额也。愚民必不知国家之意，或致惊惧，卿预先晓谕，
毋使骇扰。"[2]

　　朝鲜前期的这些户籍改革论议提及了户口之法久废导致的种种
弊端。大致是讲作为社会支配秩序之根基的身分制度出现了混乱；
作为征兵调役的基础帐籍，户籍的不造还带来赋役不均、良人流民
化等弊端，最终造成国家财政的不实。可见，户籍是王朝确立并维
持其统治的基础。

第二节　"大典之法"中的户籍制度

　　朝鲜王朝建立后，执政者面临着富国强兵、恢复社会秩序、安
定百姓生活等国内外的一系列问题，户籍制的整顿成为治国之急
务。太祖初年，都评议使司裴克廉、赵浚等上言二十二条，试图

1　《朝鲜世祖实录》卷一二，世祖四年四月庚申，第 7 册，第 264 页。
2　《朝鲜世祖实录》卷二五，世祖七年七月辛酉，第 7 册，第 336 页。

通过"计丁籍民"确保徭役担当者，[1]并命令各道呈送军籍，收纳了十万余名有役者。[2]此后，议政府、汉城府、户曹等机构主导展开了一系列关于户籍制度的整顿工作。[3]户籍制整顿工作的主要内容最终以《经国大典》的颁布得以成文化。《经国大典》主要从两方面对户籍制做出了规定：一是户籍编造制度，二是户籍书式。由此，户籍整顿工作告一段落。

一　造籍制度

首先看户籍编造的频率与保管。高丽时期虽然有三年一成籍的规定，但从丽末鲜初关于户籍法久废所致的弊端等种种讨论，不难推测至少在高丽后期并没有进行定期的户籍编造。朝鲜王朝建立后的太宗、世宗年间也只是进行了不定期的籍户。太宗十四年八月，"户曹请改籍京外户口，从之"。[4]世宗五年九月，"汉城府启：'请籍京中户口。'从之"。[5]

关于成籍后户籍的保管，太宗十四年议政府论及户口法时就已经言及分级保管的方式："乞令各道各官以今年七月十五日为始，两班、人吏、百姓、各色人世系，备细推考，分拣成籍，一件纳于户曹，一件置于监司营库，一件置于其官。"[6]

《经国大典·户典》"户籍"条将户籍的编造频率和保管原则均写入法典，明确规定户籍每三年重修一次，重修后的户籍共有3~4

1　《朝鲜太祖实录》卷二，太祖元年九月壬寅，第1册，第31页。

2　《朝鲜太祖实录》卷三，太祖二年五月庚午，第1册，第44页。

3　吴英善：《朝鲜前期汉城府的户籍业务》，《首尔学研究》第20辑，2003。

4　《朝鲜太宗实录》卷二八，太宗十四年八月己巳，第2册，第34页。

5　《朝鲜世宗实录》卷二一，世宗五年九月己亥，第2册，第556页。

6　《朝鲜太宗实录》卷二七，太宗十四年四月乙巳，第2册，第10页。

部，分别收藏在中央（户曹、汉城府）、道和邑。

> 每三年改户籍，藏于本曹、汉城府、本道、本邑。[1]

《经国大典》虽然只简要地提到了造籍频率和保管，但其背后其实隐藏了户籍编造从攒造到移送上级官厅的一套完整的程序。关于户籍攒造的过程，下一章将做具体论述。

再看户籍的编制方式。在《经国大典》提出五家作统制之前，朝中对以一定户数为单位组成邻保组织就有过讨论。太宗六年（1406）知平州事权文毅提议实施"乡舍里长之法"，[2] 太宗七年（1407）领议政府事成石璘建议实施"邻保正长之法"，[3] 等等。以鲜初以来的上述讨论为内容基础，《经国大典》最终确立五家作统制对户籍进行统一编制管理，"统"进而成为朝鲜时期邻保组织的法定单位。《经国大典·户典》"户籍"条对户籍的人户编制原则所做的成文规定如下：

> 京外以五户为一统，有统主。外则每五统有里正，每一面有劝农官（地广户多则量加）；京则每一坊有管领。[4]

这段话的主要内容可以概括如下：京中和地方均以五户为一统，各统设统主。地方每五统（25 户）为一里，设里正，各面设劝农官；京中则各坊设管领。五家作统制是将 25 户编成一个行政

1　崔恒等：《经国大典》卷二《户典·户籍》，首尔大学奎章阁藏显宗二年（1661）木版本。

2　《朝鲜太宗实录》卷一一，太宗六年三月甲寅，第 1 册，第 352 页。

3　《朝鲜太宗实录》卷一三，太宗七年一月甲戌，第 1 册，第 383 页。

4　崔恒等：《经国大典》卷二《户典·户籍》。

村"里"，"统"作为邻保组织置于里之下。以五户为单位，按照统、里、面分阶段编制后，最后编入地方行政组织的基本单位郡县。《经国大典》对于邻保组织"统"的设计，其最初设想是建立一个邻近各户之间相互连带的协作组织，各统设立统主来统率统内各户。

二 户口式

朝鲜初期官文书的文字格式均依照明朝的《洪武礼制》，唯独户口格式依照高丽朝的旧制。

> 命礼曹详定户口之式。汉城府启："国朝一应文字格式，并依《洪武礼制》，独户口格式尚仍前朝旧制，似为未便。乞下礼曹详定。"从之。[1]

执政者意识到迫切需要对户口格式进行改订。太宗年间曾规定户口单子上须备载"户首人、夫妻内外、四祖及率居子孙弟侄，以至奴婢年岁"，[2] 这里明确指出记载"四祖"。而若允许记载八祖，则"大小人员，皆欲载其八祖，各其祖上久远文契推寻，非惟事烦有弊，无益于国家"。[3]

世宗十年（1428）首次制定准户口的规式及其发给流程：

> 户曹启："各人户口，京中汉城府、外方各官守令，据其状

---

1 《朝鲜太祖实录》卷三〇，太祖十五年十一月戊申，第 2 册，第 91 页。

2 《朝鲜太宗实录》卷二七，太宗十四年四月乙巳，第 2 册，第 10 页。

3 《朝鲜太宗实录》卷三〇，太宗十五年十二月丙寅，第 2 册，第 93 页。

告成给。其规式，则某年号月日。户口，准府在某年成籍户口帐内，某部某坊第几里，外方某面某里住，某职姓名年甲本贯四祖、妻某氏年甲本贯四祖、率居子息某某、奴婢某某等。准给者汉城府、外方某州县金署，周挟改字数及有无横书踏印。一本粘连立案，一本给状告户首，毋令叠给。"从之。[1]

《经国大典·礼典》中收录的《准户口式》，对准户口的书式做了明确的规定。《准户口式》中所体现的户籍文书格式基本遵循了世宗十年的准户口规式。

《准户口式》
　　a.某年月日　本府（外则称本州本郡）考某年成籍户口帐内　某部某坊第几里（外则称某面某里）住
　　b.某职姓名年甲本贯四祖　妻某氏年甲本贯四祖　率居子女某某年甲（女婿则并录本贯）　奴婢雇工某某年甲
　　c.等准给者　汉城府（须备三员）堂上官押　堂下官押（外则称其邑其职）
　　周挟改几字（无则云无）横书经印[2]

《准户口式》由抬头（a）、本文（b）和结辞（c）三部分构成。抬头部分包括准户口的誊给时间、誊给官厅、准据的户籍、住所。本文为所要依据的户口记载的核心内容。结辞则由"等准给者"、发给官府的官员及其押、订正与否、官印等构成。户口单子是造籍

1　《朝鲜世宗实录》卷四〇，世宗十年五月癸丑，第3册，第130页。
2　崔恒等：《经国大典》卷三《礼典·准户口式》。

时各户呈交的户口申告书。准户口则是由官府依准户籍发给个人的户籍誊本。因此，两者在书式上是有严格区别的。从准户口的抬头与结辞看，其格式明显具有官文书的特征。

《经国大典·礼典》的文书式中除了收录《准户口式》，还收录了一份《户口式》。

　　《户口式》
　　　　　a. 户某部某坊第几里（外则称某面某里）住
　　　　　b. 某职姓名年甲本贯四祖　妻某氏年甲本贯四祖（宗亲录自己职衔妻四祖　仪宾录自己职衔尚某主　庶人及妻四祖　庶人不知四祖者不须尽录）率居子女某某年甲（女婿则并录本贯）奴婢雇工某某年甲[1]

《户口式》由抬头（a）和本文（b）两部分构成。抬头包括"户"字和住所。本文则为户口记载的核心内容，包括主户的职役、主户夫妇及四祖、率居子女、奴婢雇工等的具体信息。这里的《户口式》究竟是登记于户籍上的各户书式，还是户口单子式，仍存有争议。[2]但户口单子最大的特点是列书，这里户口记载的核心部分采用的是连书；且书式的抬头部分有一"户"字，在朝鲜时期现存

1　崔恒等：《经国大典》卷三《礼典·户口式》。

2　崔承熙认为《经国大典》收录了官文书的书式，且户口单子最重要的特征是列书，而《户口式》采用了连书，因此应将《户口式》看成"记载在户口帐上的书式"。吴英善的意见稍有不同，他认为《户口式》在开头注明了户的地址，不符合户籍书写的常识；且本文中使用了"自己"等以户主本人为中心的记载，因此该《户口式》既可作为户口单子式，也可作为户籍式。详见崔承熙《关于户口单子和准户口》，《奎章阁》第7辑，1983；吴英善《高丽末朝鲜初户口资料的形式分类》，卢明镐等《韩国古代中世古文书研究》（下）。

较早的户籍《山阴帐籍》上也能看到各户以"户"字开头，[1]因此将《户口式》看成户籍上各户的书式更为妥当。

《经国大典》上虽然没有明示户口单子的书式，但不可否认的是，户口单子作为各户手书后向官府呈交的文书，也已具备了一定的书式。18世纪后半期《典律通补》第四册《别编》里所载的《户口单子式》反映的就是过去民间户口单子的书写惯习。[2]

《户口单子式》

　　a. 某部某坊某契户口单子（外则称某面某里）

第　　　统

第　　户住

　　b. 具衔姓名年几某干支生本某

父具衔名（出系人列书生父）

祖具衔名

曾祖具衔名

外祖具衔姓名本某

奉母某氏年几某干支生籍某

　妻某氏年几某干支生籍某

父具衔名

祖具衔名

曾祖具衔名

外祖具衔姓名本某

　　率子女孙（若娶妇又低书〇女婿并录本贯〇有率户则

1　《宣武三十九年丙午山阴帐籍》（1606年），首尔大学奎章阁藏（奎14820）。

2　具允明：《典律通补》第四册《别编》，首尔大学奎章阁藏正祖十一年（1787）笔写本。

　　列书附子孙下）某某年几某干支生
　　　　　率奴婢雇工某某年几某干支生
　　c.年号几年某月　　　日

　　《户口单子式》由抬头（a）、本文（b）和结尾（c）构成。抬头部分包含住所和统户信息。本文部分为户口记载的核心部分，并采用列书的书写格式，这是户口单子重要的格式特征。结尾部分为文书作成的年代。《户口单子式》在抬头部分除了住所，还有统户的编号，这是朝鲜后期户籍文书记载样式的一大特点。五家为一统的编排原则在《经国大典》上早已成文化，但从现存户籍册的编排上来看，以肃宗元年（1675）《五家统事目》的颁布为契机，户籍编排才真正导入了五户为一统、各统设统主的五家作统制。

第三节　朝鲜前期户籍制整顿的意义

　　作为朝鲜前期户籍制整顿的主要成果，《经国大典》对户籍攒造与编制、户籍书式两方面内容做了明文规定。朝鲜前期通过户籍制整顿所确立的户籍制度一方面延续了高丽时期的户籍制度，但同时也发生了一些改变。

　　第一，从《高丽史·食货志》的相关记载看，高丽时期已经创立了关于造籍的户籍制度，在一定程度上实施过户口的调查和统计。不过由于史料的限制，高丽时期户籍制度的具体运作等诸多层面尚未得到充分的研究。从现存高丽时期的户籍文书发给地来看，除了"和宁府户籍"为和宁府，其他均集中于开京（开城）管辖的京畿五部坊里。考虑到高丽时期国家与地方的关系及当时的社会生产力发展水平，将全国民户编入户籍是很难实现的。而从丽末鲜初关于"成籍无时"或"户口之法久废"等所致的弊端等种种讨论，也不难推测至少在高丽后期并没有进行定期的户籍编造。

朝鲜时期三年一造的成籍频率延续了高丽时期的户籍编造制度。与高丽时期不同的是，朝鲜时期将户籍三年一造写入法典，并明确规定户籍的保管实行中央、道、各邑三级保管模式；而且，朝鲜时期造籍范围扩大至全国，国家对户籍编造的整个过程做了严格的法律规定。从现存朝鲜时期的户籍册看，朝鲜后期户籍编造基本遵循了每三年一改修的规定。仁祖十七年（1639）之后三年一次的全国规模的户口数统计几乎完好地被保存下来。现存的户籍册也主要集中于 17 世纪初至 19 世纪末，并呈每三年一册的连续保存状态。从户籍的攒造到移送上级官厅形成了一套完整的程序。

户籍编造出现上述变化的重要历史条件是中央政府直接统治地方的统治体系的逐渐形成。朝鲜前期，高丽的多元道制被一元化的八道制取代。作为地方统治体制核心内容的郡县制在 15 世纪以后出现了重大变化，郡县之间的关系由主县与属县的主从关系逐渐转为平等关系。郡县的守令（郡县一级的地方官）在地方统治中的地位逐步上升，形成了王—监司—守令的官治体系。各郡县之下面里制的逐步确立等中央集权的统治进一步强化。

从户籍的编制方式看，朝鲜时期虽然仍然存在严格的良贱身分差别，但《经国大典》所确立的五家作统制强调的是对所有户赋予均等的义务。人户的编制原则上不考虑家户的身分，即不管是士大夫还是庶民，民户一律按照家户顺序作统。高丽后期现存的户籍原本"和宁府户籍"上，良贱户分开记载。户与户之间没有形成邻保组织。五家作统是朝鲜前期新提出的人户编制方式，反映了朝鲜王朝强化户籍人丁管理的意图。

第二，《经国大典》对朝鲜时期户籍书式做了明确规定，虽然不同类型的户籍文书在格式上存在差异，但户口记载的核心部分内容是一致的。职役、世系和奴婢等依然是各户记载内容的基本要素，户籍的登载内容也为纯户口籍。这些都延续了高丽以来户籍文书的记载样式。同时，户籍文书对世系记载的部分发生了变化。两班阶层不再使用特殊的世系记载，两班与庶民都使用同样的记载样式，即世系的记载范围只追溯至四祖。

户籍文书在世系记载上的这一变化，从侧面说明特权贵族到了朝鲜时期在法制上已不再享受政治和经济的特殊保障。高丽时期的基本土地制度"田柴科"对从"文武百官"至"府兵闲人"的职役者"随科"实施"科授"。[1]国家以职役为媒介，对两班、乡吏、军人、预备军等特定身分之人授予其"两班田""人吏位田""军人田""闲人田"的收租权。但朝鲜前期，国家逐渐取消了根据职役授予土地收租权的方式，只保留良贱身分制。所有良人都可以通过科举取得官职，且科举的重要性逐渐上升，荫叙的比重大大下降。与之相应，户籍文书上一律记载四祖。官文书的格式变化蕴含着国家意图削弱贵族的特权。官职、军役等不同职役不再有身分上的差异，都成为履行国家公务的国役义务。户籍文书的记载方式只有良贱身分的区分：良人一律记载四祖信息，奴婢则记载父母和所有主的信息。

---

[1] "高丽田制，大抵仿唐制，括垦田数，分膏塉，自文武百官至府兵闲人，莫不科授；又随科给樵采地，谓之田柴科，身没并纳之于公。"郑麟趾等：《高丽史》卷七八《食货志一·田制》，第2476页。

小　结

　　高丽后期，新进士大夫势力逐渐壮大，并成为朝鲜建国的中坚势力。他们从丽末开始就积极推进田制和户籍的改革，以消除贵族特权、巩固国家的政权基础。朝鲜前期对户籍制的一系列整顿，反映了朝鲜建立以后逐渐向中央集权制和科举官僚制转变的趋势。这一时期的成果经《经国大典》的颁布得以成文化，初步奠定了朝鲜王朝的户籍制度。朝鲜前期所确立的户籍编造制度以及户籍书式在朝鲜后期现存的户籍文书中得到了印证，并一直沿用至朝鲜王朝终亡。

　　在经历了"两乱"（16 世纪末的"壬辰倭乱"和 17 世纪 30 年代的"丙子胡乱"）以后，朝鲜国内对强兵固国、统治体系的再编要求更为迫切，国家迫切需要掌握版图内的丁口，编造户籍成为治国之急务。加上这一时期农田开垦、郡县再编等诸课题已基本完成，定期实行大规模的籍户具备了一定的条件。朝鲜前期建立的五家作统制、面里制等制度，在该时期才真正贯彻到户籍上，朝鲜时期的户籍制度全面建立。

第四章 朝鲜王朝的户籍攒造及其遗存文书

　　现存的韩国古代户籍文书大部分集中于朝鲜时期，其中又以朝鲜后期居多。学界通常将朝鲜时期的户籍文书分成户口单子、户籍[1]和准户口三大类。在造籍前，由户主提供的户口申告书叫作"户口单子"；官府将收到的户口单子经对照后攒造的户籍册叫作"户籍"，户籍又称户口帐、户口台帐、户籍台帐、户籍大帐、帐籍等；"准户口"是由官府依准成籍户籍所载内容发给个人的户籍誊本。可见，户籍文书的生成过程与户籍的攒造

1　成册的户籍是否属于文书的范畴尚存争议。崔承熙认为户籍属于帐簿类，户口单子和准户口属于文书类。崔承熙：《关于户口单子和准户口》，《奎章阁》第 7 辑，1983。本书暂将单件的户籍文书和户籍册统称为户籍文书。

有着紧密联系。那么，朝鲜时期的户籍具体是如何攒造的呢？以下将从户籍的攒造过程出发，[1]对朝鲜时期各类户籍文书的产生背景进行梳理。

第一节　攒造过程及文书类型

　　朝鲜时期的户籍每三年，[2]即在子、卯、午、酉结尾的式年攒造。[3]攒造户籍的步骤按地域和时间稍有差异，大体可概括如下。每到造籍之际，总管户籍事务的汉城府经道一级，向各邑（朝鲜时期的邑包括牧、府、郡、县，以下亦简称郡县）传达关于户籍攒造的关文和事目。各邑设临时机构户籍所并选出相关负责人，向下一级面、里转达传令，告知户籍的攒造。

　　各面或里命令各户根据相关规定将应登记事项逐一记载并呈

1　关于朝鲜户籍的攒造过程，研究者已有一些研究和讨论。崔承熙：《关于户口单子和准户口》，《奎章阁》第 7 辑，1983；山内弘一：《李朝後期の戶籍編成について——特に地方の场合を中心に》，武田幸男编《朝鲜後期の慶尚道丹城県における社会動態の研究——学習院大学藏朝鲜戶籍大帳の基礎的研究（ 3 ）》（Ⅱ），学習院大学東洋文化研究所，1997；权乃铉：《朝鲜后期户籍作成过程的分析》，《大东文化研究》第 39 辑，2001。其中，权乃铉在《朝鲜后期户籍作成过程的分析》一文中对朝鲜时期户籍的攒造过程有较为细致的分析，本节对此文有诸多参考。

2　"每三年改户籍，藏于本曹、汉城府、本道、本邑。"崔恒等：《经国大典》卷二《户典·户籍》。

3　"式年，子卯午酉年。"金在鲁等：《续大典》卷二《户典·户籍》，首尔大学奎章阁藏英祖二十二年（1746）木版本。

交。由各户撰写的户口申告书叫作户口单子。[1] 户口单子收集后，户籍所对照上一式年的户籍，对户口单子上的内容进行核实并编排统户。这一过程通常由各面或里选出的面任（里正）和风宪[2]负责。在对失实的内容予以纠正并附上统户之后，还付给各户的户口单子称正单；由户主呈交的户口单子则称为草单。各户通常呈交 2 通户口单子，1 通重新还付给各户，1 通则用于改修户籍保存于官府。

准户口的产生途径主要有两种。一是根据各户的需要，如民间诉讼时证明奴婢所有关系或科举考试须提交相应材料时向官府申请，由官府依据保存于官府的户籍对该户的相关内容誊给的户籍誊本。二是产生于户籍攒造过程中，现存的准户口大部分产生于这一途径。这一生成途径具体又存在以下几种情况。（1）上述各户呈交的 2 通户口单子中，还付给户主的正单由于经过了官方的核实（有时会有官印），常常被认为具有准户口的效力。（2）有些地方只呈交 1 通户口单子，官府直接在草单上盖上官印还付给各户，或者由户籍所誊写一份副本，作为正单还付给各户。这样的正单也具有准户口的效力。（3）最近有研究者认为，17 世纪后期开始，有些地方各户先呈交 1 通户口单子（户口单子格式），经面任或风宪核实修正后，再依此呈交 1 通准户口（准户口格式），最后由官府盖上官印后还付给各户。也就是说，户口单子逐渐成为草单，准户口逐渐成为正单。18 世纪中后期开始，许多地方出现了只呈交 1 通户口单子，直接盖上官印，而省略了准户口的呈交步骤。且户口单子的格

1　朝鲜时期，称作"某某单子"的文书通常是指甲将物品或事实按条目一一列书后呈上的文书。"户口单子"是指由户主（甲）将与户口相关的事实列书后呈交给官府（乙）的文书。崔承熙：《关于户口单子和准户口》，《奎章阁》第 7 辑，1983。

2　面任或里正是面里行政事务的辅助者，风宪一般由各洞里有力人士担当，其称呼各地相异。

式也逐渐接近准户口，两者之间的界限趋向模糊。[1]

　　户口单子收集和整理结束后，一些地方的户籍所还会以面或里为单位攒造户籍中草。依据各地攒造户籍的过程，中草的记载内容详略不一，各有侧重。中草是户籍大帐完成的前一阶段，与户籍大帐的登记相比，中草的登记被认为更接近事实。在户口单子收集和整理结束后，厘正、监考、别有司、尊位等[2]以面里为单位攒造户籍中草。[3]由于户籍作成过程的差异，中草的记载内容详略不一。庆州良佐洞草案、巨济项里中草的记载内容相对简略。丹城新登里、南原屯德坊的中草则与户籍大帐几乎或完全一致，被直接当作户籍大帐底本保管于邑一级的地方社会。

　　在攒作中草时，通常会先编排统户。五户为一统，从第一统第一户依次作统，其原则如下：

> 　　士夫常汉，一从家座次第，五家作统，而有余户，未准五
> 数，不比越合踏面。虽过无数，一二户则合作一统，三四户则
> 分以一统为白齐。[4]

　　各式年的统户编号不固定，常常每个式年都有变化。由于统户在面里内部编排，面里又往往由几个自然村落构成，因此同一统内

1　文现娃：《朝鲜后期户口单子和准户口的作成过程研究——以庆州府户口单子和准户口为中心》，《古文书研究》第38辑，2011；《朝鲜后期汉城府的户口单子、准户口作成过程再考》，《古文书研究》第42辑，2013。

2　现存中草的末尾所见负责人的称呼和身分不尽相同。详见权乃铉《朝鲜后期户籍作成过程的分析》，《大东文化研究》第39辑，2001。

3　18世纪后半期以后，随着户口单子的作成时间提前至式年前一年的下半年，中草的攒造时间也相应提前。

4　《户籍事目》，编者不详，首尔大学奎章阁藏英祖五十年（1774）笔写本。

的各户不一定是邻近的家户，甚至可以不在一个自然村落内。统户编排完成后，各统设立统首。

　　中草还会核实户口的变动情况、统计面里的户口数。现存济州的中草就详细地记载了新出生和死亡的人口，对移居出去、逃亡至陆地、漂流的户口也有标记，并对职役、名字、年龄、干支等做了删除或修改。大部分的中草会在结尾部分列出各面里的总户数和口数。

　　为了提高户口把握的效果和户籍的完成度，有些地方还规定另外攒作多种形式的成册。成册的攒作和运作依据各郡县的实际情况及当地的惯习，不完全相同。[1]现存的成册主要有家座成册、五家作统成册、统记类等。

　　中草和成册作成后，校生和院生[2]进行最后的誊书。户籍是户籍中草修订和调整结束后，将各面的户籍中草汇集，重新誊书汇编成的以郡县为单位的户籍册（帐籍），学界通常称其为户籍大帐。户籍大帐完成后，首尔的户籍呈送至汉城府和江华岛；其他各地的户

1　《甲午式成册规式》里共列举了29种成册。（1）实人口成册；（2）男丁成册；（3）户内移去成册；（4）移去成册；（5）移来成册；（6）户内移来成册；（7）物故成册；（8）户内物故成册；（9）逃亡成册；（10）统首成册；（11）家座成册；（12）户内逃亡成册；（13）出嫁成册；（14）绝户成册；（15）挟户成册；（16）色目成册；（17）合没成册；（18）合户成册；（19）别户成册；（20）生产成册；（21）新户成册；（22）自首成册；（23）加现成册；（24）割户成册；（25）号牌成册；（26）查得合录成册；（27）壮老弱成册；（28）军名厘正成册；（29）驿卒谋避驿役言冒录良民良人欲避军役入役者查出成册。上述29种成册中，"家座成册"记录了户口成员的职役、姓名、家屋的规模、田地和牛马的所有情况，是摸清各户经济水平的基础资料。家座成册的重要性在各种牧民书中被言及，本书第八章将对其展开讨论。巨济项里中草上记录了与中草一同攒作的成册名单，包括元人口成册、总计成册、男女区别成册、男丁成册、号牌成册、逃亡绝户成册、境内移去来成册、他官移去来成册、生产物故成册、厘正监考成册、统首成册。关于各类成册的内容，转引自权乃铉《朝鲜后期户籍作成过程的分析》，《大东文化研究》第39辑，2001。

2　朝鲜时期各地方乡校和书院的学生。

籍则做成 3~4 部，分别呈送给户曹（汉城府）和各道的监营，其中
1 部则作为底本保管在本邑。

　　户籍攒造过程中所产生的户籍文书主要有户口单子、准户口、
户籍中草、户籍大帐等，这也是现存朝鲜时期户籍文书的主要构成
类型。那么，上述户籍文书是以何种形态保存至今，其时间和空间
的分布情况又如何？

第二节　户籍遗存文书概观

　　现存朝鲜时期的户口单子和准户口数量庞大，是韩国古文书
的重要组成部分。在各大古文书资料集或古文书收藏机构中，很容
易看到这类文书。其保存机构主要有首尔大学奎章阁、韩国学中央
研究院藏书阁、国立中央博物馆等公共机构，许多至今仍为各家门
私藏文书的重要组成部分。以下以韩国学中央研究院编撰的古文书
资料集《古文书集成》为例，对户口单子和准户口的遗存情况稍做
分析。[1] 这套古文书集虽然只涵括了韩国民间部分宗族的私藏文书，
但仍可以从中看到户籍文书的分布特点。表 4-1 以《古文书集成》
的 1~98 辑为中心，探讨文书的地理分布、收藏处、规模、作成时
间等。

1　《古文书集成》（韩国学中央研究院，原韩国精神文化研究院）至今已刊行 120 多辑，内容包
　　括收藏于各宗族、书院、乡校等的民间文书，本节主要参考了其中的 1~98 辑。

表 4-1　《古文书集成》（1~98 辑）所收户籍文书的分布情况

单位：件

道	府·县	原所藏处	件数	起始时间
庆尚道	安东	乌川　光山金氏　后雕堂（宗宅）	46	1333~1897 年
	安东	川前　义城金氏 金溪　义城金氏　鹤峰　宗家	288	1669~1911 年
	安东	河回　丰山柳氏　忠孝堂 河回　丰山柳氏　养真堂	22	1669~1907 年
	巨昌	江洞（音译）　草溪郑氏　桐溪宗家	2	1874、1879 年
	陕川	龙渊书院	3	1837、1867 年
	庆州	良洞　庆州孙氏　书百堂	34	1663~1897 年
	宁海	仁良　载宁李氏　忠孝堂	283	1669~1908 年
	巨济	旧助罗里	12	1905~1907 年
	安东	周村　真城李氏　庆流亭（宗宅）	65	1694~1906 年
	安东	葛田　顺兴安氏	19	1735~1907 年
	安东	水谷　全州柳氏　务实　宗家	2	1765、1825 年
	晋州	丹牧　晋阳河氏　沧州　后孙家	8	1729~1895 年
	安东	法兴　固城李氏　临清阁（宗宅）	9	1672~1852 年
	庆州	伊助　庆州崔氏·龙山书院	70	1687~1907 年
	安东	松坡　晋州河氏　河纬地　后孙家	8	1863~1898 年
	晋州	云门　晋阳河氏	109	1699~1894 年
	晋州	丹牧　晋阳河氏　丹池　宗宅	42	1672~1882 年
	庆州	苏亭　庆州李氏	51	1729~1905 年
	庆州	玉山　骊州李氏　独乐堂·痴庵宗宅·章山书院	58	1672~1900 年
	密阳	士村　宜宁南氏　枕流亭	67	1759~1907 年
	密阳	新湖　密阳朴氏	73	1672~1907 年
	义城	鹅州申氏　梧峰家门·虎溪家门	59	1657~1885 年
	居昌	葛溪　恩津林氏	64	1786~1902 年
	居昌	场基　居昌慎氏	12	1818~1902 年

续表

道	府·县	原所藏处		件数	起始时间
庆尚道	龟尾	玉山　仁同张氏　旅轩　宗宅		53	1657~1890 年
	宁海	陶谷　务安朴氏		15	1798~1885 年
	尚州	愚山　晋州郑氏　山水轩		2	1839、1894 年
	漆谷	石田　广州李氏		79	1681~1894 年
	星州	楡谷　碧珍李氏　浣石亭　宗宅		6	1699~1900 年
全罗道	扶安	愚蟠　扶安金氏		119	1671~1895 年
	海南	莲洞　海南尹氏　绿雨堂（宗家）		18	1660~1909 年
	灵岩	场岩　南平文氏		116	1678~1903 年
	灵光	立石　宁越辛氏		49	1669~1898 年
	求礼	五美　文化柳氏　云鸟楼（宗家）		41	1774~1891 年
	海南	老松　金海金氏		34	1786~1878 年
	镇安	程川　全州李氏　西谷　李正英　后孙家		1	1864 年
	罗州	会津　罗州林氏		11	1687~1891 年
	南原·求礼	朔宁崔氏		16	1669~1893 年
	高敞·古阜	光山金氏		10	1702~1882 年
	南原	安塔（音译）　顺兴安氏　思济堂　宗家		26	1675~1872 年
忠清道	论山	鲁城　坡平尹氏　明斋　宗家		5	1834 年、不详
	扶余	恩山　咸阳朴氏		1	1666~1852 年
	堤川	寒水　延安李氏		2	1873、1891 年
	礼山	闲谷　韩山李氏　修堂古宅（宗家）		60	1666~1884 年
	大田·青阳	安东金氏　三塘·老哥斋　后孙家		59	1681~1891 年
	大田	怀德　恩津宋氏　同春堂　后孙家		53	1681~1888 年
	大田	无愁洞　安东权氏　有怀堂　宗宅		20	1723~1867 年
	瑞山	大桥　庆州金氏		20	1785~1870 年
	牙山	仙桥（音译）　长兴任氏		17	1759~1887 年

续表

道	府·县	原所藏处	件数	起始时间
京畿道	广州	基谷　广州安氏　顺庵　宗家	2	1684、1849 年
	龙仁	乌山　海州吴氏　楸滩　宗家	31	1690~1904 年
	安山	釜谷　晋州柳氏　竟成堂（宗家）	11	1896~1906 年
	利川	高白里　丰川任氏	52	1687~1902 年
	杨州	安兴　光州郑氏	50	1717~1902 年
	军浦	速达　东莱郑氏　郑兰宗　宗家	33	1687~1907 年
其他	扶余·江华·荣州	昌原黄氏	57	1750~1900 年
	首尔	藏书阁	4	1714、1717 年

注：《古文书集成》也收录了近代以后的文书。1896 年 9 月颁布"户口调查规则"和"户口调查细则"后，各地旧式户籍文书（朝鲜时期的户口单子和准户口）和新式户籍文书（大韩帝国时期的户籍表）并存，甚至在 1911 年仍可见户口单子。本表将文书分布时间范围下限设置为 1911 年。

这套资料集所收录的户口相关文书大部分是户口单子和准户口。除此以外，《古文书集成》还收录了 96 份和户籍有关的文书，包括光武年间（1897~1907）的户籍表和零星的户口相关文书，如户口传书、户口立案、户口呈牒、统表等。

从《古文书集成》所收录的户口单子和准户口收藏情况来看，各宗族遗存的户口相关文书数量不一，但几乎所有的家门都收藏了此类文书。这些文书原先主要为宗家或后孙家所保管，不仅是户籍文书，其他的家门私藏文书也主要保存于此，这是朝鲜时期宗族的一大特征。目前大部分户口单子和准户口仍保管于私家，也有部分文书由公共机关收藏或代为保管。

从时间分布来看，朝鲜前期也有少量户籍文书，但主要集中于朝鲜后期，尤其是 17 世纪后半期至 19 世纪末。从地理分布来看，庆尚道的户籍文书最为集中，其次是全罗道、忠清道、京畿道。户籍文书的这一时间与空间分布基本反映了朝鲜时期古文书的分布特征，与两班层的形成时期及地理分布有着密切联系。

现存的朝鲜时期户籍册主要由户籍中草和户籍大帐构成。其中，大部分为当时户籍攒造时所编的户籍大帐，也有少量的户籍中草。目前残留的中草有 18 世纪末至 20 世纪初济州大静县部分里的中草、1750 年丹城北面新登里中草、19 世纪后半期的巨济项里中草、19 世纪末的南原屯德坊中草、1819 年庆州良佐洞草案等。

保存于韩国国内的户籍册目前主要藏于首尔大学的奎章阁、丹城乡校、蔚山郡厅等机构。其中奎章阁的户籍册数量估计在 257 册。这些资料的来源多样，其中多为朝鲜时期各地方进呈给户曹（汉城府）或殖民地初期从各地收集而来。另有个别户籍中草保存于地方，如：庆州良佐洞草案藏于庆州良洞的庆州孙氏宗家，[1] 巨济项里中草藏于巨济旧助罗里，[2] 全罗道南原屯德坊中草藏于全州李氏家，[3] 济州地区的户籍中草现藏于济州大学耽罗文化研究所。[4] 此外，有124 册户籍册藏于日本的大学图书馆或博物馆，其中日本的学习院大学图书馆收藏了庆尚道 11 个邑的总共 121 册户籍册。[5] 户籍册中，目前已经出版的资料集主要有以下六种：

（1）韩国精神文化研究院史学研究室编《庆尚道丹城县户籍大

1　收录于《古文书集成》第 32 辑（庆州　庆州孙氏篇），韩国精神文化研究院，1997。

2　收录于《古文书集成》第 35 辑（巨济　旧助罗里篇），韩国精神文化研究院，1998。

3　关于南原屯德坊中草（1888~1894），详见全炅穆《19 世纪末作成的南原屯德坊中草及其性质》,《古文书研究》第 3 辑，1992。

4　部分中草已由济州大学耽罗文化研究所及首尔大学奎章阁影印出版。

5　武田幸男：《学習院大学蔵の丹城県戸籍大帳とその意義》，武田幸男編《朝鮮後期の慶尚道丹城県において社會動態の研究——学習院大学蔵朝鮮戸籍大帳の基礎的研究（2）》（I），学習院大学東洋文化研究所，1991，第 1~44 页。

帐》（上、下），韩国精神文化研究院，1980。

（2）釜山大学韩国文化研究所编《庆尚道彦阳县户籍大帐》（上、下），民族文化，1988。

（3）济州大学耽罗文化研究所编《济州大静县德修里户籍中草》（1~4），济州大学耽罗文化研究所，1993。

（4）济州大学耽罗文化研究所编《济州大静县沙溪里户籍中草》（1~2），济州大学耽罗文化研究所，1996。

（5）首尔大学奎章阁编《济州河源里户籍中草》（1~3），首尔大学奎章阁，1992、1996。

（6）国学振兴研究事业推进委员会编《庆尚道丹城县户籍大帐：一九世纪篇》（1~4），韩国精神文化研究院，1999~2001。

　　成均馆大学东亚学术院从 1999 年开始对庆尚道丹城县户籍大帐进行数据库建设及相关研究，2006 年起又对庆尚道大邱府户籍大帐进行数据库建设。[1]成均馆大学大东文化研究院还将庆尚道丹城县、大邱府户籍大帐陆续制作成 CD，收录项目组构建的数据库资料及户籍大帐图片。蔚山大学、釜山大学、仁川大学等相关研究机构也陆续展开户籍资料数据库建设及研究。

　　从时间分布上看，现存的户籍册大部分为朝鲜后期所攒造。户籍大帐多集中于 17 世纪后半期至 19 世纪末，并呈每三年一册的连续保存状态。从地理分布来看，以一定规模保存下来的册籍主要分布在庆尚道地区。其中，大邱地区存留了数量最为庞大的户籍大帐，共 187 册；蔚山和丹城地区攒造的户籍册达 93 册。其次是济州的大静县，该地区所遗留的户籍册规模也达 116 册（见表 4-2）。

1　卢永九：《朝鲜后期户籍大帐研究现况和电算化一例》，《大东文化研究》第 39 辑，2001。

表4-2　17~19世纪户籍册的分布情况

单位：册

规模	道	府·县	册数	起始时间
成规模册籍	庆尚道	山阴	7	1606~1879年
		丹城	39	1606~1888年
		蔚山	54	1609~1891年
		大邱	187	1681~1876年
		尚州	7	1681~1753年
		彦阳	9	1708~1861年
	济州	大静	116	1801~1894年
零星册籍			90余	1663~1894年

注：大韩帝国时期，即19世纪末20世纪初光武年间的新式户籍，现保存有200余册。这些户籍格式与朝鲜时期的旧式户籍相比，发生了许多变化。新式户籍分布在汉城府和13个道的85个府郡，分布范围更为广泛。本表将户籍册的考察范围限定于朝鲜时期旧式户籍。

资料来源：参考孙炳圭《户籍——从1606~1923年的户口记录看朝鲜的文化史》，人文主义者（humanist），2007，第52页表1整理而成。

第三节　文书著录格式与内容分析

一　安东川前义城金氏藏户口单子与准户口

综观朝鲜时期户口单子和准户口的遗存情况，不难看出两班家门几乎家家都存有一定规模的户籍文书。《古文书集成》第5辑为"义城金氏川上各派篇"，这一辑中收录了安东川前义城金氏家私藏的户籍文书共计 211 份，时间跨度为 1669~1911 年。[1] 以下就以该家门 18 世纪的几份户口单子和准户口为例，探讨其格式与登载内容。

1. 户口单子：1711 年安东府临河县内金挺河户口单子

这份文书是金挺河户在 1711 年作成并呈交给安东府的户口单子。文书共一页，纵 45 厘米，横 123 厘米。文书采用列书的形式自右往左依次书写（见图 4-1）。

图 4-1　1711 年金挺河户口单子

资料来源：韩国学资料中心，https://kostma.aks.ac.kr/。

文书的登载事项由以下几部分组成：

①所在面里：临河县内第三川前里户籍单子
②统户编号：第一统统首私奴㐁先统内　第三户
③主户[2] 及其四祖：
通德郎金挺河年二十三己巳本义城

1　《古文书集成》第 5 辑（义城金氏川上各派篇），韩国精神文化研究院，1989。

2　朝鲜时代的户籍制度中，户的代表者一般称"主户"或"户首"。15 世纪的朝鲜文献里，"主户"与"户主"是不同的概念，17 世纪以后户主的说法逐渐消失，官府和民间倾向于用"主户"。参见金建泰《朝鲜后期户的构造与户政运营：以丹城户籍为中心》，《大东文化研究》第 40 辑，2002。

父从仕郎　世键

祖学生　学达

曾祖学生　熙

生父承议郎前守全罗都事兼海运判官　世镐

母卢氏年六十八甲申籍安康

父学生　世让

祖　赠通政大夫承政院都承旨知制　教兼　经筵参赞官春秋馆修撰官艺文馆直提学尚瑞院正行

　　　通训大夫弘文馆校理知制　教兼　经筵侍读春秋馆记注官　景任

曾祖成均生员　守诚

外祖通政大夫权鳖本礼泉

④主户妻及其四祖：

　　　妻蔡氏年二十五丁卯籍仁川

　　父通训大夫行宁海府使安东镇管兵马节制使　献微

　　祖　赠通政大夫承政院左承旨兼　经筵参赞官　之洙

　　曾祖忠义卫　以晋

　　外祖宣教郎姜晆本晋州

⑤户下的成员及奴婢等：

　　　　　　率婢得还年三十七乙卯　母班婢　分介

　　　　　一所生婢　四月年十五丁丑

　　　　　二所生奴　四同年九癸未

　　　　　三所生婢　四分年二庚寅

　　　　婢一五年六十六丙戌父私奴一

　　　　　　男母班婢明玉

　　　　　　（以下略）

⑥作成时间和呈交人：辛卯三月　　日户首金挺河

　　文书的开头首先注明了该户所在的面（临河县内）、里（第三川前里）和文书名“户籍单子”。义城金氏家的户口单子常被称作“户籍单子”。各家门对户口单子叫法不一，不少地方户口单子被称作“户籍单子”“户口单刺”等，像安东河回柳氏家的户籍文书还出现“户籍立帐”的名字。

　　其次是统户编号。朝鲜后期的户籍编排采用五家作统制，即五家编为一统，各统设立一统首统率统内各户。金挺河所编入的是第一统第三户，该统的统首为私奴夏先。现存户籍上所见的统首大部分由两班所率的奴婢或平民担当。由于统户在各里内部编排，里又往往由几个自然村落构成，因此同一统内的各户不一定是邻近的家户，甚至可以不在一个自然村落内。统户编号产生于编造户籍中草的过程中，官府在收到各户呈交的户口单子后，将编排好的统户编号写到户口单子上还付给户主。因此，户口单子通常不记载统户编号。但这份户口单子上却载有统户编号，且从笔迹和字体颜色看，像是呈交时就已写好的。有一种可能是户主呈交户口单子时将上一式年的统户编号直接写在了上面。而新产生的统户编号与上一式年相比没有变化，故统户编号处没有官府的修改痕迹。

　　统户编号后面紧跟的是主户的职役、姓名、年龄、出生年的干支、本贯。和高丽时期一样，朝鲜时期的职役也是包括官职、军役等对国家履行的义务，又称“国役”。朝鲜时期，所有16~60岁的男丁都有承担国役的义务。文武两班、地方乡吏、杂职者担当一定的官职，庶民的主体则对国家承担军役。金挺河名字前的“通德郎”是朝鲜时期正五品文官的品阶。朝鲜时期文武官的实职叫作

"职官"，按照高低排序共分成正一品、从一品到正九品、从九品等 18 个等级，每一等级都被赋予了相应的"品阶"。职官和品阶合起来叫作"官阶"或"职品"，被授予官阶者又叫作"品官"。1711 年金挺河只被授予了品阶，没有实职；其养父金世键也一样，只被授予了正九品的品阶"从仕郎"。金挺河的生父金世镐的职役"承议郎前守全罗都事兼海运判官"由两个以上的品官名构成。"承议郎"是正六品的品阶，"全罗都事"则为从五品的文官官职，"海运判官"为兼职，当品阶低于官职时使用"守"，反之则用"行"。户籍上包括品官名在内的所有与国役相关的记载都叫作"职役"。朝鲜时期，授予品官者不过是履行国家公共事务的职役者之一，不再具有身分上的特权。本贯和姓有着密切联系，姓贯体系源自高丽初期的郡县改编政策的施行。[1]本贯是指姓的出自地，也就是始祖的居住地或赐贯地。金挺河的本贯是"义城"，居住地是安东川前，其所在族派称"义城金氏的川上派"。

　　丽末及鲜初的户籍文书多载于族谱，且世系记载发达。[2]《经国大典》颁布后，户籍文书的记载样式发生了变化，尤其是对祖先世系的记载不再那么烦琐。两班和庶民的户籍文书记载方式逐渐统一，只记载四祖的职役、姓名及外祖本贯。"四祖"是指父、祖、曾祖、外祖。但此处主户金挺河的世系记载没有严格按照《经国大典》的书式，而是将母亲的四祖职役、姓名及外祖本贯等也一同记录了下来。该地区的户籍事务担当者在确认的过程中，并没有对其进行纠正。但在下一式年的户籍文书，即《1711 年金挺河准户口》

1　关于韩国姓贯体系的历史形成过程，详见李树健《韩国的姓氏与族谱》，首尔大学出版社，2003。

2　吴英善：《高丽末朝鲜初户口资料的形式分类》，卢明镐等：《韩国古代中世古文书研究》（下），第 117~144 页。

中，没有再出现母亲的四祖信息，只保留了四祖的信息。笔者看到的另一份户口单子《1675年河灡户口单子》上也出现了同样的问题，户籍事务担当者将多余的世系做了修正（见图4-2）。[1]

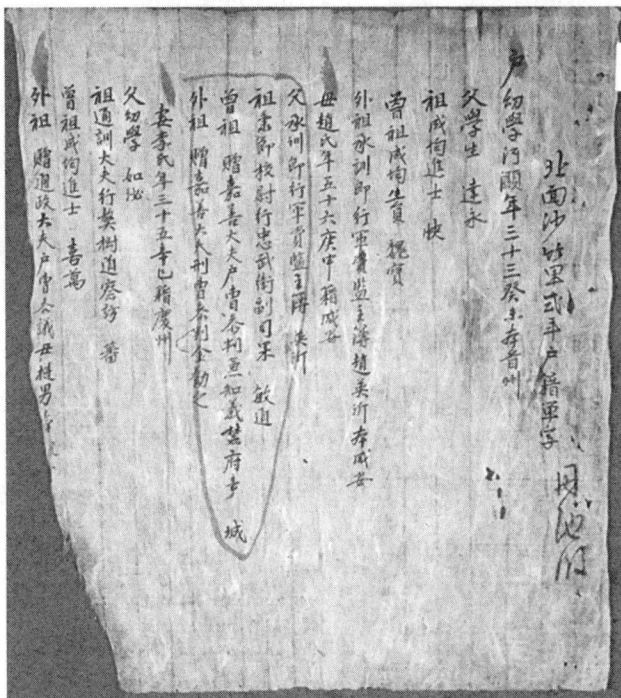

图4-2　1675年河灡户口单子

资料来源：韩国学资料中心，https://kostma.aks.ac.kr/。

在曾祖与母亲之间，有一列是生父的信息。户籍文书中，继子往往会将生父的信息一同列出。金挺河的生父是金世镐，作为金世

1　该文书收录于《古文书集成》第60辑（晋州晋阳河氏丹池宗宅篇），韩国精神文化研究院，2002。

键的养子继承了该户成为主户。该家门保存的"1669年金世键准户口"中，还没有子女的记载。另一份金世键的妻卢氏的文书"1702年卢氏准户口"中，金世键已经去世，妻卢氏成为主户，此时仍不见子女记载。很可能因为金世键和卢氏无嗣，在1702~1711年金挺河过继到金世键家成为养子。1711年虽然养母卢氏还健在，但金挺河已经接替养母成为主户。

　　主户妻列的位置虽然略低于主户列，但记载内容与主户呈对称的样式，依次为妻的姓和称呼、年龄、出生年的干支、本贯；四祖的职役、姓名及外祖本贯。朝鲜时期的职役主要针对的是男性，除婢以外，女性名字前面没有身分的记载。女性的地位可以通过其称呼大致辨别。朝鲜时期女性的称呼及其原理较复杂，很多情况下，女性的称呼由婚后丈夫的职役决定。大体上，两班家的女性一般在姓后面加"氏"字，平民家的女性一般在姓后面加"姓"或"召史"，贱民家的女性一般没有姓，只使用名字。[1]

　　主户夫妇后面通常为其率下的家族成员，如子女、子女的配偶以及兄弟姐妹等。但该户没有家族成员的记载，紧跟的只有率下奴婢的信息。奴婢部分的位置远远低于家族成员的位置，这与奴婢的贱民身分有关。该户的奴婢记载按照奴婢的性质做了分类，包括率居、外居、买得、逃亡奴婢。率居和外居奴婢在居住形态、生计维持方式、对主人和国家的义务等方面均存在差异。[2]仅从字面理解，率居奴婢是指同里居住的奴婢，外居奴婢是指他里居住

1　金庆兰：《朝鲜后期户籍大帐女性称呼的规定和性质——以〈丹城户籍〉为中心》，《历史与现实》第48辑，2003。

2　金建泰：《朝鲜后期私奴婢的把握方式》，《历史学报》第181辑，2004；金建泰：《18世纪中叶私奴婢的社会经济性质——庆尚道安东金溪里义城金氏家的个案》，《大东文化研究》第75辑，2011。

的奴婢。这两类奴婢主要从父母处继承而得。买得奴婢则通过买卖获得。逃亡奴婢是指之前为该户率下的奴婢，现在因逃亡，与主人解除了隶属关系。奴婢的记载内容与良人不同，奴婢前面会首先记载奴婢的种类，然后是奴婢的名字、年龄和出生干支，最后会有母或父母的身分和名字。朝鲜王朝实施"一贱则贱"的身分世袭制，父母中有一方为奴婢，子女的身分就是奴婢。在所有关系上，实施"奴婢从母法"，原则上奴婢随母亲归母亲的所有主人。[1]因此，奴婢后面记载父母的信息，是要明确奴婢的身分和所有关系的归属。

　　文书的最后是户口单子的作成时间和呈交人。该文书作成于辛卯三月。朝鲜时期户籍文书上一般称户主为"主户"或"户首"。"户首金挺河"指的就是该户的户主金挺河。

　　户口单子呈交后，官府要对其进行确认和核对后重新还付给本人。文书上可以看到户籍事务的担当者对户内生存人口一一确认的痕迹，或在上面点了朱点，或在年龄部分做了朱红色的标记。

　　2. 准户口：1711 年安东府临河县内金挺河准户口

　　金挺河户同年的准户口也被一同保存下来。前文已对准户口产生的几种情况做了说明，此不赘述。从严格意义上看，准户口是由官府依准成籍户籍誊给的户籍文书。因此，准户口与户口单子在格式上是有区别的。

　　文书共一页，纵 40 厘米，横 90 厘米，户内各事项采用了连书方式自右向左依次记载。户口单子采用列书形式，因此其尺寸往往要大于准户口。若户下所率的奴婢数量较多，则更是如此（见图 4-3）。

1　林学成：《朝鲜时期奴婢制度的演进及奴婢的存在形式》，《历史民俗学》第 41 辑，2013。

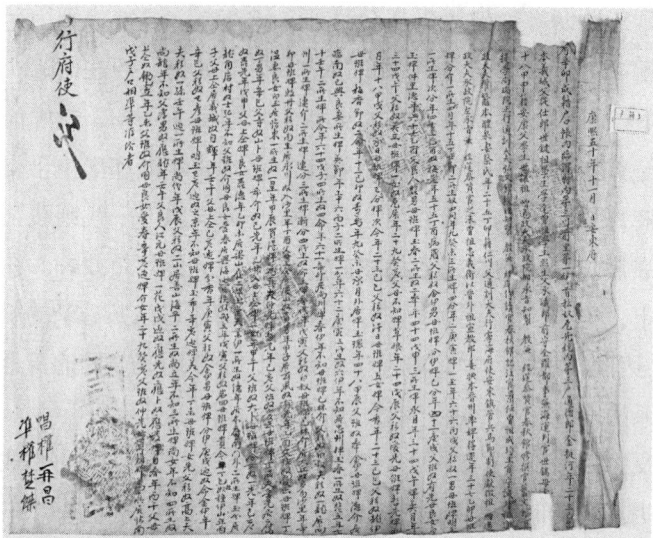

图 4-3　1711 年金挺河准户口

资料来源：韩国学资料中心，https://kostma.aks.ac.kr/。

该文书的登载事项由以下部分组成：

①誊给的时间和誊给处：康熙五十年十一月　日安东府

②依准的户籍：考辛卯成籍户口帐内临河县内第三川前里

③统户编号：第一统统首私奴乭先统内第三户

④主户及其四祖：（内容从略）

⑤主户妻及其四祖：（内容从略）

⑥户下的成员及奴婢等：（内容从略）

⑦戊子户口相准等准给者

⑧周挟贰字改印

⑨行府使　唱权再昌　准权楚杰

⑩官印 5 个

金挺河户的准户口和户口单子的本文部分（③④⑤⑥）是相同的，两件文书的区别主要体现在抬头和结尾部分。

首先看抬头部分。"康熙五十年十一月　日"是准户口誊给的时间，"安东府"则为文书的誊给处。"考辛卯成籍户口帐内临河县内第三川前里"是指依据"辛卯成籍户口帐"誊给了这份准户口。辛卯和康熙五十年（1711）是一致的。户口单子在该式年二月呈交后，又在同年十一月誊给了这份准户口。

再看结尾部分。"戊子户口相准等准给者"是指辛卯式年的户籍是在上一式年，即戊子式年攒造的户口帐基础上进行改修编造的。所有的内容都誊书好了以后，还要确认是否有遗漏或错误的字。"周"是指对错误的字进行修改，"挟"是指对遗漏的字进行添加。这里盖上了"周挟　字改印"的印章，并在空白处写了"贰"，说明该文书共修改或补充了两个字。没有修改或补充，则加盖"周挟无字改印"。"行府使"后面是安东府守令的手决（署押），原则上准户口是由户籍事务担当者依据保存于官府的户籍对该户的相关内容进行誊书，最后由守令裁决后发给。守令的手决左下方是"唱权再昌　准权楚杰"。这里的"唱"是指在依准户籍的过程中，报户籍内容的人，"准"是指对照户籍内容的人，都是在誊书过程中具体担任实务的人。文书上面还加盖了5个方形的官印，很明显这是一份官文书。

3. 附实际生存人口统计的户口单子：1717 年安东府临河县内金克基户口单子

这是 1717 年金克基户的户口单子。该户口单子的特别之处在于正文后面附了对户内实际生存人口的统计（见图 4-4）。

已上实人口内　壮男三　弱男二　壮奴一
　　　　　　　壮妇一　弱妇一　壮婢一

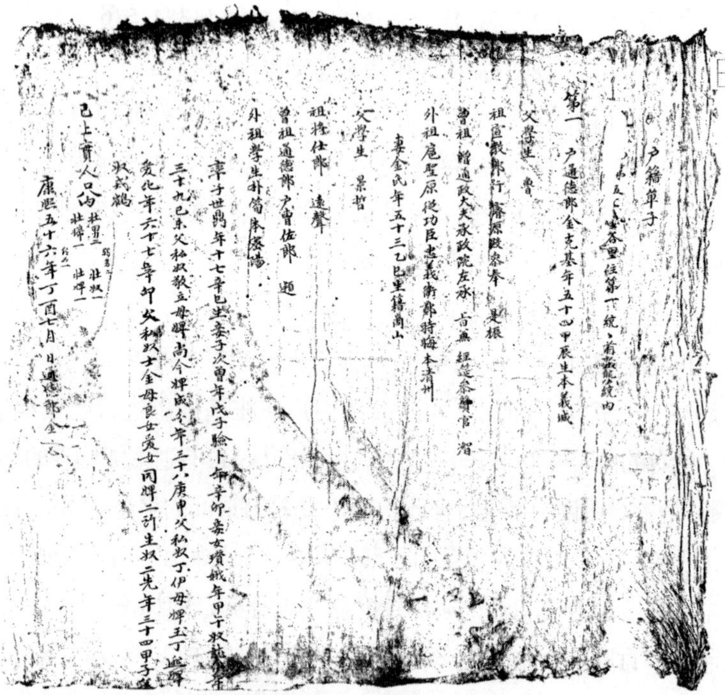

图4-4　1717年金克基户口单子

资料来源：韩国学资料中心，https://kostma.aks.ac.kr/。

在其他的户口单子里还可以看到"老男"与"老妇"的项目。可见，良人人口往往会按照年龄分成老、壮、弱分别统计；对奴婢人口仅统计"壮"的口数。"壮"是指15~59岁或16~60岁的男丁，是达到承担国役的法定年龄的人。像这样在正文后面附上户内实际生存人口统计的户口单子也是较为常见的一种记载样式。

4.具有准户口效应的户口单子：1757年安东府临河县内金福河户口单子

这份户口单子也对户内生存人口做了朱色标记，用于统计实际口数。除此之外，统户编号处可以看到修改的痕迹。户主呈交时的统户编号是上一式年的编号，还付给户主的户口单子则是将统户编排后新产生的统户编号用朱色笔直接修改在原来统户编号之上。另外，还加盖了"周挟 字改印"的印章（见图4-5）。可以断定这份户口单子是具有准户口效应的户口单子。目前保存下来的相当部分的户口单子都具有准户口效应。

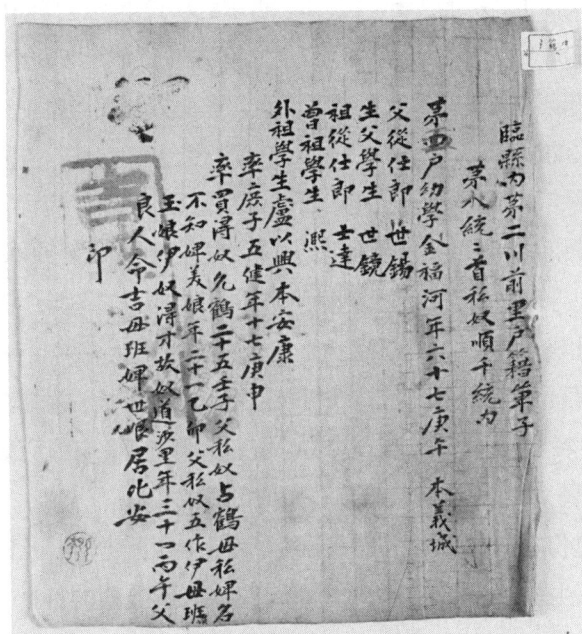

图4-5 1757年金福河户口单子

资料来源：韩国学资料中心，https://kostma.aks.ac.kr/。

安东川前义城金氏现存户口单子和准户口共211份，两者间的界限偶尔会出现模糊，但总体上看户口单子和准户口在格式上是有区别的。随年代、家门、地区的不同，户口单子和准户口的记载格式与内容略有差异，但其主体部分是基本相同的，通常包括主户夫妇及其四祖、户下的成员、奴婢等内容。

二 《宣武三十九年丙午山阴帐籍》与《庆尚道丹城县戊午式年户籍大帐》

目前遗存的朝鲜时期户籍大帐主要分布在庆尚道。其中，丹城县共保存了 39 册户籍大帐，时间跨度为 17 世纪初至 19 世纪末（1606~1888 年）。以下就以丹城 17 世纪初和 17 世纪 70 年代的户籍大帐为例，对其形态和内容进行说明，进而探讨朝鲜时期户籍大帐记载样式的演变。

1606 年的《宣武三十九年丙午山阴帐籍》（以下简称《山阴帐籍》）是现存最早的将一个地区的户籍编造成册的户籍原本。[1] 山阴县位于现今庆尚南道山清郡地区。17 世纪初的丹城还是山阴县的属县，因此当时丹城的户籍收录于山阴县的户籍大帐中。1606 年的《山阴帐籍》横 35 厘米，纵 90 厘米，外形为上下长、左右窄的长方形。[2] 图 4-6 和图 4-7 分别为 1606 年《山阴帐籍》任县元堂里的首页和末页。

从这份户籍看，当时丹城任县（属县）由元堂里、元县里、北洞里、都生里、新登里、法勿也里等构成。[3] 元堂里的首页上端写有"山阴县任县丹城元堂里"，末页则以"元户三十二"的形式对该里的户数做了统计，这是各里首末页的统一格式。

再看本文部分。本文的起始处也会写里的名称，然后是该里各

---

1 《宣武三十九年丙午山阴帐籍》（1606 年），奎章阁藏（奎 14820）。以地区为单位的户籍还有 1528 年安东府周村的户籍，但目前只存留一张残片。

2 孙炳圭：《户籍——从 1606~1923 年的户口记录看朝鲜的文化史》，人文主义者（humanist），2007，第 39 页。

3 法勿也里以后的部分资料有残缺，后面是不是还有其他的里无法确认。

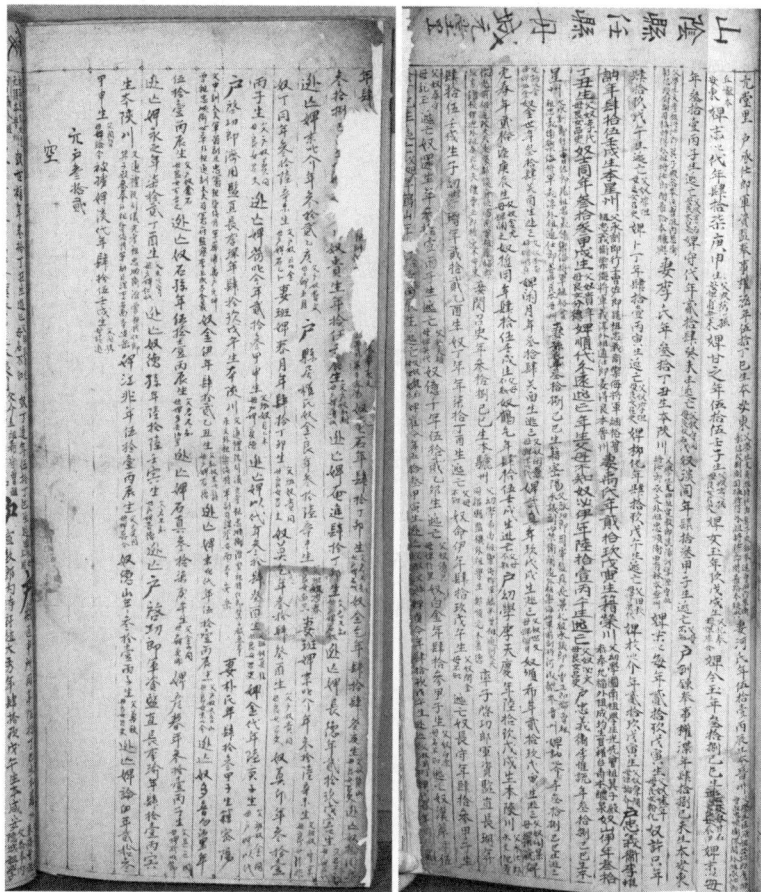

图 4-6　《宣武三十九年丙午山阴帐籍》任县元堂里首页（右）

图 4-7　《宣武三十九年丙午山阴帐籍》任县元堂里末页（左）

资料来源：《庆尚道丹城县户籍大帐数据库 CD》，成均馆大学东亚学术院。

户的户口记录。各户以"户"字开头，户与户之间为连书，只不过"户"字比其他字稍大稍粗一些，因此还是可以较容易地辨别一户的始末。各户的具体内容是对户口单子的誊书，因此户内成员的记载内容与户口单子基本一致，依次为主户、主户妻、率下成员及奴婢的相关信息。主户夫妇记载职役、姓名、年龄、出生年的干支、本贯等信息，奴婢则记载奴婢的类别、名字、年龄和出生年干支、逃亡等出入信息。对非户内成员，如主户夫妇的世系、奴婢的父母信息等，以双行注释的形式写于正文下面。各页上面可以清楚地看到若干个朱色的方形官印。

1606 年以后，丹城脱离山阴县成为丹城县，与山阴县从从属关系上升为平等关系。独立后的丹城县现存最早的户籍册为 1678 年庆尚道丹城县的户籍大帐，该户籍大帐的正式名称为《庆尚道丹城县戊午式年户籍大帐》。[1] 大体上来看，户籍大帐的形态及记载样式以 17 世纪 70 年代为界限，发生了较大的转变。这一时期的户籍大帐横 80~85 厘米，纵 45~60 厘米，外形为左右长、上下窄的长方形，[2] 与 1606 年上下长、左右窄的外形形成了对比。图 4-8 和图 4-9 分别为 1678 年丹城县户籍大帐县内面的首页和末页。

从 1678 年的户籍编成情况来看，当时的丹城县由南面元堂、县内面、东面悟洞、北面北洞、东面都山、东面生比良、北面新灯、北面法勿也等八个面构成。这八个面的户籍被编造在一个户籍册里。面下分成若干里，各里又由若干统组成。各统共有五户，各户之间的职役和身分不一定相同。

以下以县内面第一里第一统第一户"私贱假吏李龙石户"为例对户籍大帐本文部分的记载样式稍做说明。

1　《庆尚道丹城县戊午式年户籍大帐》（1678 年），原为丹城乡校所藏，现保管于庆尚大学校图书馆。

2　孙炳圭：《户籍——从 1606~1923 年的户口记录看朝鲜的文化史》，人文主义者（humanist），2007，第 42 页。

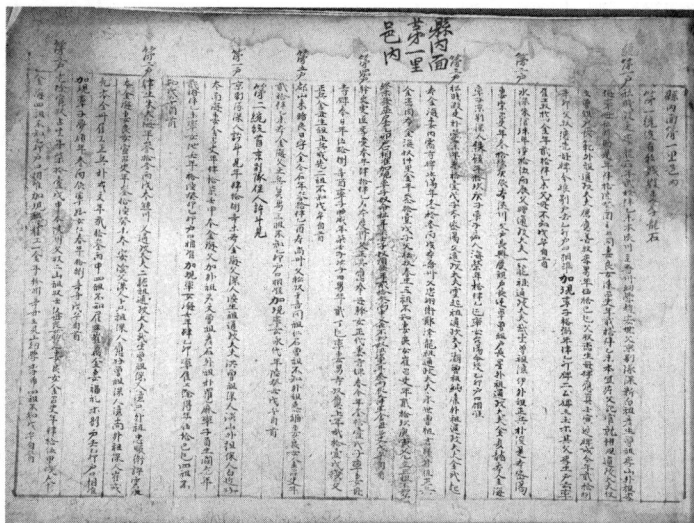

图4-8　《庆尚道丹城县戊午式年户籍大帐》县内面首页

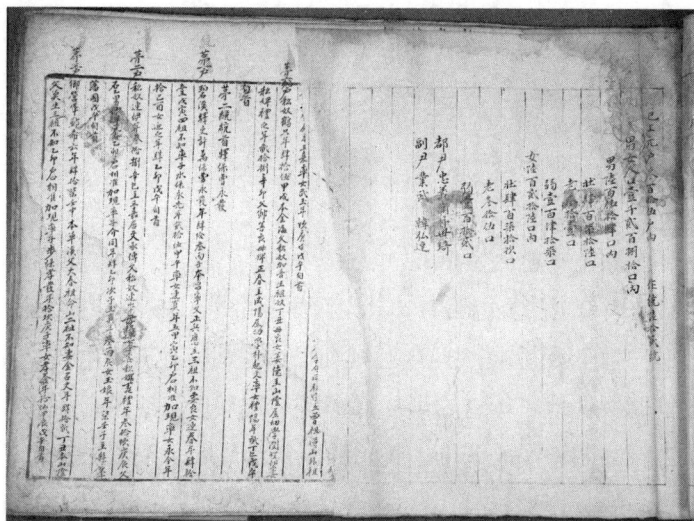

图4-9　《庆尚道丹城县戊午式年户籍大帐》县内面末页

资料来源:《庆尚道丹城县户籍大帐数据库CD》,成均馆大学东亚学术院。

县内面第一里邑内

第一统统首私贱假吏李龙石

第一户：私贱假吏，李龙石，年贰拾肆，乙未，本陕川；

　　　主，晋州幼学，赵安世；父，京别队保，新白；

　　　祖，彦生；曾祖，李山；外祖，李梅；率母，私

　　　婢，助是，年肆拾陆，癸酉，主上同；

　　　妻，良女，陈召史，年贰拾肆，乙未，本宜宁；

　　　父，记官，就耕；祖，通政大夫，仪立；曾祖，

　　　户长，范；外祖，通政大夫，廉应善；

　　　奴，李男，年伍拾，己巳；父，奴，尭生；母，

　　　婢，应真，壬寅逃；

　　　婢，戒今，年贰拾捌，辛卯；父，奴，德先；母，

　　　婢，今娘，别户去；乙卯户口相准。

　　　加现率子，裕弼，年肆，乙卯；

　　　婢二玉，婢三玉木，其父李生户去；

　　　率雇工奴，嗜金，年贰拾肆，乙未，父母不知，

　　　戊午自首。

　　　县内面下辖邑内、麻屹、校洞、江楼、水山、於里川等六个里。县内面首页的上端写有"县内面第一里邑内"，"县内面"是面名，"第一里"是里顺，"邑内"则为里名，朝鲜时期的邑内一般为地方官衙所在地。首页的第一行也是首先写这三项内容。各统会在第二行写明该统的统顺、统首的职役和姓名。统首一般由该统内五户中的某一主户担任。"第一统统首私贱假吏李龙石"，可以看到第一里第一统的统首由第一户的主户担任。现存户籍上所见的统首大部分由两班所率的奴婢或平民担当。统首行后面依次列

举各户的具体内容。这一本户籍大帐在第一户的上面用朱色笔点了一点并写了"统"字，强调一统的开始。

"第一户"抬高写，户的番号之后紧接着户的具体内容，包括主户、主户妻、率下成员及奴婢的相关信息。"乙卯户口相准"是指与上一式年的户籍做了对照，其后面的内容是与上一式年相比，户内成员发生的变动。"加现率子，裕粥，年四，乙卯"是指李龙石4岁的儿子在这一式年新载入户籍。"婢二玉，婢三玉木，其父李生户去"是指婢二玉、三玉等上一式年在李龙石的户内，这一式年已经转入李龙石的父亲李生的户下。"雇工奴，舙金，年贰拾肆，乙未，父母不知，戊午自首"则意味着雇工奴舙金通过自己主动申告加入了这一式年的户籍。第一户的内容列举完之后，另起一行写下一户的内容。第四户用了"第四加户"，表示这一户是新加入的户。

第一统结束后，再另起一行写下一统的统顺、统首，并依此列举统内各户的具体内容。各页均盖有若干方形官印。各个里的户数并不一定能刚好被五整除，因此最后一统的户数往往会是六户、七户、八户或九户。一个里的户登载完后，紧接着登载第二里的户。从第二里开始首行只写里顺和里名，不再重复面名。

再看末页。登载完一个面的户以后，往往用"以上"或"已上"对这一面的户口数做出统计。第一行是元户的总额和总的作统数，第二行是男女总人口。然后分为男性和女性，分别对总口数、壮、老、弱的口数进行统计。最后的都尹和副尹为该面户籍事务的担当者，记载其职役和姓名。

1606年和1678年的户籍大帐本文的每一册页均刻印乌丝栏，具体内容为墨书，且各页上均盖有若干方形官印。与1606年的户籍大帐相比，1678 年的户籍大帐本文的记载样式呈现出一些新的特点。（1）面里、统户的导入。1675 年《五家统事目》颁布以后现存最早的户籍大帐为 1678 年丹城户籍大帐。这之后登载在户籍大帐的各户均有了独立的统户编号。[1]（2）户与户之间不再连书，各户单独列书。（3）非户内成员，如主户夫妇的世系、奴婢的父母信息等，与其他户内成员一样登载于正文内。（4）注重式年之间户内成员的变动情况。（5）各面对户口的统计更为详细，按性别、年龄对口数做了统计。

最后，简单看一下 1678 年丹城县户籍大帐的末尾部分。

在该县最后一个面法勿也面的户口登记后面，附上了丹城县内各寺刹所属僧人的僧籍。僧人以寺为单位，一人为一户，没有对其进行里和统户编排。因此在法勿也面的"已上"统计部分，"僧人"作为男性口数下面的一个单独项与壮、老、弱的人口并列，其下再按照壮、老、弱分列口数（见图 4-10）。

僧籍部分登载完毕后，紧接着是丹城县的"移居绝户"部分，这部分将各户内的主户或户内成员移居到丹城外、逃亡、死亡、户绝等按面依次列出（见图 4-11）。

最后是"都已上"部分。面单位的户口统计称"已上"，郡县单位的户口统计则叫作"都已上"。丹城县 1678 年元户的总额、作统总数、男女合并人口在前，然后分成男性和女性分别按照职役、年龄统计口数。在这后面还有将"移居绝户"部分按移居、逃亡、物故所做的分类统计。最后是担任丹城县户籍编造的户籍

1　1672 年的蔚山府户籍大帐中使用了 10 户编为一统的方式，但各户尚没有独立的统户编号。《蔚山府壬子户籍大帐》（1672 年），首尔大学奎章阁藏（奎 14999）。

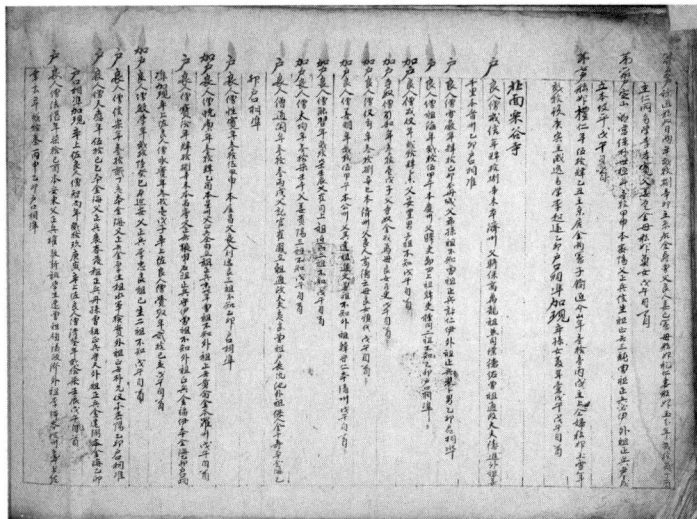

图4-10　《庆尚道丹城县戊午式年户籍大帐》"僧籍"首页

资料来源:《庆尚道丹城县户籍大帐数据库 CD》,成均馆大学东亚学术院。

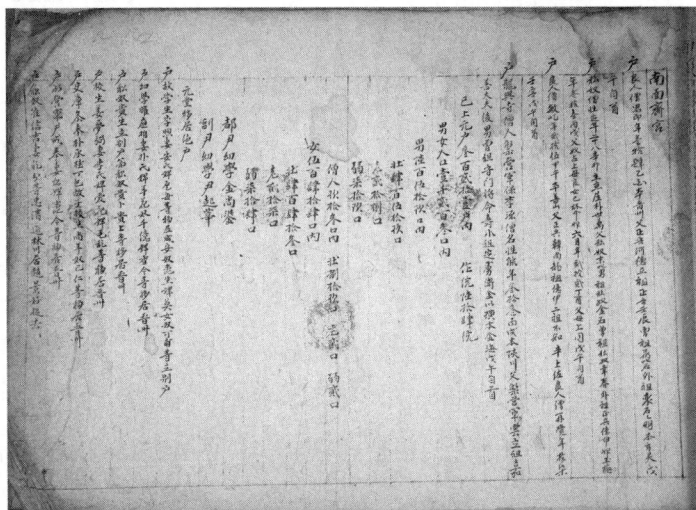

图4-11　《庆尚道丹城县戊午式年户籍大帐》"移居绝户"首页

资料来源:《庆尚道丹城县户籍大帐数据库 CD》,成均馆大学东亚学术院。

监官、乡吏的职役和姓名，丹城县守令的官品和手决，各道观察使的手决（见图4-12）。[1]

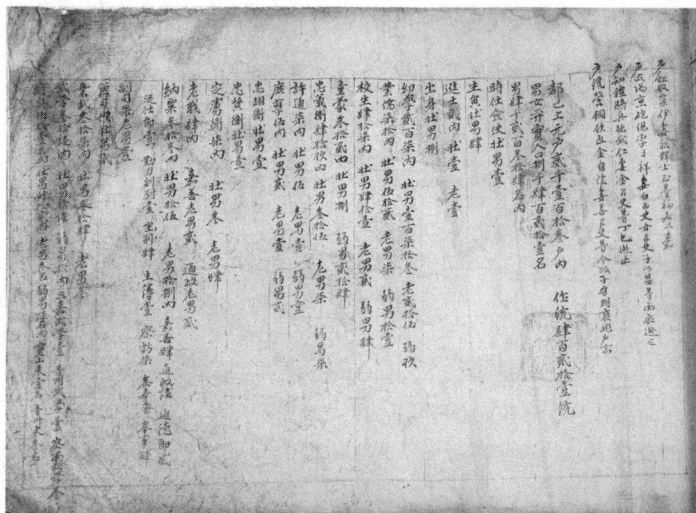

图4-12 《庆尚道丹城县戊午式年户籍大帐》"都已上"首页
资料来源：《庆尚道丹城县户籍大帐数据库CD》，成均馆大学东亚学术院。

以上以丹城户籍大帐为例，对17世纪末的户籍大帐形态、格式和内容做了简单说明。这一时期形成的户籍大帐登载样式基本上延续至18世纪。19世纪的丹城户籍大帐目前藏于日本学习院大学的中央图书馆。据孙炳圭观察，从18世纪90年代开始，户籍大帐的尺寸开始缩小，1810年以后的户籍大帐更是缩小为一般图书的大小，横27厘米，纵43厘米。另一个变化是，1810年以后每两个面的户籍装订成一册，之前则是八个面装订成一册。户籍大帐的编

1　1678年丹城县"都已上"条的署押部分有所残缺，从1717年该县"都已上"条的相应部分推断其格式。

造本来是将各面的户籍中草汇集后，重新誊书汇编成新的郡县户籍册。但 19 世纪以后丹城县将编完的中草汇集后直接用作郡县户籍大帐。济州等其他地区的户籍大帐也大部分以这一形态保存。19 世纪的户籍记载内容虽然更趋于形骸化，但户籍在地方的统治和财政运作中仍然起着重要作用。[1]

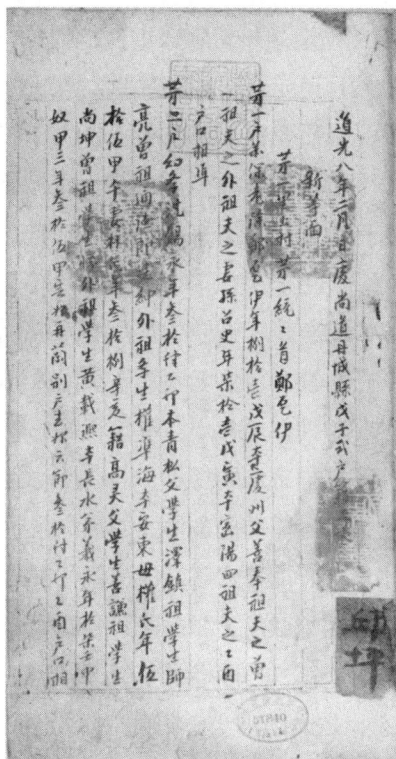

图 4-13　《庆尚道丹城县戊子式户籍大帐》新等面首页

资料来源：《庆尚道丹城县户籍大帐数据库 CD》，成均馆大学东亚学术院。

---

[1] 孙炳圭：《户籍——从 1606~1923 年的户口记录看朝鲜的文化史》，人文主义者（humanist），2007，第 45~46 页。

小　结

朝鲜时期户籍从攒造到移送上级官厅形成了一套完整的程序。官府将各户交付的户口单子经核实、对照、调整和编排后，以面为单位攒造户籍中草，最后誊书汇编成郡县单位的户籍大帐。户籍大帐的攒造完成后，郡县、道和中央（户曹、汉城府）各保管一部。户籍攒造过程中所产生的户籍文书主要有户口单子、准户口、户籍中草、户籍大帐等，这也是现存朝鲜时期户籍文书的主要构成类型。从文书的现存情况来看，主要体现了两方面特点。

第一，户口单子和准户口仍主要为各家门私藏，是私家文书的重要组成部分。朝鲜时期作成的户口单子和准户口能大规模保存至今，究其原因，除了韩国宗族的特点、社会变动等，前文提到的文书产生背景是其得以保存的前提条件。即在户籍攒造过程中，官府向民户还付 1 件户口单子或准户口，各户也可根据实际需要随时向官府誊给。户籍文书的记载内容和在民间所发挥的功用也是其能保存至今的重要背景。户口单子和准户口上载有丰富的世系、婚姻、身分、奴婢等信息，是民间诉讼、明确奴婢所有关系、证明身分、显耀家门、推寻考辨世系关系等的重要依据资料，因此各家门有意识地注重此类文书的保存。文书上的登载人物之间存在紧密的谱系关系，个别家族收藏的户籍文书呈现连续性的特点，如大邱月村丹阳禹氏家保存了禹汝道的长子一系从 1666 年至 1801 年，将近 140 年的准户口资料。

第二，户籍大帐作为官造户籍的原件，通常以府县为单位，府县以下的多个面或里的户籍均有所保存。尤其是蔚山、丹城、大邱、济州等地的户籍数量多，资料保存状况优良。一些地方的户籍时间跨度长达200年左右，并基本保持三年一册的连续状态，适合进行长时段的考察。丹城县、济州的部分地区还同时保存了大韩帝国的光武户籍以及日据时期的民籍簿，是考察户籍制度演变的宝贵资料。济州地区的户籍中草上附加了各种信息并有种种修改痕迹，较好地展示了户口的实际内容，以及调整、整理的过程。大邱府月村等地还同时存有土地册和多种民间文献，可以与户籍相互参照。

第五章　朝鲜时期乡村基层建置之演变
——以面里制为中心

　　朝鲜后期面里制的形成与确立，是高丽末朝鲜初期至朝鲜后期长期社会变动的结果，亦是朝鲜王朝地方制度改革的重要组成部分。"面"和"里"是朝鲜时期郡县（邑）以下的行政建置单位。郡县由若干面构成，面又由若干里构成，面设面尹，里设里正。里内设邻保组织"统"，各里由若干统构成，统通常由五户构成，各统设一统首。

　　朝鲜后期确立的"面—里—统"作为郡县以下乡村的基层建置系统存在，亦是一套基于人户划分的基层社会组织系统，因此与户籍登记紧密结合。依据朝鲜时期现存的户籍文书，大体上在 17 世纪后期，户籍文书开始采用五家作统和面里相结合的登记体系。版图内的人户以新的编制体系编入官治的面里体系及下部组织统，进而成为郡县统治之下的编户齐民。朝鲜后期的面里体系不仅涉及户籍管理，同时也涉及土地管理。因此，厘清朝鲜时期面里的基本性质，有助于理解王朝国家郡县以下基层社会组织的结构，也是理解朝鲜王朝户口与土地管理、赋役制度的关键。本章将对朝鲜时期面里制的成立过程进行梳理，并利用户籍文书与邑志，对 17~18 世纪庆尚道丹城县面里建置的演变过程展开讨论。

第一节　朝鲜前期面里建置的方向及实行效果

朝鲜时期面和里作为郡县以下乡村基层的建置，主要得益于朝鲜初期以来自然村落的发展。高丽末朝鲜初以来，农业技术发生了重大变化，受休闲法制约的粗放型农业逐渐向连作常耕法的集约型农业转变。[1] 农业技术的这一变革带来了民田的发达、自耕农的发展等一系列变化，反映在地方统治制度上则是高丽前期以郡县、地域村等大单位为标志的地方社会运作体系逐渐崩溃或向自然村等小单位移行。[2]

在这一趋势下，国家试图强化对赋役承担层"民"的控制，建

1　李泰景：《十四、十五世纪农业技术的发达和新兴士族》，《东洋学》第 9 辑，1978；李泰景：《高丽末、朝鲜初的社会变化》，《震檀学报》第 55 辑，1983；宫嶋博史：《朝鲜農業史上における十五世紀》，《朝鲜史叢》第 3 号，1980。

2　李泰景：《高丽末、朝鲜初的社会变化》，《震檀学报》第 55 辑，1983。

立对郡县以下村落的直接支配关系。高丽时期的郡县分为派遣守令的主县和没有守令的属县，郡县以下又分为一般村落和乡、所、部曲等特殊行政地区。在这样的郡县制体系下，国家以吏族为媒介实施对民的统治。[1] 国家通过对属县、乡、所、部曲、处、庄等任内的整理（包括升格、移属、革罢、直村化等），[2] 以及郡县的合并、越境地的整顿、郡县名称的改定、面里的代置等一系列郡县制再编，促使郡县体制逐渐转向一元化。[3] 伴随郡县制和守令制为核心的中央集权制度的展开，作为郡县以下乡村运作体系的面里制也开始形成。

面和里的名称在 15 世纪的朝鲜王朝实录中就已出现。世宗十年（1428）四月汉城府建议在城中五部和城底实施新的行政区划编制。京城五部各坊每五家为一比，置长一人；每百家为一里，置正一人。城底各面每三十家为一里，置劝农一人。[4] 成宗十六年（1485）颁布的《经国大典》首次将面里制写入法典，《户典》"户籍"条规定京中和地方均以五户为一统，各统设统主；地方每五统为一里，各里设里正，各面设劝农官；京中则各坊设管领。也就是说，汉城府城中五部（东西南北中）实行坊（管领）—统（统主），地方则实行面（劝农官）—里（里正）—统（统主）体系。[5]

1　武田幸男：《高麗·李朝時代の属県》，《史学雑誌》第 72 卷第 8 号，1963；边太燮：《高丽前期的外官制》，《韩国史研究》第 2 辑，1968；朴宗基：《高丽时代村落的机能和构造》，《震檀学报》第 64 辑，1987；李纯根：《高丽初乡吏制的成立和实施》，《金哲埈博士华甲纪念史学论丛》，知识产业社，1983。

2　任内是指没有直村化、在主邑管辖内的独立区域，并通过实际统治者县吏、长吏与主邑建立关系。属郡县、乡、所、部曲、处、庄等统称为任内。直村是与"任内"相对的概念，是指不以任内的统治机构县司（乡、部曲）及县吏、长吏为媒介，直接在守令统治下的主邑直辖村。参见国史编纂委员会编《新编韩国史》第 23 卷《朝鲜初期的政治构造》，国史编纂委员会，1994，第 164~165 页。

3　李树健：《直村考——朝鲜前期村落构造的一断面》，《大邱史学》第 15、16 辑，1978。

4　《朝鲜世宗实录》卷四〇，世宗十年四月己丑，第 3 册，第 128 页。

5　崔恒等：《经国大典》卷二《户典·户籍》。

　　《经国大典》揭示了国家试图通过面里建置确立排除吏族、富户等在地势力的中间统治，强化中央集权的村落统治秩序。不过，法典所揭示的面里建置方向并未得到全面实施。这一时期的面制仍是"方位面"体制。

　　第一，以一定户数为基础的里制没有得到落实。朝鲜初期以来关于里的各类建置方案其实都是以一定规模的户数编制里的方案。"乡舍里长之法"以十户为里，置里长，"比里制"将城底各面三十户编为一里。《经国大典》规定里与自然村的规模大小无关，一律以五统，即二十五户为一里。但根据《庆尚道地理志》和《朝鲜世宗实录·地理志》，这一时期各里的户数规模存在显著差异，没有出现划一的户数划分标准。[1]

　　第二，这一时期的面制实行的是以邑治为中心，按照方位将周边地域划分为东、西、南、北四个面的"方位面"体制。[2]郡县无论规模大小，甚至规模很小的属县、乡、所、部曲，一律分割成四个面。面的规模出现了严重的不均等。

　　第三，面作为村落上级单位，没能履行其职能，郡县（守令）—面（劝农官）—里（里正）的纵向体系没有全面形成。吏族的影响力虽比高丽时期有所减弱，但在地方社会仍有着不容忽视的影响力，难以形成以守令为中心的行政支配关系。郡县以下没有完全实现直村化，属县和乡、所、部曲等任内尚有残存，许多地方直村和任内仍然并存。在《庆尚道地理志》和《朝鲜世宗实录·地理志》中，面通常用"村"表示，或"面""村"混用；里则以"里""山""川""谷""坪""浦""串""坊""村""洞""社"等不

1　朴镇愚：《朝鲜初期面里制和村落支配的强化》，《韩国史论》第20辑，1988。

2　金俊亨：《朝鲜后期面里制的性质》，硕士学位论文，首尔大学，1982。

同名称出现。[1] 面和村，里和坊、洞、村等不仅名称上相互混淆，相互关系和内部结构也错综复杂，有时是上下关系，有时又是并列关系。面或直村以下常常出现地域村（里）和自然村（属坊、洞、村）并存的情况。任内则分为属县和乡、所、部曲，乡、所、部曲或由若干自然村构成，或自身为一个自然村。[2] 郡县—面—里的纵向体系要到任内的直村化基本完成的朝鲜后期才能真正形成。[3]

　　朝鲜前期虽然提出了面里建置方案，但在面里制的实际运作中仍然存在诸多局限。从落实情况看，这一时期面里制的基本性质仍处于高丽时期和朝鲜后期的过渡阶段。[4]

第二节　乡里与乡官：17 世纪乡政论的出现

　　16 世纪以后，随着川防（洑）、堤堰等水利设施的开发和普及，农耕区域逐渐向平野地带扩散，集约型农业下的小农经济得到迅速发展。[5] 村落人口出现了增长，通过村落内外农田的开发，以个别村落为中心的共同体逐渐形成。加之 16 世纪末壬辰倭乱的爆发和随之

1　朴镇愚：《朝鲜初期面里制和村落支配的强化》，《韩国史论》第 20 辑，1988。

2　国史编纂委员会编《新编韩国史》第 23 卷《朝鲜初期的政治构造》，第 143~144 页。

3　李树健：《直村考——朝鲜前期村落构造的一断面》，《大邱史学》第 15、16 辑，1978。

4　也有研究者认为面里制在 15 世纪中期（世宗朝）已经基本建立，并作为守令和乡吏为中心运营的邑司组织的下部体系，在乡村教化、乡村治理、赋税征收体系的运营方面发挥了实际作用。参见朴镇愚《朝鲜初期面里制和村落支配的强化》，《韩国史论》第 20 辑，1988。

5　李泰景：《韩国社会史研究》，知识产业社，1986，第 217~219 页。

而来的丙子之役，农村的生产和社会秩序遭到巨大的冲击，亟须建立新的乡村秩序。

面对 16 世纪以后乡村社会的一系列变化，政论家意识到仅仅依靠郡县制和守令制无法实现对民、对乡村的统治。他们以周代乡遂制等先王的政制作为政治理念原型，并参照中国历代行政村的实施方案，提出了新的乡政论。最具代表性的有柳馨远（1622~1673）的"乡里制"、尹鑴（1617~1680）的"五家作统制"和"面里制"以及安鼎福（1712~1791）的"乡社法"等。[1] 这些方案虽名称和内容有所不同，但都涉及地方制度的改革，强调郡县以下面里的建置。而且，这些地方制度改革论积极吸收古法的封建制理念，旨在对乡村进行再编和统治的同时，一定程度上保障乡村社会的自律性和自治性。

柳馨远是 17 世纪南人党色政论家的代表人物，他积极推进乡政论的改革。柳馨远在"郡县制"的历代志中对周代以来的乡里制、乡里职任做了整理，主要提到了周、汉、魏、隋、唐、宋、明之制。[2] 柳馨远在郡县制关于"邑"的设想中，提到了以五家统制为基础，十统为里，十里为乡、坊的乡里制。他主张乡的划分应以田顷为本，又须考量人户稠旷，参以地形之便宜。他将五百家、七百顷规模的乡（京中为坊）看作生产、行政组织的适当单位。

每邑定以五家为统，十统为里。凡五家为统。统外，若有余家不成统，则不可分属于远村，可称以余家，附于其统。待满五家，然后置统。里制仿此。

1　吴永教：《17 世纪乡村政策和面里制的运营》，《东方学志》第 85 辑，1994。

2　柳馨远：《磻溪随录》补遗卷一《郡县制·各邑》，韩国古典翻译院"韩国古典综合 DB"点校本。

十里为乡。五百家为乡，约以垦田五百顷之地为限。然田之垦废不常，宜以元籍七百顷为率。而又须量其人户之稠旷，参以地形之便宜。多不过九百顷，少不减六百顷，以此定为一乡。[1]

针对当时面有面、道、里、村、坊、社等不同的称呼，柳馨远主张应统一称呼。面名也应做更改，使之更为雅观。

按今各邑掌面大小悬绝，元无准据，所以百事尤难经纪，不可不或分或合，厘正适宜也。又其称号不一，虽例皆称之曰面，而其间或有称道者，称里者，称村者。黄海平安道，则称之以坊；咸镜道，则称之以社。盖因陋袭苟而然也。中国之制，以五百家为乡，宜依此改之。京中则国初已定名为坊，因之可也。且即今面名，鄙俚不雅，不可形诸文书者甚多。如此者，守令与乡父老，从善改名，可也。[2]

柳馨远对统长、里正、乡正的择授和职能也做了规定。乡正由守令择授，并享受一定的待遇，可升贡，有常禄、伺候等。他主张乡正一职，应择士族中清平公直者担任。

每统，有统长，每里，有里正。里正，以良民年长谨直长者，择授，免其保布。统长，里正告乡正定之。里正、乡正，报官司，差定。

1　柳馨远：《磻溪随录》补遗卷一《郡县制·各邑》。
2　柳馨远：《磻溪随录》补遗卷一《郡县制·各邑》。

　　每乡，置乡正一人。凡有公事，检举各里施行，又主课审农桑等事。守令，择众议，牒授。以其乡内，内外舍免番生，择清平公直者以授。既授，以名报观察使。[1]

　　柳馨远还引用了南北朝时期苏绰和明代丘濬的见解，强调"乡正"是"治民之基"，是"亲民之任"，乡正的择定决定了乡里制的成功，必须予以重视，使士大夫乐而为之。他对当时以士族担任乡正并予以常禄的异见进行了反驳和说明：

　　苏绰曰：天生蒸民，不能自治，故必立君以治之。君不能独治，故必置佐以辅之。上自帝王，下及郡邑，得贤则治，失贤则乱，此乃自然之理，百王不能易也。非直州郡之官，必须择人。党族闾里正长之职，皆当审择。各得一乡之选，以相监统。夫正长者，治民之基。基不倾者，上必安。凡求贤之路，自非一途。然所以得之审者，必由任而试之，考而察之。起于居家，至于乡党，访其所以，观其所由，则人道明矣。贤与不肖别矣。率此以求，则庶无怨矣。

　　丘濬曰：周制内有六乡，外有六遂。乡置比长、闾胥、族师、党正，遂置邻长、里宰、酂长、鄙师。汉时县之亭长、三老等职，是其任也。夫天子之与乡里正长，贵贱虽殊，其任长人之责，则一也。耳闻，不如目见之真；意度，不如心孚之切。是以，古人识治体者，必重亲民之任。而与民最亲者，莫正长若也。汉人于三老、亭长之任，俾其劝导乡里，助成风俗，复其家户。岁首，常颁米肉，或赐帛，又或赐以爵级。

1　柳馨远：《磻溪随录》补遗卷一《郡县制·各邑》。

任之既重，优之又厚。是故，当世之士夫，皆乐为之。如张
敞、朱博、鲍宣、仇香之徒，亦尝为其乡亭长等任，而不以为
浼也。[1]

尹鑴是显宗末年至肃宗初年执政的南人党色政论家。尹鑴认为
先王政制中的乡政对 17 世纪朝鲜社会尤其具有借鉴意义。他首先强
调乡政对于先王之政的重要性，"先王之政，始于乡遂而达于朝廷，
以及于天下"，但秦商鞅变法导致乡政的崩溃。汉唐之兴，虽然有
意整顿，但亦不知"反本修古之道，必本于乡政也"。

先王之政，始于乡遂而达于朝廷，以及于天下。及秦鞅
变古灭学，为一切苟简之治而乡政先坏。汉唐之兴，虽一时君
相有意整顿世道，而亦不知反本修古之道，必本于乡政也。是
以，人伦斁坏，百姓困穷，俊民不兴。而先古之治，卒不可复
见于天下。[2]

尹鑴强调周代的乡政对用人十分重视，中央官和乡官应有所
循环。

周之乡政，用人职任甚重。盖致事于朝而授位于乡，或储
材于乡而拔隽于朝，此所谓出使长之、入使治之者也。汉之乡
有秩、三老、郡长、吏椽、佐等，皆亦署用甚高而通于大僚，
此所以治自下起，而朝廷多识务之贤也。自江左以后，县令不

1　柳馨远：《磻溪随录》补遗卷一《郡县制·各邑》。

2　尹鑴：《白湖集》卷二四《杂录·漫笔上》，韩国民族文化推进会编《影印标点韩国文集丛
　　刊》第 123 册，景仁文化社，1994，第 427 页。

用士人，而李唐之高官多武臣，参署皆劲卒。至赵宋则长吏不
得辟署，所用橡佐乡官，只是无文黠胥，稚骏土氓尔。百姓安
得不困，天下安得不乱。[1]

　　他主张乡政职位应当由士人来担任。尹鑴注意到当时朝鲜乡村
社会面任的权威受到侵害，主张应保障其权威，积极吸收士族担任
面任。他将五家统所设的面任，即都、副尹比作汉代三老之任。五
家统设立之初，都、副尹是专为纠正风俗，劝课农桑，团结邻伍，
使其无移来移去之弊而设立的职位。但近来守令监司对其任意对
待，小有差误，就施以刑杖，以致居乡士大夫都回避面任一职。这
违背了五家统设立之初的用意，应当加以纠正。

　　　　五家统设立之时，臣亦与闻其事。其差出都、副尹者，其
　　意专为纠正风俗，劝课农桑，团结邻伍，俾无移来移去之弊，
　　有如古者公三老之任而已。当初事目，勿得答辱，明有条法。
　　而近来守令监司，不有法令，既以士夫差其任而待之，不异于
　　前日乡任里约之辈。至于责之以年分等事，小有差误，辄加刑
　　杖，窘辱无状，靡所不至。居乡士大夫，举皆奔避，邑里骚
　　然，怨声嗷嗷，与当初设法之意，大有相反。今后则朝廷宜纠
　　发守令之如此者而罪之，更为事因，申明其法。俾无如前之弊
　　何如。[2]

　　17 世纪的政论家柳馨远、尹鑴提出的乡政论，一方面强调面里

1　尹鑴：《白湖集》卷二四《杂录·漫笔上》，《影印标点韩国文集丛刊》第 123 册，第 427 页。
2　尹鑴：《白湖集》卷一三《启辞·己未九月二十六日昼讲入侍时》，《影印标点韩国文集丛刊》
　　第 123 册，第 231 页。

隶属于郡县，面里任由守令择授，具有辅助守令进行官治的职能，体现了国家强化郡县制的意志；另一方面继承了古代乡里制、乡官制的遗志，强调面里应具备一定的自治功能，应积极吸收两班士族担任面里任，承认其权威，予以一定的优待。

第三节　面里制的设计内容

面对乡村社会的一系列变动，政府一方面采取了实施号牌制、土地开垦和赋税减免等一系列政策措施，以防止人民流离、确保军丁和平均赋役；另一方面在维持郡县制和守令制的同时，开始摸索乡村基层行政组织的再编，试图通过整顿面里制和五家统制确立新的乡村秩序。

朝鲜后期政府对面里制的运作和面里任职能的设置一定程度上反映了当时乡政论的见解。从显宗元年开始，尹鑴一直主张五家统是整顿户籍和防止避役的对策。他的乡政论内容并不局限于赋役征收问题，而是旨在建立一套长久、法定的对乡村、对民的统治体系。即从国家层面统一执行防止避役者、搜括良丁之策，实现对赋役负担者民及乡村的持久合法的统治。[1]

肃宗元年（1675）九月颁布的《五家统事目》就是由尹鑴参与主导的。该事目先由尹鑴制定，再由许积、金锡胄、柳赫然等增

1　吴永教：《17世纪地方制度改革论的展开》，《东方学志》第77~79辑，1993。

补删减而成。[1]《五家统事目》共计二十一条，不仅阐述了五家统的具体内容，对面里、纸牌（号牌）的内容亦多有涉及，还吸收了乡约和社仓等要素，将当时的户籍、良役问题和地方统治组织有机地结合在一起。《五家统事目》所揭示的面里制与朝鲜前期的面里建置方案相比，显得更加完备。在内容设计上具体表现出以下几个特征。

第一，事目强调面—里—统的纵向统属关系，"有统有里，以属于本面"。事目还强调面尹—里正—统首的监督体系，"面尹统里正，里正统统首"。

第二，事目重视面里的地域性。《经国大典》一律以五家为一统，五统为一里。《五家统事目》也以五户为一统，但强调作统后出现未尽余户时，不必越他面，仍可自成一统。《五家统事目》对里的设想仍然是基于一定户数的，但已不是定数。事目承认里的规模差异，依据统数（户数）多少将里分成三个等级："每一里，自五统以上至十统者为小里，自十一统以上至二十统者为中里，自二十一统以上至三十统者为大里。"若换算成户数，小里即 21~50 户，中里即 51~100 户，大里即 101~150 户。面也分大小："大面则所统里多，小面则所统里小，各随户之多寡残盛而称之。"

第三，事目鼓励由地方士族担任面里任，对面里任的称呼、择定、任期等做了详细的规定。朝鲜初期的王朝实录中面里任出现了劝农、里正、里长、方别监、监考、色掌等不同称谓，《经国大典》则规定面设劝农官、里设里正，但由于这一时期面里的过渡性质，面里任的称呼和相互关系没有形成一贯的体系。《五家

1　《五家统事目》各条目载《朝鲜肃宗实录》卷四，肃宗元年九月丁亥，第 38 册，第 303 页。

统事目》规定面设"都尹""副尹"各一人，总管面内事务。里中除了里正，还增设里有司。当时乡村社会的里正职任，常常以"庶孽、贱类差之"，所以"守令如欲择定，则人多谋避"。事目规定里正和面尹由"有地位闻望于一乡者"担任，任命后"如有谋避者，论以徒配之律"。面里任的任期为三年，"各任三年而易之"。

第四，事目具体描述了面里组织在乡村社会运作中的职能。事目融入了乡约、社仓要素，对统如何与上部组织面里结合，实现乡村统治和乡村自治做了规定。面里既有赋税征收、户籍管理、治安维持等行政职能，亦有劝农和赈恤，保障劳作和修缮建设等方面相互协作的职能，同时还兼有乡风教化的职能。

综上，面里制是在朝鲜前期自然村逐渐形成的背景下提出的乡里基层建置。17 世纪《五家统事目》对这一建置单位的设想仍然基于一定户数，但已不是定数。这意味着朝鲜后期的面里划分开始重视面里的地域性，一定程度上揭示了国家注意到村落共同体（或是基于村落的地域单位）作为生产、行政单位的合理性。通过 17 世纪面里制的内容设计，不难发现政府和政论家都充分意识到乡政在国家统治中的重要地位，希望建立一套官治的乡里和乡官体系，即面（面尹）—里（里正）体系，实现对乡村社会的再编与统治。在17~18 世纪面里体系的实际运作中，面里任具有赋税征收、官令传达、户籍管理等行政职能，并兼有保障农业生产及再生产的劝农职能，还被赋予了乡风教化、基础裁决权等。[1]

1　关于 17~18 世纪面里制的实际运营和面里任的职能，参见吴永教《17 世纪乡村政策和面里制的运营》，《东方学志》第 77~79 辑，1993。

第四节 面里制与乡村基层建置的演变：
基于丹城县户籍、邑志的考察

关于郡县以下的面里建置，《五家统事目》曾提出过一些设想。那么这一时期面里建置的实际演变过程是怎样的呢？现存庆尚道丹城县的户籍大帐，时间跨度从 17 世纪初至 19 世纪末（1606~1888 年），是考察面里长期变迁的宝贵资料。本节主要选取丹城县现存户籍大帐中 17 世纪初、17 世纪末及 18 世纪前期、中期、后期个别式年，以及 17 世纪 50 年代的邑志，对该地区面里制的形成过程略做考察（见表 5-1）。

表 5-1　17 世纪初至 18 世纪末庆尚道丹城县"面"的建置

1606 年户籍	17 世纪 50年代邑志	1678 年户籍	1717 年户籍	1759 年户籍	1786 年户籍
元堂里	元堂里	南面元堂	元堂面	元堂面	元堂面
元县里	县内里	县内面	县内面	县内面	县内面
北洞里	北洞里	北面北洞	北洞面	北洞面	北洞面
都生里	悟里	东面悟洞	悟洞面	悟洞面	悟洞面
	都山里	东面都山	都山面	都山面	都山面
	生比良	东面生比良	生比良面	生比良面	生比良面
新灯里	新等里	北面新灯	新灯面	新等面	新等面
法勿也里	法勿礼里	北面法勿也	法勿也面	法勿也面	法勿也面

　　17世纪初（1606年）的丹城还是山阴县的属县，因此当时丹城的户籍收录在山阴县的户籍册《宣武三十九年丙午山阴帐籍》中。从这份户籍册看，当时丹城任县（属县）由元堂里、元县里、北洞里、都生里、新灯里、法勿也里等构成。1606年以后，丹城脱离山阴县成为丹城县，与山阴县从从属关系上升为平等关系。1630年的山阴帐籍中已经不包含丹城户籍，可以推测丹城在1606~1630年脱离了山阴县，成为独立的丹城县。[1]朴顺贤则根据1786年《丹城志》的记载，认为丹城县在光海君五年（1613）就已独立出来。[2]独立后的丹城县现存最早的户籍为1678年的《庆尚道丹城县戊午式年户籍大帐》，下属八个面的户籍被编造在一个户籍册里。

　　1606年至1678年，丹城县虽然没有户籍册遗存，但存有17世纪50年代编撰的丹城县邑志《云窗志》。[3]依据此私撰邑志，17世纪初户籍上出现的"元县里"至17世纪50年代被改成"县内里"，"都生里"则分成了"悟里""都山里""生比良"三个里。若再比较1678年的户籍大帐，17世纪50年代登载在《云窗志》上的里至1678年已经全部升格为面。只是各面的名称仍保留了方位面的痕迹，由方位面与地域名构成。在之后所存的1717年丹城县的户籍大帐上，面的名称进一步发生了变化：八个面的名称改成了元堂面、县内面、北洞面、悟洞面、都山面、生比良面、新灯面、法勿也面，即直接由地域名构成。

　　从面的演化过程可知，直至17世纪中叶，丹城县的"里"仍接近地域村的性质。1678年升格为面。这一时期形成的八个面直至

1　《仁祖八年庚午山阴帐籍》（1630年），奎章阁藏（奎14640）。

2　朴顺贤：《18世纪丹城县的面里编制》，《大东文化研究》第40辑，2002。

3　武田幸男编《朝鲜後期の慶尚道丹城県におけて社會動態の研究——学習院大学蔵朝鮮戸籍大帳の基礎的研究（2）》（Ⅰ），付録1《雲窓誌（丹城誌）》。

18 世纪末都没有发生大的变动，丹城县下面的地域划分是相对稳定的。

随着 17 世纪后期面制的形成，里制也逐渐发生了变化，郡县以下的行政区划逐渐从里坊体系转向面里体系。1606 年的丹城户籍并没有反映里以下的行政单位。李海濬通过考察晋州地方壬辰倭乱前后里坊再编的变化，提出 17 世纪初晋州地区的里是由若干属坊（自然村）构成的。[1] 丹城县 1606 年的里同晋州一样，仍然属于广域意义上的里。那么，基于自然村的里制出现于何时呢？笔者以丹城县县内面为例，对该地区里制的变动情况做了考察（见表 5-2）。

表 5-2　17 世纪末至 18 世纪末庆尚道丹城县"里"的建置
——以县内面为例

单位：户

里顺里名（户数）	1678 年户籍	1717 年户籍	1759 年户籍	1786 年户籍
	第一里邑内（150）	第一里竹田村（12）	第一里竹田村（6）	第一里竹田村（7）
	第二里麻屹（32）	第二里城内村（11）	第二里城内村（94）	第二里城内村（93）
	第三里校洞（36）	第三里南山村（27）	第三里南山村（45）	第三里南山村（42）
	第四里江楼（54）	第四里大方村（26）	第四里大方村（31）	第四里大方村（30）
	第五里水山（27）	第五里麻屹村（30）	第五里赤城村（7）	第五里掟坪村（10）
	第六里於里川（18）	第六里校洞村（20）	第六里法派村（7）	第六里赤城村（9）
		第七里九印村（13）	第七里内麻屹村（4）	第七里江楼村（45）
		第八里新基村（19）	第八里中麻屹村（11）	第八里阳田村（12）

1　李海濬：《17 世纪初晋州地方的里坊再编与士族》，《奎章阁》第 6 辑，1982。

续表

	1678 年户籍	1717 年户籍	1759 年户籍	1786 年户籍
里顺里名（户数）		第九里新邑内（64）	第九里校村（16）	第九里九印桥村（8）
		第十里江楼村（32）	第十里九印村（16）	第十里校村（22）
		第十一里放牧村（21）	第十一里江楼村（42）	第十一里中麻屹村（6）
		第十二里水山村（37）	第十二里阳田村（16）	第十二里法派村（5）
		第十三里於里川（12）	第十三里放牧村（14）	第十三里内麻屹村（6）
		第十四里清溪岩（20）	第十四里水山村（35）	第十四里放牧村（16）
		第十五里瓮店村（15）	第十五里於里川村（11）	第十五里闻庆洞（3）
		第十六里榛子村（36）	第十六里清溪岩村（19）	第十六里新基村（3）
			第十七里榛子村（11）	第十七里水山村（23）
			第十八里龙头村（9）	第十八里於里川村（8）
				第十九里清溪岩村（18）
				第二十里榛子村（12）
				第二十一里龙头村（11）
户数	317	395	394	389

注：17 世纪 50 年代的《云窗志》仿照《周易》卦的思想，"八里之各有八坊，如八卦之各有八八六十四"，对丹城县进行了八里八坊的行政区划编制。参见井上和支《〈雲窓誌（丹城誌）〉解题》，武田幸男编《朝鲜後期の慶尚道丹城県におけて社會動態の研究——学習院大学蔵朝鮮戸籍大帳の基礎的研究（2）》（Ⅰ），第109~117 页。但这里的坊不同于自然村的属坊。通过这一资料，难以了解当时里以下的行政编制。因此，这里以 1678 年以后的户籍大帐为中心，探讨里制的形成。

　　17世纪50年代的邑志中，县内里下8个坊的名称分别为县内、九印谷、磨屹内、磨屹外、凉亭、文庆、江楼坪，另有一个没有标记。1678年的户籍大帐上县内面辖括邑内、麻屹、校洞、江楼、水山、於里川等6个里。里名和邑志中的坊名出现了部分的重合，也有仅在户籍上出现的里名。这说明1678年的里仍然多由数个自然村构成。1678年的里用"第 × 里 × ×"形式表示，尚未用"村"表示。到了1717年，里的编排开始用"第 × 里 × × 村"表示。此后，户籍上的里名多采用"里顺+× × 村"的方式标注，里以具体的村落或地域名命名。也就是说，丹城县的里制大体上是在18世纪前后初步形成的。前述《五家统事目》规定，面内各里按照户数多寡排列里顺，即"以某面第一里、第二里，以至三、四、五、六，亦随其分里之多寡"，但从丹城县里的排序看，里顺并没有反映里的规模大小。

　　18世纪，丹城县在基本维持面制的情况下，里出现了统合、分化、衍生等现象。1678年县内面辖邑内、麻屹、校洞、江楼、水山、於里川等6个里。1717年的户籍上，6个里分化为16个里。18世纪中叶和18世纪后期的里数一直处于持续增加的趋势，1759年为18个里，1786年为21个里。这与丹城县17世纪末以来整个县的里数增长趋势是吻合的。[1]《五家统事目》将里按照规模大小分成三个等级：小里（5~10统，21~50户）、中里（11~20统，51~100户），大里（21~30统，101~150户）。按照这一划分标准，17世纪末至18世纪末丹城县县内面各里的规模分布可归纳为表5-3。

1　丹城县各年度的里数规模为：1678年60个，1717年77个，1759年105个，1786年109个。
　　参见朴顺贤《18世纪丹城县的面里编制》，《大东文化研究》第40辑，2002。

表5-3　17世纪末至18世纪末庆尚道丹城县"里"的规模分布
——以县内面为例

单位：个

里等	1678年	1717年	1759年	1786年
101~150户（大）	1	0	0	0
51~100户（中）	1	1	1	1
21~50户（小）	3	6	4	5
20户以下（残）	1	9	13	15
数量合计	6	16	18	21

　　表5-3显示，该时期县内面各里之间的户数分布很不平均。大部分的里不足50户，属于小里，还有不少达不到小里的标准，属于残里。1678年县内面有1个大里，1个中里，3个小里，1个残里。1717年有1个中里，6个小里，9个残里，残里的比重超过一半。这些规模小于20户的残里，很可能是接近自然村的里。这一时期的里既有接近自然村形态的里，也有包含数个自然村的里，出现了向基于自然村的里制逐渐演变之趋势。前文提到的里的名称通常源自若干自然村中的代表性村落，这些村落中往往居住着两班士族。

　　丹城县的面里制形成过程呈现出四大变化趋势：（1）17世纪后期原先的方位面体制逐渐瓦解，原来的里上升为面。面的名称逐渐转为以地域命名。（2）广域意义上的里出现了广泛分化，18世纪前后逐渐形成了基于一个或数个自然村的"里"制。里则以地域名命名，既有与村名重合的情况，也有不一致的情况。（3）17世纪后期，面的地域范围已经相对稳定，但里的分化、统合等现象一直延续至18世纪末。（4）各里之间的户数规模是不等的，大多数的里不足50户，不少里不足20户，中小规模的里占多数。

综上可知，丹城县基层建置面里制的确立，以及面里纵向统属关系从 17 世纪后期开始逐渐形成，18 世纪基本确立。面里作为基层建置单位的属性是十分明确的：里通常包含一个乃至数个自然村；里隶属于面，面由若干个里构成，因此面是介于里与郡县之间的行政单位。

第五节　从郡县到面里：户政运作单位的下移

朝鲜后期面里制的成立，不仅标志着郡县以下行政区划单位的成立，同时也意味着一些地方出现了郡县的下级单位面（由于各地面里的建置存在时间差异，一些地方仍出现"洞""里""坊"等名称，以下简称"里"）开始承担起与户籍管理相关职能的现象。

朝鲜前期的户籍调查和户籍编造通常是以郡县一级官府为主体，在守令的监督和指挥下进行。大致从朝鲜后期开始（各地的时期略有不同），一些地方的户口调查和户籍编造的基础单位出现了下移的迹象。地方官府主要通过郡县下一级单位，即面（或里）与户发生交涉。现存的户籍大帐作为进呈册或存留册，通常是郡县单位的户籍册。不过，这些郡县单位的户籍大帐均是将各面的户籍册进行誊书、汇编而成的，有的则是直接将各面所造的户籍中草汇总而成为底册存留于郡县。一方面，以郡县下一级单位为主体所展开的户籍中草编造出现了制度化、体系化的倾向。户籍中草上每页被加盖官印，并出现了守令的手决；部分还付给各户的户口单子上出现了郡县下一级单位负责人的手决，而非守令的手决。[1] 可见，朝鲜王朝后期，郡县的下一级单位面（或里）在户口调查和户籍编造中的地位逐渐凸显。

　　1606 年丹城元县里的末页，有该里户数的统计，即"元户五十一"（见图 5-2）。

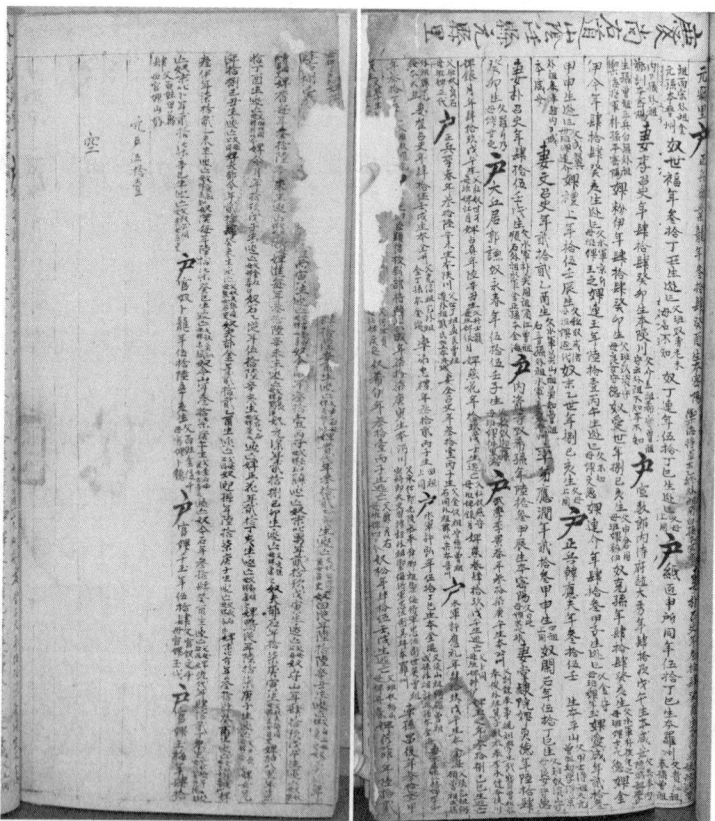

图 5-1　《宣武三十九年丙午山阴帐籍》任县（丹城）元县里首页（右）
图 5-2　《宣武三十九年丙午山阴帐籍》任县（丹城）元县里末页（左）
资料来源：《庆尚道丹城县户籍大帐数据库 CD》，成均馆大学东亚学术院。

<hr />

1　全炅穆：《19 世纪末南原屯德坊的户籍中草及其性质》，《古文书研究》第 3 辑，1992。

　　1678年的户籍大帐上，"元县里"已经改名、升格为"县内面"。按照里顺，登载完一个面的户以后，往往用"已上"（或"以上"）对该面的户口数做出统计（参见图4-8、图4-9）。

<blockquote>
已上元户叁百拾伍户内　　　　作统陆拾贰统

　　男女人口壹千贰佰捌拾口内

　　　男陆百伍拾肆口内

　　　　壮肆佰柒拾陆口

　　　　老叁拾壹口

　　　　弱壹百肆拾柒口

　　　女陆百贰拾陆口内

　　　　壮肆百柒拾玖口

　　　　老叁拾伍口

　　　　弱壹百拾贰口

　都尹忠义卫朴世琦

　副尹业武　韩弘达
</blockquote>

　　"已上"条的第一行是元户[1]的总额和总的作统数。第二行是男女总人口。然后分为男性和女性，分别对总口数及壮、老、弱的口数进行统计。最后的都尹和副尹作为面尹，是该面户籍事务的担当者，记载其职役和姓名。1678年丹城县八个面本文后面所附的"已上"条均采用这一格式。

　　"已上"条最后登载了各面的都尹和副尹。都尹和副尹作为面

1　登载于户籍上的户叫"元户"，存在于户籍外的户叫"籍外户"。

尹，是各面户籍事务的担当者。表5-4对1678年户籍大帐上各面面尹的身分、姓名做了归纳。

表5-4　1678年庆尚道丹城县户籍大帐各面"面尹"的登载情况

面名	都尹	副尹
南面元堂	幼学权大有	业儒李周英
县内面	忠义卫朴世琦	业武韩弘达
东面悟洞	幼学柳光斗	业儒崔宇益
北面北洞	业儒都卫夏	忠义卫李之相
东面都山	幼学金安鼎	幼学梁震翰
东面生比良	幼学周南敷	幼学李曔
北面新灯	幼学柳之老	忠义卫李顼奭
北面法勿也	幼学金尚鏊	幼学尹起莘

1675年颁布的《五家统事目》规定里正和面任由"有地位闻望于一乡者"担任，"如有谋避者，论以徒配之律"，面里任的任期为三年，"各任三年而易之"。[1]从表5-4可知，各面的面尹实际由面内的士族所担任，在面内的身分属于上层或准上层。国家将地方士族积极吸收到官治的乡里组织，置于守令的直接统治之下，有助于在发挥乡村社会的自律性前提下，实现对乡村社会的再编和统治。

户籍大帐上，各面末尾所附的户口统计部分一般称"已上"条，郡县末尾所附的户口统计部分则叫作"都已上"条。丹城县下属八个面的户籍被编造在一个户籍册里。在该县最后一个面法勿也面的户口登记后面，附上了丹城县内各寺刹所属僧人的僧籍、"移居

1　《五家统事目》各条目载《朝鲜肃宗实录》卷四，肃宗元年九月丁亥，第38册，第303页。

绝户"部分及"都已上"条（参见图 4-10、图 4-11、图 4-12）。

"都已上"条首先登载的是丹城整个县 1678 年元户的总额、作统总数、男女合并口数，然后分成男性和女性分别按照职役、年龄（壮、老、弱）统计口数。在这后面还有将"移居绝户"部分按移居、逃亡、物故所做的分类统计。最后是担任丹城县户籍编造的户籍监官、乡吏的职役和姓名，丹城县守令的官品和手决，各道观察使的手决。

1678 年丹城县的户籍大帐与 1606 年相比，户籍的记载样式发生了几大变化，其中最重要的变化之一便是新的户籍登记单位的成立。户籍的本文部分对人户的编排导入了五家作统制，面里成为户籍的登记单位。此外，各面户籍本文记载之后的户口统计部分也发生了一些变化。面取代里成为户口统计的最小单位，且以面为单位的户口统计也更为详细，不仅包括户数和统数，还按性别、年龄对口数做了详细的统计。户籍登记单位的这一变化在现存的朝鲜时期其他地区户籍文书上也基本上得到反映。大体上在 17 世纪后期以后，朝鲜王朝的户籍文书开始导入五家作统和面里相结合的登记体系。版图内的人户以这一新的登记体系编入官治行政单位面里及下部组织统，进而成为郡县（守令）统治之下的编户齐民。

1678 年的户籍大帐与 1606 年相比，还有一大变化是本文末尾的"已上"条与"都已上"条的记载。"已上"条载有面单位的户口统计，"都已上"条载有郡县单位的户口、职役等相关统计。

过去的研究已经指出郡县单位的"都已上"条在朝鲜王朝户政运作中的意义。很多研究主要通过比较户籍本文和"都已上"条的户口额数和职役额数，指出 19 世纪以前户籍本文上的户数、口数和"都已上"条的额数大体趋于一致，但到了 19 世纪以后，不管是户籍本文上的户数、口数还是军役数，均与"都已上"条的额数产生了较大的差异。[1] 宋亮燮还发现丹城户籍本文上的军役数和户数的长期变化趋势密切相关，出现了联动关系。因此，他认为户数的确保是军役赋课的基本前提。[2] 研究者据此强调各郡县户籍大帐末尾"都已上"条中登载的额数是中央政府分定到地方的额数，户籍本文上的户口登载以此为参照。

　　一些研究者还比较了户籍大帐"都已上"条和《户口总数》、《良役实总》、邑志、实录等的记载，也发现了类似的现象。例如，郑演植发现 1789 年《户口总数》上的户口数和同时期丹城县户籍大帐"都已上"条的户口数是一致的，他主张 1789 年编撰的《户口总数》上出现的户口数是对全国各郡县户籍大帐"都已上"条额数的总计。[3] 孙炳圭则通过比较 1750 年、1789 年大邱府户籍大帐"都已上"条中各类军役的统计数和 1743 年刊行的《良役实总》庆尚道大邱府及 19 世纪前期刊行的《庆尚道邑志》《大邱府邑志》"军总"条上的各类军额，发现两者的数值一致或十分接近。[4] 这些研究者主要将探讨对象限于"都已上"条，而"都已上"条的数额实为郡县单位的户口和职役（军役）统计数。但需要注意的是，郡县单位的户籍大帐是由各个面的户籍誊书汇编而成。面以及各面最后所载的"已上"条在赋役征收中具有何种意义仍有待展开

1　孙炳圭：《户籍大帐职役记载的样态及含义》，《历史与现实》第 41 辑，2001；金建泰：《朝鲜后期的人口把握实状及其性质——基于丹城县户籍的分析》，《大东文化研究》第 39 辑，2001；金建泰：《朝鲜后期户的构造与户政运营——以丹城户籍为中心》，《大东文化研究》第 40 辑，2002。

2　宋亮燮：《18、19 世纪丹城县的军役把握和运营——〈丹城户籍大帐〉为中心》，《大东文化研究》第 40 辑，2002。

3　郑演植：《朝鲜后期"役总"的运营和良役变通》，博士学位论文，首尔大学，1993。

4　孙炳圭：《户籍大帐职役栏的军役记载和"都已上"的统计》，《大东文化研究》第 39 辑，2001。

充分的讨论。[1]

　　关于"都已上"条的先行研究已经揭示了郡县单位"都已上"条中的户口、职役额数受到了 18 世纪中叶前后军额及财政运作中的定额化政策的影响，并非从户籍本文中统计得出。顺着这一思路，不禁要进一步追问，各面最后所载"已上"条揭示的各项数额到底依据的是户籍本文做出的统计结果，还是依据分定到郡县的数额进一步分排到各个面的结果呢？对"已上"条、"都已上"条、户籍大帐本文三者之间关系的考察可以为这一疑问提供重要线索。表 5-5、表 5-6 利用 1678 年丹城县的户籍大帐，对以上三者所载的各项数额进行了具体比较。

表 5-5　1678 年庆尚道丹城县户籍大帐上各面"已上"条和本文各项数额比较

		南面元堂	县内面	北面北洞	东面悟洞	东面都山	东面生比良	北面新灯	北面法勿也	合计
户数	本文	292	317	257	140	312	239	244	318	2119
	已上	292	315	257	139	307	239	243	321	2113
统数	本文	59	59	51	27	63	48	48	64	419
	已上	59	62	51	27	62	48	48	64	421
口数	本文	1806	1862	1236	743	1717	1257	1582	1676	11879
	本文 1	1177	1290	1005	550	1267	1033	995	1096	8413
	本文 2	1158	1265	979	534	1221	1028	967	1078	8230
	已上	1164	1280	970	546	1266	1006	986	1203	8421

　　注：各面中，南面元堂的户籍本文有破损，所以本文的口数统计存在误差。本文是户籍上登载的所有口数合计的结果；本文 1 是户籍上登载的口数减去外方居、故、逃亡、移去、出系、出嫁、别户、僧等实际不在户内的口数统计而得；本文 2 是户籍上登载的口数减去本文 1 及重复登载的口数。

1　关于面与赋税征收的关系，金鲜卿的论文有所言及。他认为在通常的赋税运营中，面作为行政单位，具有掌握和督纳属下各里的租税的职能。金鲜卿：《朝鲜后期租税收取和面里运营》，硕士学位论文，延世大学，1984。

表5-6   1678年庆尚道丹城县户籍大帐上各面"已上"条
和"都已上"条各项数额比较

	已上									都已上
	南面元堂	县内面	北面北洞	东面悟洞	东面都山	东面生比良	北面新灯	北面法勿也	合计	
户数	292	315	257	139	307	239	243	321	2113	2113
统数	59	62	51	27	62	48	48	64	421	421
口数	1164	1280	970	546	1266	1006	986	1203	8421	8421
男	531	654	511	268	620	487	504	659	4234	4234
壮	402	476	390	195	450	345	380	548	3186	3186
老	26	31	32	13	38	24	26	30	220	220
弱	103	147	89	60	132	118	98	81	828	828
女	633	626	459	278	646	519	482	544	4187	4187
壮	441	479	342	209	473	348	387	443	3122	3122
老	29	35	22	15	33	30	25	27	216	216
弱	163	112	95	54	140	141	70	74	849	849

　　表5-5比较了各面"已上"条的户数、统数、口数与本文实际
统计得出的数额。户数在五个面出现了差异，统数在两个面出现了
差异，且差异较小，口数则在所有面都出现了不同程度的差异。表
5-6则比较了各面"已上"条的户数、统数、口数，以及口数内按
性别、年龄细分的数额与"都已上"条相应的数额记载。

　　不难发现，"已上"条各项合计数额与"都已上"条的数额完全
一致。也就是说，各郡县户籍大帐末尾"都已上"条中的户数和口
数是将所辖各面"已上"条的户数和口数合计的结果。考虑到"都
已上"条中登载的数额是中央政府分定到地方的额数，可以推测
"已上"条的户口数其实是从中央经各道分定的郡县户口数重新分
配到各个面的额数。

那么，"已上"条的户数和口数是不是与户籍本文户口数的合计结果毫不相关呢？从表5-5看，"已上"条各项合计数额与户籍本文的数值虽然并不完全一致，但除了口数外，其他各项数值则较为接近。而本文口数统计中，本文1、本文2与"已上"条的口数也相对接近。也就是说，这一时期户籍本文的户口在登载时，对各面所分定的额数是进行了参考的。因此，1678年丹城县户籍大帐各面本文部分的户口登载虽然是在实际的申报户口人户基础上进一步编排的结果，但其登载仍是有一定依据的，并不是肆意编造的。

按照通常对户籍大帐编造顺序的理解，户籍本文的户口原本应该是对各户申报的户口进行登载汇总的结果。朝鲜时期的户籍每三年一编造。每到造籍之际，各户将本户的相关事项依式书写成户口单子，并进行申报。户口单子收集起来以后，以面（或里）为单位与上一式年编造的户籍册对照核实并进行人户编排，在此基础上编造户籍中草，进而汇编成郡县的户籍大帐。但户籍大帐的这一编造顺序背后，其实隐藏着另一套程序。即，在以面（或里）为单位编造户籍中草的过程中，各面以分定到面的户口额数作为参照，对实际的申报人户进行了相应的加减和调整。

在1819年《己卯式庆州良佐洞草案》[1]的本文末尾，就保留了基层行政单位依据官方分定的额数进行调整的痕迹。这一草案的最后登载了各里的户数以及和良佐洞相加的总户数。在各里户数部分，如仁良洞载有"仁良洞十四户　一户减　在十三户"。在总户数部分载有"合六里　户二百三十一户内　二十四户官减　在二百七户"（见图5-3、图5-4）。也就是说，为了符合规定的207户的额

1　该草案性质类似于户籍中草，收录于《古文书集成》第32辑（庆州　庆州孙氏篇），韩国精神文化研究院，1997。

数，草案编造时各里的户数被人为地进行了调整，各里分别减了
1~11 户不等。

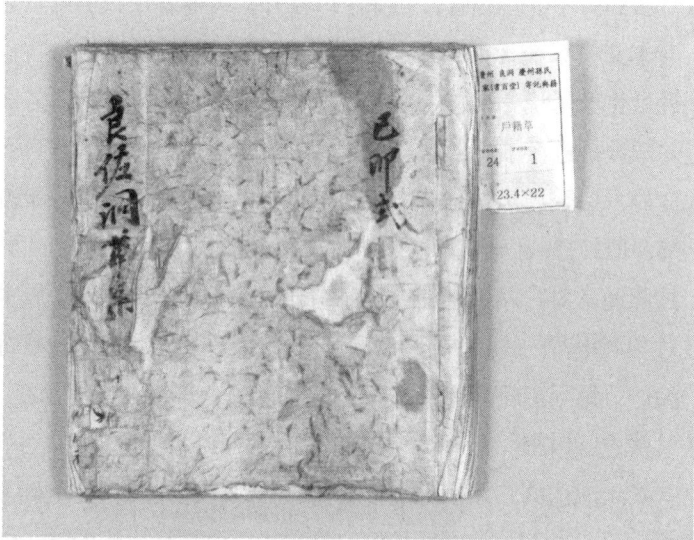

图 5-3 《己卯式庆州良佐洞草案》封面
资料来源：韩国学资料中心，https://kostma.aks.ac.kr/。

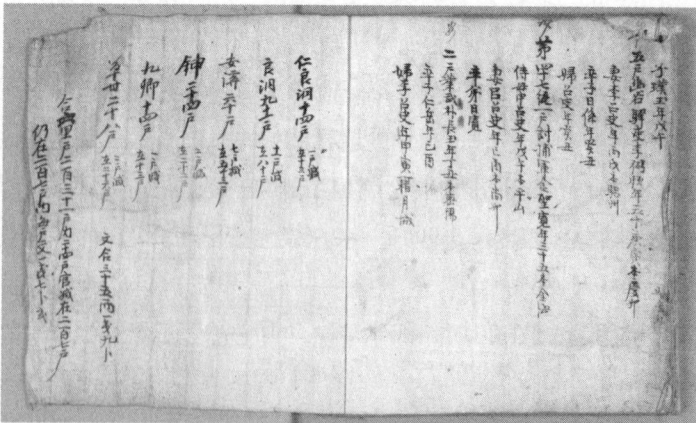

图 5-4 《己卯式庆州良佐洞草案》第 29 页
资料来源：韩国学资料中心，https://kostma.aks.ac.kr/。

　　18 世纪以后丹城县户籍大帐上，各面本文记载之后不再出现
"已上"条，只保留郡县单位的"都已上"条。19 世纪以后的户籍
大帐上又再次出现"已上"条。一方面，1810 年以后的户籍大帐每
两个面的户籍册装订成一册，不同于之前 8 个面装订成一册的保存
形态。户籍大帐本来是将各面的户籍中草汇集后，重新誊书、汇编
成新的郡县单位的户籍帐册。但从 17 世纪末至 19 世纪末丹城县户
籍大帐的保存形态及记载样式来看，该县 19 世纪以后的户籍大帐其
实是将各面编完的中草汇集后直接用于郡县存留的户籍册，1678 年
的户籍大帐也是将各面的户籍中草直接汇集而成的。这也印证了前
文所说的朝鲜后期一些地方出现了户籍编造和户政运作单位向下一
级单位面下移的迹象。

　　综观 1678 年丹城县户籍大帐"已上"条、"都已上"条、户籍
本文的分析比较，我们发现各面"已上"条中所载的户数和口数
是各郡县户数和口数进一步分配的结果。作为军役征收的基本帐
籍，户籍大帐上的军役登载也出现了中央分定的军额在郡县内部重
新分配的迹象。宋亮燮对 17 世纪末至 19 世纪初丹城县各面本文所
载军役数和郡县的军役总数的长期变化趋势做了比较，发现两者保
持了较为一致的变化趋势。[1] 这意味着，随着朝鲜后期面里制在全国
的落实，面逐渐成为郡县内部户数、口数、军役数分定或运作的基
本单位。可见，朝鲜后期的户政运作，出现了从郡县向郡县的下一
级单位面下移的倾向。这一倾向在正祖十三年（1789）编成的《户
口总数》中也得到了印证。[2]《户口总数》不仅对全国各郡县的户口

1　　宋亮燮：《18、19 世纪丹城县的军役把握和运营——〈丹城户籍大帐〉为中心》，《大东文化
　　　研究》第 40 辑，2002。
2　　《户口总数》，编者未详，首尔大学奎章阁藏正祖十三年（1789）笔写本。

数做了统计，对郡县以下各面的户数、口数、男女别户口数也做了
统计。[1]

小 结

朝鲜王朝的中央与地方统治制度深受古代中国的影响，同时也
结合自身的统治需要与本国的实际，形成了不同的特点。面对丽末
鲜初至朝鲜后期的一系列社会变动，朝鲜王朝积极展开地方制度的
改革，一方面强化郡县制和守令制，一方面开始摸索乡村基层组织
的再编，试图通过整顿面里制和五家统制确立新的乡村秩序。朝鲜
时期的面里制与五家统制属于两种不同系统的制度，这从名称上也
得到体现。统主要作为邻保单位存在，属于基层邻保自治系统。统
的上部组织面里属于基层行政系统。朝鲜王朝的基层行政系统和基
层邻保自治系统始终是并行的，一直延续至近代以后，可以说在基
层社会发挥着相对稳定的作用。

朝鲜后期成立的面里制在强化郡县制的基础上，融入了周代封
建制理念的乡里组织制度。17 世纪面里制改革论以周代乡遂制等先

1　18 世纪中叶以后，国家对各种财源进行全国范围内的总额统计和分配，在此背景下出现了
《良役实总》（1743）、《户口总数》（1789）、《赋役实总》（1794）等以"实总""总数"命名
的帐簿。有研究者认为《户口总数》上所记载的各面户口数是各郡县将定的户口数重新在
内部分配、调整的额数。孙炳圭：《18 世纪末的地域别"户口总数"及其统计含义》，《史林》
第 38 辑，2011。

王的政制作为政治理念原型，并参照中国历代行政村的实施方案，其内容结构一定程度上反映了朝鲜王朝乡村治理的理念。17 世纪关于面里制的内容设计在强调国家对乡村实行再编和统治的同时，积极吸收了古代封建制理念，并继承了古代乡里制、乡官制的遗志。面里单位既具有基层行政管理职能，又带有一定的乡村自治性质。

　　朝鲜时期面里制的形成是基于村落与地域的。庆尚道丹城县面里建置的演变过程显示，丹城县面里编制以及面里纵向统属关系从 17 世纪后期开始逐渐形成，18 世纪基本确立。17~18 世纪朝鲜乡村社会面里制的确立，一方面，与朝鲜初期集约型农业转向下出现的人口增长、村落开发等社会经济的一系列变动有着紧密联系；另一方面，面里的具体演化亦受到两班士族势力、国家赋役政策等多种因素的影响。

第六章　17世纪基层组织"五家统"的内容设计与推行

　　"面—里—统"是朝鲜王朝《经国大典》规定的郡县以下官治基层组织的基本结构。"面"由若干里构成,"里"由若干统构成,"统"通常由五户构成。"五家统"的相关制度一般称作"五家统制",又称"五家作统制"或"五家作统法"。

　　关于朝鲜时代五家统的性质及相关制度,学界已经展开过诸多讨论。早期日本学者对五家统的评价多为负面,为了强调殖民地时期地方制度改编的正当性,把五家统等地方基层组织视为停滞、无效率的组织。[1]韩国学者对五家统的实质性研究始于20世纪70年代,

---

1　中村栄孝:《朝鲜時代地方制度の歴史的考察》,朝鲜總督府編《朝鲜總攬》,朝鲜總督府,1933,第43~58页;今村鞆:《朝鲜の地方自治制度に就て》,朝鲜總督府編《朝鲜總攬》,朝鲜總督府,1933,第59~64页;等等。

修正了殖民地时期日本学者的观点，强调五家统制具有行政、自治
的双重性质。申正熙对朝鲜王朝五家作统法的施行过程及诸功能进
行了概述，认为五家作统法实施切邻的共同责任制，目的主要在于
防止流民的产生，而救恤和邻保自治功能则体现了乡约精神。他主
张五家作统法是官治性质，不同于民治性质的乡约。[1]李南九对朝鲜
后期户组织、五家作统组织、里洞（村落）组织等基层编制组织的
内容结构做了考察，认为以五家统为中心的行政村自治组织并没有
得到落实，朝鲜后期的村落是基于自然村落的秩序体系。[2]90 年代
以降，关于五家统制的讨论主要从国家对乡村统治的角度展开。吴
永教将五家作统制看作"两乱"以后国家再造过程中强化乡村统治
的一环，对 17~18 世纪五家作统制的确立和发展过程做了细致全面
的考察。[3]权乃铉认为以郡县制和面里制为核心内容的地方统治政策，
加上 17 世纪肃宗朝五家作统制的实施，使王朝国家对民的统治进一
步强化。[4]

　　以往研究对五家统制这一制度做了诸多探讨，尤其是 90 年代
以后从国家与社会关系视角进行的研究推进了对五家统制的理解，
不过对五家统制与户籍编制之关系尚缺乏深入探讨。五家统作为朝
鲜时代官治基层组织，亦运用于户籍编制中。依据现存朝鲜时代的
户籍文书，大体上在肃宗朝以后，采用面里制和每五家为一统的五
家作统制相结合的户籍编制体系。因此，关于五家统的研究有必要
结合户籍编制展开。本章基于学界已有成果，梳理朝鲜时代基层组

1　申正熙：《五家作统法小考》，《大邱史学》第 12、13 辑，1977。

2　李南九：《朝鲜王朝后期里洞组织的研究——以协同生活构造为中心》，《安东教大论文集》第
　　16 辑，1981。

3　吴永教：《朝鲜后期五家作统制的构造与展开》，《东方学志》第 73 辑，1991；吴永教：《19 世
　　纪的社会变动和五家作统制的展开过程》，《学林》第 12、13 辑，1991。

4　权乃铉：《肃宗代地方统治论的展开和政策运营》，《历史与现实》第 25 辑，1997。

织五家统的确立与内容设计，并利用存世的朝鲜户籍文书，对户籍编制中五家作统的落实情况试做探析。

第一节　五家统确立以前的基层组织诸方案

五家统确立之前，关于以一定户数为单位组成基层组织有过许多讨论。这一时期提出的各种基层组织的名称并非"统"，而称"邻保""比"等。

太宗六年（1406），知平州事权文毅提议实施"乡舍里长之法"，试图确立乡村以百户、五十户、十户为单位，各设乡长、舍长、里长统治百姓的制度。"愿立乡舍里长之法，百户置乡长，五十户置舍长，十户置里长，良民贱隶之额，靡不周知。"[1]太宗七年（1407），领议政府事成石璘建议实施"邻保正长之法"，其主要内容是以邻近的十户或三四户为单位编成一个"邻保"组织，选择其中的恒产可信者为正长，命其掌握邻保内的人口、出入，发生灾难时相互救助，流离发生时报告官府。"其境内人户，不拣多少，只以居最近者为数，或十户或三四户为一邻保，择其中有恒产可信者，定为正长，录其邻保内人口掌之，使其朝夕出入，水火相救，则保内之事，自然相知。如有异状，正长即告于官，使不流移；守令常加考察，审无遗漏，然后据其平日邻保记内人口多少，书其姓

1　《朝鲜太宗实录》卷一一，太宗六年三月甲寅，第 1 册，第 352 页。

名年岁，辨其良贱，则差发均军民分，民不惊骇，事可得成。如有新来物故生产者，正长须即告官，各注名下，以为常事。"[1]正长要熟知邻保内每年户口的增减、良贱的区分以及军民的壮弱、单双、出生死亡等信息，以防止人口的流移和容隐，平均赋役。[2]太宗朝虽下令"举行邻保之法"，[3]但各地方并未"用心举行"，以致"良贱相混，流亡不绝"与"户口日减"。[4]至世宗元年（1419），再令"申明邻保之法"。

太宗十二年（1412）六月议政府上书条陈楮货兴行之法，提到"京中五部，以五家为比，定为掌管。不用楮货，而以米布贸易，则即拿付官，以为恒式。若有容隐，则非特掌管，并罪比邻"。[5]世宗七年（1425）二月户曹的启本中也提到："京中五部以五家为比，诸色工匠之家及杂物买卖者，不用楮货铜钱，潜以米布，私相贸易，随即捕告，其匿不现告，比邻人并坐。"[6]综上可知，朝鲜初期地方实行的是以十户或三四户为一"邻保"、京中则实行五家为一"比"的邻保法。

世宗十年（1428），汉城府建议实施"比里制"。关于"比"的结构，汉城府的启本中有详细说明："乞依周、唐之制，五部各坊五家为比，置长一人；百家为里，置正一人。城底各面三十家为里，置劝农一人，每一里皆立标，以辨夫家之众寡、贵贱老幼。凡征役之施舍、祭祀婚姻丧纪农桑之劝惩，每当施令，家至户谕，

1　《朝鲜太宗实录》卷一三，太宗七年一月甲戌，第1册，第383页。
2　《朝鲜太宗实录》卷一四，太宗七年十一月壬子，第1册，第421页。
3　《朝鲜太宗实录》卷一五，太宗八年一月辛亥，第1册，第428页。
4　《朝鲜太宗实录》卷一六，太宗八年十一月丁卯，第1册，第465页；《朝鲜太宗实录》卷二三，太宗十二年二月戊午，第1册，第623页。
5　《朝鲜太宗实录》卷二三，太宗十二年六月戊辰，第1册，第640页。
6　《朝鲜世宗实录》卷二七，世宗七年二月戊申，第2册，第652页。

以时奉行，使奔亡者无所匿，迁徙者无所容，相保相守，以成礼俗。"[1] 即，京城五部各坊每五家为比，置长一人；每百家为里，置正一人。城底各面三十家为里，置劝农一人。相保相守，以成礼俗。

　　一些人还主张应在统组织中融入军事训练的内容。世宗二十二年（1440），全罗道都体察使郑渊陈备边之策，"请令各道各官沿海居民每十人为一统，十家为一队"，使民在"耕耘往来之际，手不释兵，以为常事"。[2] 世宗三十二年（1450），集贤殿副校理梁诚之上备边十策。关于"选士卒"之策，梁诚之提出更定什伍之制、户口之法的建议，以"五家为小统，十家为一统"，征发良民为兵，并实行五家连带责任。[3]

　　以鲜初以来的上述讨论为内容基础，成宗十六年（1485）颁布的《经国大典》最终确立了"五家统制"，并将其写入了《户典》"户籍"条："每三年改户籍，藏于本曹、汉城府、本道、本邑。京外以五户为一统，有统主。外则每五统有里正，每一面有劝农官（地广户多则量加）；京则每一坊有管领。"[4] "五户为一统"进而成为户籍制度中人户登记的基本原则。《经国大典》所确立的五家统制规定京中和地方均以五户为一统，各统设统主。地方每五统为一里，设里正，各面设劝农官；京中则各坊设管领。五家统制将 25 户编成一个"里"，"统"作为邻保组织置于里之下。

　　朝鲜建立以后，出现了将一定户数编成基层组织的诸多方案，包括"十户置里长"的"乡舍里长之法"，"十户或三四户为一邻保"

1　《朝鲜世宗实录》卷四〇，世宗十年闰四月己丑，第 3 册，第 128 页。

2　《朝鲜世宗实录》卷九一，世宗二十二年十一月乙丑，第 4 册，第 325 页。

3　《朝鲜世宗实录》卷一二七，世宗三十二年一月辛卯，第 5 册，第 156 页。

4　崔恒等：《经国大典》卷二《户典·户籍》。

的"邻保正长之法","五家为比"的"比里制","五家为小统,十家为一统"等,并最终创立"五户为一统"的五家统制。诸多方案,体现出几个共同特征:第一,以户划分,由一定的户数组成一个基本单位;第二,不论身分地位高低、家口财产多寡或血缘等村落内部的秩序,按照家座次序将邻近的五家或数家编成一个邻保组织;第三,以户数为单位的基层组织具有户籍管理、禁止流民、救恤和邻保自治等诸多功能,在具体运作时强调组织内及上下级之间的连坐责任。

由朝鲜王朝实录记载可以看到,"比""统"等基层组织方案在京城得到了一定的实施。端宗朝至中宗朝,五家统在一些地方甚至边镇也有施行,内容涉及防盗贼、禁流移民、赈恤、正风俗等方面。中宗朝至宣祖朝,鲜有五家统的相关记载,其执行情况难以确认,直至光海君时期才有五家统相关记载。不过五家统仍是国家对民统治的官治组织,它与乡约、洞契等自治组织同为重要的基层组织。[1]

朝鲜前中期,地方行政制度面里制尚未全面落实,基于户数的五家统的运作也面临不少困难。成宗二十一年（1490）的御经筵,特进官尹孝孙就指出地方户籍法紊乱、五家作统不行的现况:"今外邑户籍不如法,散乱无统,关系风俗事,无由检举,因此不孝不睦者多有之,诚非细故。请依《大典》,申明统主、里正、劝农官之法,统内如有罪犯纲常者,统主告里正,里正告劝农官,转告守令,以治其罪,则风俗正矣。"对此,知事李崇元称五家作统法在地方难行是因为受到地理条件等的制约,"京中人家栉比,可行此法,外方则山川相隔,人家辽绝,五家作统似难矣"。尹孝孙

1　吴永教:《朝鲜后期五家作统制的构造与展开》,《东方学志》第73辑,1991。

于是提议，在人烟稀少之地，可以做适当变通，"以三四家为一统可矣"。[1]

第二节　邻保制：17 世纪的五家统之制及其原型

16 世纪末壬辰倭乱爆发，加之随后的丙子之役，朝鲜迫切需要恢复农业生产，扩充财政来源。掌握版图内的户口、军丁和土地，实现平赋均役，恢复和安定乡村社会成为治国之急务。17 世纪以后，朝鲜庙堂展开了关于富国强兵和强化乡村治理的一系列讨论，包括厘正田案和户籍，通过确定人丁、向士族征收军布等措施实现均役。朝鲜前中期曾反复设废的号牌制，至仁祖朝出现与五家作统制逐渐融为一体的趋势。在孝宗、显宗朝，五家统和号牌、乡约等被再次提上议程。围绕五家统、号牌、乡约的施行与否，朝中异见纷纷。[2]

17 世纪以来朝野上下关于乡村治理政策的种种论议，在肃宗朝初期"南人"势力的主导下，[3]最终转化为现实方案。肃宗元年

1　《朝鲜成宗实录》卷二四五，成宗二十一年闰九月甲申，第 11 册，第 647 页。

2　吴永教：《朝鲜后期五家作统制的构造与展开》，《东方学志》第 73 辑，1991；权乃铉：《肃宗代地方统治论的展开和政策运营》，《历史与现实》第 25 辑，1997。

3　以 1674 年甲寅礼讼为契机，肃宗元年许积、许穆、尹鑴等为首的"南人"势力联合金锡胄等为首的"西人汉党"，战胜了宋时烈、金寿恒等为首的"西人山党"，"南人"势力掌握政权。关于朝鲜中期朋党政治的展开和政局变动，参见国史编纂委员会编《新编韩国史》第 30 卷《朝鲜中期的政治与经济》，国史编纂委员会，1998，第 113~120 页。

（1675）颁布《五家统事目》，[1] 肃宗三年（1677）又颁布《宽恤事目》对其进行补充。[2] 虽然五家统在《经国大典》中已经明文化，但直至 17 世纪后期《五家统事目》的颁布，才最终整理成具体的实施方案。

在五家统的实施过程中，朝鲜儒者不断强调五家统继承了古法的理念。17 世纪朝鲜儒者在展开五家统制的论议时，不断强调其政治理念是效仿《周官》比闾、管仲内政（什伍制）等古法；同时强调五家统制乃祖宗朝旧法。孝宗九年（1658），吏曹判书宋时烈称"五家之制"是"三代遗法"。[3] 孝宗十年（1659），掌令金益廉上疏称"五家统之法"为"周家美制，载在《礼典》，管仲亦以是强齐"。[4] 显宗元年（1660），副护军李惟泰上疏两万余言，其中"正风俗"条提到了五家统，"所谓五家统者，出于《周礼》，而载于我国《大典》者也"。[5] 李景奭（1595~1671）在《论五家统号牌乡约三件事札》中也明确指出，"五家统，非宋世之新法也，乃是三代之遗制，先王之良法。圣祖行之，《大典》载之，特以大难之后，不复修明矣"。[6] 与五家统相比，同作为地方统治政策的号牌法，却备受争议。持反对意见的论者常常强调其未被载入《经国大典》，并视其为"新法"。关于朝鲜王朝的号牌法，本书最后一章会展开论述。

尹鑴（1617~1680）是制定《五家统事目》的主要人物，[7] 曾在肃

1　《朝鲜肃宗实录》卷四，肃宗元年九月丁亥，第 38 册，第 303 页。

2　《朝鲜肃宗实录》卷六，肃宗三年十一月甲午，第 38 册，第 373 页。

3　《朝鲜孝宗实录》卷二〇，孝宗九年十一月丙午，第 36 册，第 158 页。

4　《朝鲜孝宗实录》卷二一，孝宗十年闰三月戊寅，第 36 册，第 186 页。

5　《朝鲜显宗改修实录》卷四，显宗元年五月癸亥，第 37 册，第 169 页。

6　李景奭：《白轩集》卷二四《疏札·论五家统号牌乡约三件事札》，韩国民族文化推进会编《影印标点韩国文集丛刊》第 96 册，景仁文化社，1992，第 127 页。

7　关于 17 世纪地方制度改革论的展开以及尹鑴的五家统、纸牌制论，参见吴永教《朝鲜后期五家作统制的构造与展开》，《东方学志》第 73 辑，1991。

宗元年上疏言及"五家统之制，略如管氏内政"，[1] 后再次指出："今年乃式年户籍之年。五家统乃祖宗朝旧法，而只令作统无纲纪。今以五家统为本，而且以《周官》比闾、管仲内政作为条目，行之何如？"他认为《经国大典》所载的五家统"只令作统无纲纪"，《五家统事目》则"以《周官》比闾、管仲内政作为条目"。[2] 肃宗元年九月《五家统事目》正式颁布，在条目内容最后提及该事目所参照的对象："初，尹鑴仿管子，作为五家统之制。"[3]

《周官》的"比闾什伍"作为五家统的核心理论依据，在朝鲜前期关于邻保组织的诸方案中就已提出。最早的记载见于世宗十年（1428）"比里制"对京城"五家为比""百家为里"的描述，并称该制度依照的是"周、唐之制"，"乞依周、唐之制，五部各坊五家为比，置长一人；百家为里，置正一人"。[4] 世宗二十年（1438），司宪府大司宪安崇善等在条陈时事时提到："古者五家为比，五比为闾，使之相救相保，以成雍熙之俗。今管领正长，即古者比闾党族之遗意也。"[5] 梁诚之在备边十策中则将"五家为小统，十家为一统"视为对什伍之制、户口之法的更定。

世宗十年引文中提到的"周、唐之制"指的是《周礼》的"比闾什伍"和唐代的基层组织制度"邻保制"。比闾制载于《周礼》。《周礼》称西周之国都地区为"国"，国都以外为"野"。国中设六乡，所谓"六乡"，是指"五家为比，使之相保。五比为闾，使之相受。四闾为族，使之相葬。五族为党，使之相救。五党为州，使

1　《朝鲜肃宗实录》卷二，肃宗元年一月壬午，第38册，第239页。

2　《朝鲜肃宗实录》卷三，肃宗元年五月丁卯，第38册，第272页。

3　《朝鲜肃宗实录》卷四，肃宗元年九月丁亥，第38册，第303页。

4　《朝鲜世宗实录》卷四〇，世宗十年四月己丑，第3册，第128页。

5　《朝鲜世宗实录》卷八〇，世宗二十年三月戊戌，第4册，第135页。

之相觌。五州为乡，使之相宾"；野中设六遂，所谓"六遂"，是指"五家为邻，五邻为里，四里为酂，五酂为鄙，五鄙为县，五县为遂"。什伍制亦载于《周礼》，"'五家为比，十家为联，五人为伍，十人为联'者，即士师所掌乡合州党族闾比之联，与其民人之什伍之法也"。唐邻保制采用了北朝"邻"的组织和南朝"伍"的组织，[1] 其渊源亦可追溯至比闾、什伍制。邻保制以五家为一保，在五家内选出一人为保长，其他四家为一邻。邻保之上设有里，每百户为一里，设里正。里之上为乡，五里为一乡。

　　朝鲜儒者将五家统的渊源追溯至"周、唐之制"，尤其是强调其政治理念源于《周官》的比闾、管仲内政（什伍制）等古法。五家统的具体内容呈现出怎样的特征呢？以下就以肃宗元年颁布的《五家统事目》为中心，探讨 17 世纪五家统制的内容设计。

第三节　《五家统事目》的内容设计与乡村治理

　　肃宗元年颁布的《五家统事目》共计 21 条。[2] 该事目由尹鑴制

1　松本善海：《中国村落制度の史的研究》，岩波書店，1977，转引自张哲郎《乡遂遗规——村社的结构》，杜正胜等编《吾土与吾民：中国文化新论（社会篇）》，台北，联经出版事业公司，1982，第 198 页。

2　因二十一条事目文字较多，本书不再详录，可参见《朝鲜肃宗实录》卷四，肃宗元年九月丁亥。除了《五家统事目》外，另有肃宗三年的《宽恤事目》、英祖五年的《五家统法申明旧制节目》等亦涉及五家作统制。

定，后又由许积、金锡胄等增补删减而成，从事目的具体条目可知朝鲜后期儒者对五家统的设计框架。

《五家统事目》首先叙述了作统的基本原则及统—里—面的构成关系等。作统的基本原则是"凡民户随其邻聚"，不论家口多寡和财力贫富，五家（户）作一统。五家聚居作邻，相助相守、相闻相应，不许有独户离居。如有不满五户的余户，不必越他面，仍在面内自成一统。统—里—面的层级构成亦有其法，每五家为一统，每一里由若干统组成，5~10统（21~50户）为小里，11~20统（51~100户）为中里，21~30统（101~150户）为大里。面也分大小，大面所统里多，小面所统里少。这里对于统首、里正、面尹的择定也有言及，统内设一人为统首，里中设里正和有司，面则设都尹、副尹各一人。里正和面尹由"有地位闻望于一乡者"担任。三者关系是面尹统里正，里正统统首，各任三年而易之。[1]

肃宗元年试图以纸牌法代替号牌法，纸牌法的相关内容被编入五家统。《五家统事目》对五家统与纸牌法的关系也做了重点阐述，具体涉及统牌、纸牌以及户籍文书对统的记载规定等，强调五家统在户口管理方面的作用。统牌是每统将一统民户列为一牌，或书诸一纸。书写时，按照家户次第书写，贱民则降一行。牌式为"某邑某面，第几里第几统，统首某，某户某役"。某户某役之下，注明"率男子几丁，某差，某职役，某业，某技艺，某无役，某年幼，某借入"。每季朔，各统查统牌，登录生产、物故有无，具呈于里任，里任再上报守令。对统内里内来历不明、形迹可疑、不可容隐者，随时报知。姓名不载统牌者，属于"不在民数之人"，讼

1　《朝鲜肃宗实录》卷四，肃宗元年九月丁亥，第38册，第303页。

不得理，死无杀罪。纸牌是统内年满16岁的男丁必有的身上户口，出入须随身携带。良人以上书"某道某县邑，某面某里，某役某姓名，年岁几许"，公私贱则书"官主"。不佩纸牌者，"不得入官门、就讼庭"。在登记户籍户口时，也必须注明各户所在里及统户信息，"某里某统第几家"。这里还提到了如何利用五家统强化对流民的管理。如各业匠人迁徙不定，又携家带口，所以要"随众作统"。这类人以居住地的统作为其主统，统牌上端列书其"某方移来，居住几年，男女几口"。[1]

《五家统事目》末尾处梳理了五家统的诸功能，同时兼顾了统的上级单位"面里"的功能及相互关系。首先，统里具有相互扶助、教化乡里的功能。具体表现为婚丧相助、患难相恤、善相劝勉、恶相告诫、息讼罢争、讲信修睦等。其次，统具有维持治安、控制避役流移者的功能。统内发生伤风败俗、奸伪、偷盗等事，要进行申告。如漏报欺隐，实行连坐责任制。立统法后，民移去他邑者，须具呈，"因何事指何方"，"自统报里，自里报官"，获得允许，方可移去；新移地方要见到"官许移文书"后才可容接。再次，统里具有劝农、督励赋税、徭役动员等功能。里中的河川疏浚、堤防、道路、桥梁修缮建设，同里或同面的人要进行协作。同时，鼓励同里百姓在农耕劳作上相互协助。最后，统里协助面实施社仓制度。各统里各出力，聚财谷于一面之中。另外，强调对避役流移者的控制：移去他邑者，须具呈，从统开始逐级申报。自统报里，自里报官，获得允许，方可移去；新移地方要见到"官许移文书"后才可容接。[2]

1　《朝鲜肃宗实录》卷四，肃宗元年九月丁亥，第38册，第303页。
2　《朝鲜肃宗实录》卷四，肃宗元年九月丁亥，第38册，第303页。

从《五家统事目》所包含的 21 条具体条目内容可知，肃宗元年尹鑴等朝鲜儒者所设计的五家统不仅包含了基层组织"统"的相关内容，还涉及面里制、纸牌（号牌）法，并体现了乡约和社仓赈恤之精神，可以说是对 17 世纪以来所讨论的乡村统治政策之综合。

关于统组织的结构，《五家统事目》规定相邻的五户编成一统，统置于里之下，里之上有面。具体而言，五家统是相邻的五户编成一统，统置于里之下，里之上有面，最后编入面里—郡县体系。统组织的结构特征可以概括为以下几点：第一，统的编制与身分、血缘和家口、财产多寡等无关，而是一律按照家座顺序，统内各户相保相守；第二，五家作统是户籍的人户登记基本原则，统是基于户数的划分体系；第三，国家通过面（面尹）—里（里正）—统（统首），实现对基层社会的统治。

关于统组织的功能，《五家统事目》规定统作为里的下部组织，统与里结合在一起，具有劝农、督励赋税、徭役动员、赈济救恤、乡风教化等职责，并协助面实施社仓制。若仅就统组织本身的功能来看，主要有以下几点。第一，户口、人丁管理是统的基本功能。五户编为一统，每统将一统民户列为一牌，或书诸一纸。户籍文书须注明各户所在里及统户信息。第二，统具有控制人丁流动的功能。强化了对避役流移者、流民的管理。第三，统具有相互监督、治安维持的功能，实行连坐责任制。

五家统作为基层组织在朝鲜前期就已经初具雏形。肃宗年间的五家统不仅吸收了周、唐基层组织制度，又在继承朝鲜前期基层组织结构的基础上，融入了户籍、号牌、面里制、乡约等要素，其设计内容主要具有以下几个基本特征。

第一，继承了朝鲜前期基层组织的一些基本特征。朝鲜前期邻保组织的户数、称呼各有不同，但均由居住相近的若干户数构成，其功能则主要体现在户口管理、控制人丁流动、邻里间互相监督检举、维持治安等。随着《经国大典》的颁布，"统"成为法定的基层组织最小单位，五户为一统，其长称为"统主"。统的上部组织里由五统，即25户的定数划分。17世纪关于"五家统"的内容设计保留了统户编制的基本原则，"凡民户随其邻聚，不论家口多寡、财力贫富，每五家为一统"。[1]相邻的五户编成一统，择统内一人为统首，掌统内之事。"五家聚居作邻，使之耕耘相助、出入相守、疾病相救。"[2]统依然是置于里下的邻保组织，具备户口管理、控制人丁流动、邻里间互相监督检举、维持治安等职能。

　　第二，与户籍、号牌制度紧密结合，强调统这一基层组织在管理户口、人丁方面的基本职能。朝鲜时代的户籍是征兵调役的基本帐籍。五家作统作为户籍登记的基本原则，其根本目的在于将全体职役承担者以户为单位编入统组织，负担军役、贡纳、徭役等。五家统是对户口的编制原则，号牌则以个别男丁为控制对象，亦有抽丁籍兵的功能，两者相辅相成，旨在防止避役、流移者的产生，确保良役，有效地征兵调役。五家统对百姓的流移、避役做了严格规定，民若要移去其他邑，"必须具呈，因何事指何方，自统报里，自里报官，许其移去，而后始去；新移地方，亦见其旧居官许移文书，然后始为容接"。[3]

　　第三，强调统与上部组织面里的结合，融入了乡村治理的相关内容。17世纪，以地域进行划分的面里制逐渐得以确立。《五家

1　《朝鲜肃宗实录》卷四，肃宗元年九月丁亥，第38册，第303页。

2　《朝鲜肃宗实录》卷四，肃宗元年九月丁亥，第38册，第303页。

3　《朝鲜肃宗实录》卷四，肃宗元年九月丁亥，第38册，第303页。

统事目》关于面里的划分体现了上述变化，里的规模设置不再局限于特定的户数，而是根据户数分成了大、中、小三个等级，面亦根据户之多寡残盛称之大小。《五家统事目》对面（面尹）—里（里正）—统（统首）的隶属关系做了规定，里正和面尹由"有地位闻望于一乡者"担任，[1] 体现了将地方士族纳入官治的基层组织进行乡村治理的意图。五家统的设计中融入了乡约、社仓中的救恤功能，强调统应协助里承担劝农、督励赋税、徭役动员、赈济救恤、乡风教化等职责，统里协助面实施社仓制，其目的在于保障农业再生产，安定乡村社会。

尽管《五家统事目》对五家统的内容设计十分全面，但五家统在不同时期、不同地方的执行情况不尽相同。五家统在 17~18 世纪的实际运作中，其职能主要体现在户口、人丁管理，一些地方在"还谷"分配、[2] 赋税征收、军役与徭役征发、劝农、乡风教化等方面也积极运用五家统。[3] 五家统制自肃宗朝重新确立后，一直延续到朝鲜末期，英祖时期颁布的《续大典》和高宗时期颁布的《大典会通》等行政法典仍然将五家统制作为基层治理制度收录其中。19 世纪，五家统制仍然作为应对社会变动的乡村治理政策被积极运用。[4]

1　《朝鲜肃宗实录》卷四，肃宗元年九月丁亥，第 38 册，第 303 页。

2　朝鲜时期国家在春困期借贷，秋收以后回收缴纳谷物叫"还谷"，相关制度则称"还政"。"还政"又被称作还上、公债、粜籴。

3　吴永教：《朝鲜后期五家作统制的构造与展开》，《东方学志》第 73 辑，1991。

4　吴永教：《19 世纪的社会变动和五家作统制的展开过程》，《学林》第 12、13 辑，1991。

第四节　家座次序抑或身分高低？户籍编制中
五家作统原则的推行与困境

　　五家统作为官治基层组织在一些地方得以落实，与 17 世纪朝鲜开始实行新的户籍编制原则有密切联系。早在《经国大典》"户籍" 条中，就确立了五户为一统、各统设统首的编制原则。到了 18 世纪的《续大典》"户籍" 条又新增了 "士大夫、庶民，一从家坐次序作统" 的规定，明确提出按照家座次序作统之原则。[1] 从现存的户籍文书记载样式看，在 1675 年《五家统事目》颁布以后，户籍登记导入了五户为一统、各统设统首的五家作统制。

　　以庆尚道丹城县的户籍为例，17 世纪初（1606 年）丹城作为山阴县的属县，其户籍收录于《宣武三十九年丙午山阴帐籍》中。当时丹城任县（属县）由元堂里、元县里、北洞里、都生里、新登里、法勿也里等构成。从元县里户籍首页可以清晰地看到，里的户口记录呈现户与户连书的格式，每一户以 "户" 字开头（见图 5-1）。

　　1606 年以后，丹城脱离山阴县成为丹城县。作为独立的丹城县，其现存最早的户籍册为 1678 年《庆尚道丹城县戊午式年户籍大帐》，此时元县里已升格改名为县内面，各户有了独立的统户编号；每户另起一行，单独列书（见图 4-8）。县内面辖括了邑内、

1　金在鲁等：《续大典》卷二《户典·户籍》。

麻屹、校洞、江楼、水山、於里川六个里，各个里按照里序，里内则按照统的顺序，依次登记统内各户的具体内容，形成了面—里—统—户的登记体系。

1675 年以后统登载形式的变化，在单件的户口文书上也得到了体现。《古文书集成》第 5 辑"义城金氏川上各派篇"中收录了安东川前的义城金氏家私藏的 211 份户口文书，时间跨度为 1669~1911 年。[1] 1675 年以前遗存的 4 件户口文书均未导入统户番号。例如，1669 年金世键准户口上载"考己酉成籍户口帐内临河县内川前里住户幼学金世键"（见图 6-1）。又，1670 年金煋准户口上载"考己酉成籍户口帐内府西后金溪里住户幼学金煋"。1675 年以后现存最早的户籍文书 1683 年金信基准户口、1684 年金恒重准户口、1702 年金世键妻卢氏准户口中均出现了第几统第几户的记载。如 1702 年金世键妻卢氏准户口载"考壬午成籍户口帐内临河县内第三川前里住第八统统首私奴千金统内第三户故从仕郎金世键妻卢氏"（见图 6-2）。

虽然现存户籍上能看到五家作统的原则，但实际编排并没有按照家座次序。全炅穆分析 19 世纪末南原屯德坊的户籍中草后发现，当地的作统是无顺序的，不按照家座位置编排。[2] 郑震英通过分析丹城户籍，也发现了类似现象。[3]

《五家统事目》颁布后现存最早的丹城县户籍大帐年份依次为 1678 年、1717 年、1720 年、1729 年、1732 年。表 6-1 以这五个式年的县内面户籍大帐为分析对象，对面内所辖各里的统数规模做了分析。

1　《古文书集成》第 5 辑（义城金氏川上各派篇），韩国精神文化研究院，1989。

2　全炅穆：《19 世纪末作成的南原屯德坊户籍中草及其性质》，《古文书研究》第 3 辑，1992。

3　郑震英：《朝鲜后期国家的村落支配政策的趋势与局限》，《峤南史学》第 6 辑，1994。

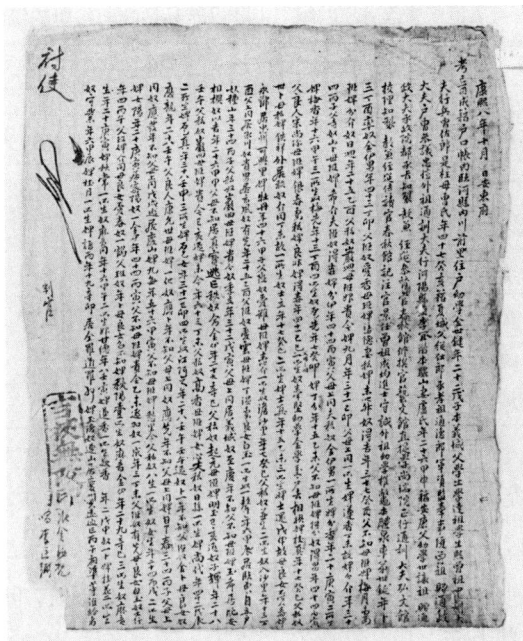

图 6-1　1669 年金世键准户口

资料来源：韩国学资料中心，https://kostma.aks.ac.kr/。

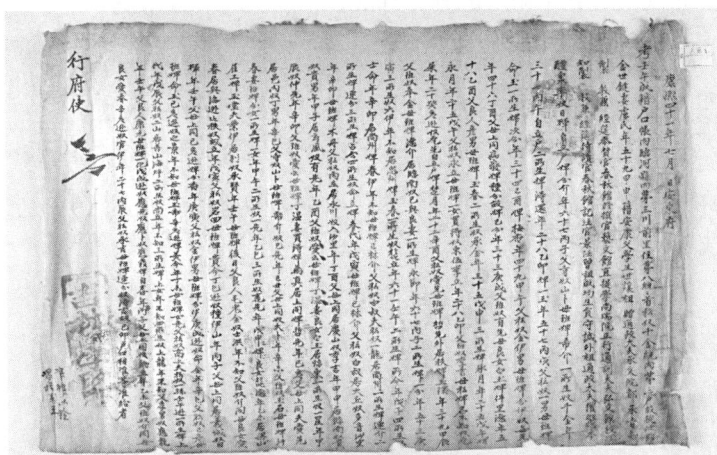

图 6-2　1702 年金世键妻卢氏准户口

资料来源：韩国学资料中心，https://kostma.aks.ac.kr/。

表 6-1　17 世纪末至 18 世纪上半叶丹城县县内面各里的统数分布

年份	1678 年	1717 年	1720 年	1729 年	1732 年
统数 （户数）	59 （317）	77 （395）	75 （393）	88 （465）	90 （447）
里数（合计）	6	16	16	16	14
1~5 统	1	9	9	8	6
5~10 统	3	6	6	6	6
11~20 统	1	1	1	1	2
21~30 统	1	0	0	0	0
统数 / 里数	9.8	4.8	4.7	5.5	6.4

　　《五家统事目》关于五家统的设计中，里按照统数多寡分为 3 个等级，"自五统以上至十统者为小里，自十一统以上至二十统者为中里，自二十一统以上至三十统者为大里"。[1] 但从 17 世纪末至 18 世纪前半期县内面各里的统数分布来看，多数里的规模为 1~10 统。表 6-1 显示，只有 1678 年的一个里达到大里的划分标准，另有少数里的规模达到了中里的划分标准，不少里的统数未满 5 统。整体而言，各式年每里平均统数在 4~6 统。《五家统事目》还提到了余户的作统规定，"每五家作统，而如或有余户未准五数，不必越合他面，只以余户添统"。[2] 丹城县县内面户籍上所反映的作统情况，除了各里的最后一统，每统均为 5 户。各里的最后一统会出现未满 5 户或 6 户以上的情况。

　　统首由何人担当，具有怎样的条件呢？《五家统事目》对统首由统内何人担当、任期多久并未提及。与之相比，对里正和面尹的人员择定、任期则做了明确规定。里正和面尹由"有地位闻望于

1　《朝鲜肃宗实录》卷四，肃宗元年九月丁亥，第 38 册，第 303 页。

2　《朝鲜肃宗实录》卷四，肃宗元年九月丁亥，第 38 册，第 303 页。

一乡者"担任,"如有谋避者,论以徒配之律"。面里任的任期为三年,"各任三年而易之"。[1]关于统首的择定,《五家统事目》只提到"择统内一人为统首,以掌统内之事",且"面尹统里正,里正统统首"。[2]

在17世纪末至18世纪前半期县内面的户籍大帐上,不管统内是否存在两班士族上层,统首通常由官属良人、各种良役、公私奴等中下层担任。两班士族对于出任统首一职表现出回避的态度,甚至出现了两班士族的户内奴婢代替出任统首的事例。1720年县内面第十二里水山村第一统统首为"奴善癸",就是由该统第一户佥知李胤福户内之奴代替主人担任(见图6-3)。1717年第六里校洞村的第三统统首为"奴三龙",亦为该统第一户户主幼学韩希益户内奴三龙代替主人出任。同年第十里江楼村第六统统首为"奴礼卜",也是由该统第一户户主幼学梁安执户内奴礼卜代替主人出任。

针对上层士族不愿编入统中,并将统内诸事推给统内中下层的情况,肃宗十五年(1689)颁布的《购捕节目》中再次申明,"故朝士及出身称号者,则多不入于作统之中,每事当推于统中残氓乙仍于,凡干命令不得着实举行,事极寒心,今后则毋论朝士及出身称号者与常汉,择其中勤干解事者,定为统首,使之纠检统内"。[3]事实上,这一规定并没有得到很好的执行。英祖五年(1729)颁布的《五家统法申明旧制节目》中又一次提及两班避统首、由奴代行其

---

1 《朝鲜肃宗实录》卷四,肃宗元年九月丁亥,第38册,第303页。

2 《朝鲜肃宗实录》卷四,肃宗元年九月丁亥,第38册,第303页。

3 《备边司誊录》,肃宗十五年十二月十八日,韩国国史编纂委员会,1959~1960年影印本(《备边司誊录》原文可通过韩国国史编纂委员会韩国史DB检索,网址为http://db.history.go.kr/item/level.do?itemId=bb)。

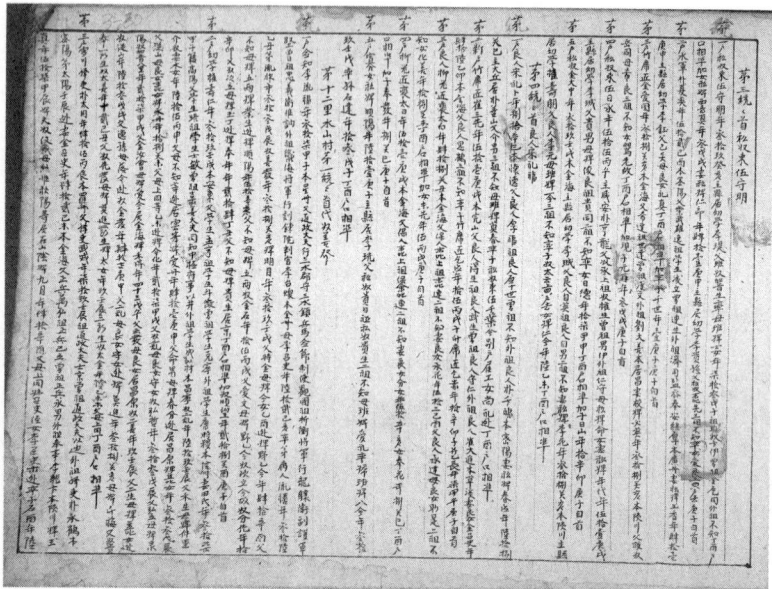

图 6-3　1720 年县内面第十二里水山村第一统统首所在页
资料来源：《庆尚道丹城县户籍大帐数据库 CD》，成均馆大学东亚学术院。

役的弊端："两班家统首当次，则勿为移定，以其奴代行其役，自是籍法，而近来，不但两班豪悍，闲散辈亦必厌避统首，故率多远定于隔冈越川之家，统法之散乱，职由于此，一从作家次第为之。"[1] 该节目强调统首应按照家户次第，每三年轮回差定，"每里下有司，极择差定，统首，一从家户次第，一年式轮回为白齐"。[2] 依据 17~18世纪丹城县的户籍大帐，户籍上登记的统首多由统内第一户的户主担任，而且同一统首常常连续担任几个式年。[3]

1　《备边司誊录》，英祖五年七月五日。

2　《备边司誊录》，英祖五年七月五日。

3　不过也有例外，如 1678 年县内面第一里邑内第七统的第一户故，妻登载在户主的位置上。这一统的统首由第二户的户主驿吏郑爱上担任。

　　五家统作为官治基层组织，其最初设想是建立一个邻近各户之间相互连带的邻保组织，各统设立一统首来统率统内各户。而17~18世纪的朝鲜社会依然存在严格的良贱身分制度，良民内部也有两班士族、常民等不同等级。五家统一律按照家座次序对人户进行编排，这样的户籍编制原则与朝鲜社会的身分结构发生了一些矛盾。现存户籍文书上所见的统首大部分由两班所率的奴婢或中下层民众所担任，在发挥各统的统率作用方面存在一定的局限。

　　《五家统事目》中关于纸牌法的设计也遇到了身分等类似的问题。纸牌的第一行须书写统首，统首通常为常民。置于常民统首下的书写格式被两班视为有失体统，且即便身分不同，所持的纸牌在材质和登载事项上也并无严格区分，在辨认身分方面不如号牌显著，故纸牌法的施行遭到诸多不满。肃宗三年重新施行号牌法之际，领议政许积上言："纸牌有拘碍之事，士夫入于常汉统下，事甚不便。纸牌第一行，书某坊、某统首，某即常汉也。而其下书第几户，某宰相、卿士，皆书其名，汉城府官着押以给，士夫见之者，无不为骇，事亦关系体统。臣意上自公卿有职人，下至生进，佩号牌以代纸牌可矣。"[1] 肃宗十一年以后逐渐复行号牌法。[2]

　　17世纪后期以降，朝鲜版图内的户口以"面—里—统"的登记方式编入官修户籍。基层组织的"统"与"面里"相结合，成为王朝国家维持基层社会秩序、进行乡村治理的重要官治组织。

1　《朝鲜肃宗实录》卷六，肃宗三年三月丁丑，第38册，第351页。
2　《备边司誊录》，肃宗十一年一月九日，肃宗十一年九月一日。

小　结

　　五家统作为朝鲜时代官治基层组织，在朝鲜前期颁布的《经国大典》上就已明文化，但直至 17 世纪后期《五家统事目》的颁布，才最终整理成具体的实施方案并付诸实施。17 世纪的五家统组织方案是朝野上下关于乡村治理政策的种种论议下提出的综合性基层制度，其设计将当时朝鲜社会面临的户籍、良役问题和地方社会统治组织问题有机地结合在一起。朝鲜儒者将五家统的渊源追溯至"周、唐之制"，尤其是强调其政治理念源于《周官》的比闾、管仲内政（什伍制）等古法。从某种意义上，17 世纪的五家统是针对当时富国强兵、强化乡村治理诉求，以《周礼》"比闾什伍"的古法作为理论依据的基层组织制度改革的产物。

　　五家统作为朝鲜时代官治基层组织，亦运用于户籍管理中。大体上在肃宗朝以后，官私户籍文书的人户编制均采用五家作统制。五家作统的户籍编制原则一直延续至 19 世纪末。在大韩帝国时期（1897~1910）的光武户籍和日本殖民地时期的民籍上，户籍编制的最小单位仍使用"统"，但改以十户为一统。厘清朝鲜基层组织五家统的演进与结构，以及这一结构所具有的特性，不仅有助于理解东亚社会基层社会组织的长期变迁，同时也是理解各国户籍管理机制变迁的关键所在。

第七章　户籍大帐的职役登记

朝鲜王朝的户籍大帐是在全国范围内通过持久定期的户籍编造而形成的成体系的户口记录。每三年一改户籍编造制度，一直持续到 19 世纪末。各户根据相关规定将应登记事项逐一记载，并呈交给所属官府。各地以此为依据攒造草册，草册重新誊书汇编成以郡县为单位的正册，即"户籍大帐"。

户籍大帐上与个人相关的诸多登载事项中，研究者讨论最多的是每个人姓名前所记载的官职、身役、贱民身分等各类称呼，学界通常统称为"职役"。[1] 该事项是对户籍大帐上的个人进行定位的要素之一。职役种类繁多，不同式年的职役呈现出多样的变化。户籍大帐上丰富的职役登记和户籍大帐资料的大量遗存，从侧面促使朝

1　除了户籍大帐，单件户口文书，如户口单子或准户口上个人姓名前也有职役记载。

鲜时代身分和身分制研究积累了丰富的成果。[1] 那么，户籍大帐上登载的职役究竟是什么含义，与身分又存在何种关系，本章将围绕这一问题进行论述。职役可以说是户籍研究绕不开的话题，也是理解朝鲜王朝国家与社会结构的重要内容，希望未来有机会专门对此展开讨论。

第一节　职役是身分吗？"朝鲜后期身分变动论"

　　户籍大帐作为考察朝鲜王朝后期社会变动，尤其是身分构造变动的重要资料，很早就受到了学界的关注。[2] 对于朝鲜后期户籍大帐的最初研究始于 20 世纪 30 年代四方博关于大邱府户籍大帐的分析。四方博利用大邱府户籍大帐上出现的职役，以 50 年为单位选定1690~1858 年的特定式年户籍，对各类身分的长期变动趋势做了跟踪分析。[3] 他将各种职役分成 14 小类，然后归为两班、常人、奴婢三类，分析指出两班户的逐渐增加和奴婢户的消失、平民户在 19 世

1　金仁杰：《朝鲜后期身分史研究现况》，近代史研究会编《韩国中世社会解体期的诸问题（下）：朝鲜后期史研究的现况和课题》，韩尔学术出版社，1987，第 331~376 页。

2　关于户籍大帐与朝鲜王朝后期的身分结构变动，以下论文都不同程度地进行了讨论。郑杜熙：《朝鲜后期户籍研究的现况和课题》，《韩国史研究》第 101 辑，1998；卢永九：《朝鲜后期户籍大帐研究现况和电算化一例》，《大东文化研究》第 39 辑，2001；孙炳圭：《朝鲜后期国家身分的规定及其适用》，《历史与现实》第 48 辑，2003；沈载祐：《朝鲜后期社会变动和户籍大帐研究的课题》，《历史与现实》第 62 辑，2006；权乃铉：《朝鲜后期户籍的理解：论争和课题》，《韩国史研究》第 165 辑，2014。

3　四方博：《李朝人口に關する身分階級別の勸察》，京城帝國大學法文學會編《朝鮮經濟の研究》第 3，岩波書店，1938，第 363~482 页。

纪的激减等趋势。四方博的研究虽然隐含"李朝社会何以崩溃"这一根本问题，但为之后的户籍大帐分析提供了重要依据。

20 世纪 60 年代金容燮的研究再次引起学者对四方博户籍大帐研究的关注。金容燮利用 18 世纪前期尚州地区的量案和户籍大帐，对该地区农民的身分变动和土地所有情况进行综合分析，发现该地区农民层身分构成的多样性，农民层内部广泛存在身分变动等特征。他从内在发展论的观点出发，认为户籍大帐上的身分变动起因于下层身分的经济地位上升，并非如四方博所称意味着李朝社会的停滞或紊乱。[1] 金容燮关于量案和户籍大帐的系列研究一定程度上克服了殖民史观，尤其是朝鲜社会停滞论，其引出的朝鲜后期"经营性富农说"以西欧农业式的资本主义生产形态、生产关系为模式，与此相关的朝鲜后期身分变动论旨在勾勒出朝鲜的中世封建社会解体和通过内生动因向资本主义社会移行的图景。

受到 20 世纪 60 年代以后韩国社会内在发展取向的研究趋势的影响，之后相当长一段时间研究者仍利用户籍对朝鲜后期的身分变动展开实证研究，并形成了"朝鲜后期身分变动说"。这些研究通过分析不同地区的户籍，或赞同金容燮关于朝鲜后期身分向上流动的观点，[2] 或提出不同于金容燮研究的身分向下流动的观点，对以往研究进行了修正和补充。[3] 金容燮以后的研究并没有摆脱四方博提出的"职役＝身分"的框架以及以此为据进行统计的研究方法。

1　金容燮：《朝鲜后期的身分制动摇和农地所有》，《史学研究》第 15 辑，1963。

2　郑奭钟：《朝鲜后期社会身分制的变化：以蔚山府户籍大帐为中心》，《大东文化研究》第 9 辑，1969。

3　Susan Shin：《17 世纪金化地域的社会构造》，梨花女子史学系研究室编译《朝鲜身分史研究》，法务社，1987；Edward Wagner：《17 世纪朝鲜的社会阶层：1663 年首尔北部户籍为中心》，《朝鲜身分史研究》；卢镇英：《17 世纪山阴县的社会身分构造及其变动》，《历史教育》第 25 辑，1979；韩基范：《17 世纪初丹城县民的身分构成：以户籍分析为中心》，《湖西史学》第 10 辑，1982。

20 世纪 80 年代以后，随着丹城、彦阳等地户籍大帐的发掘和影印，研究者对户籍大帐的利用更加便利。这一时期关于身分、职役等的相关研究大致可分为三个方面。第一，延续了早期利用户籍上的职役对身分进行分类的方法，对朝鲜后期的身分变动进行确认。[1] 第二，利用户籍大帐对纳粟人、乡吏等特定身分和阶层的人做了具体的分析。利用特定阶层的家系做长期考察的研究倾向持续至 90 年代以后，分析对象从带有世袭特征的乡吏层扩展至工匠、奴婢等平民层。第三，开始出现对四方博以来"职役＝身分"一说的再检讨和批判性研究。例如崔承熙和李俊九的研究都指出户籍大帐上的职役并非恒常不变地反映某人的身分地位，职役固然是判定个人身分的有力手段，但两者并非完全一致，职役随着时代和社会发展发生变化。[2] 尤其是 80 年代后期李荣薰从小农社会论出发提出"主户－挟户论"，对金容燮身分变动论的实证性及其所引出的朝鲜封建社会论和资本主义萌芽论提出了质疑，批判了朝鲜后期农民层两极分化的现象。他主张户籍上各种职役征调的对象是相对富实的阶层，劳动力和农地富足、农业经营相对稳定的"主户"成为登载于户籍上的"元户"；农业经营相对不安定的"挟户"则依附于主户。而朝鲜奴婢制的消亡意味着挟户即非独立小农向独立小农层的发展，应视作小农社会的成熟，不能理解为封建制的解体。[3] 李荣薰的这一论断进一步引发学界关于户籍大帐上"户"的性质、户籍大帐的编制方式等户籍资料性质的再检讨。[4]

1　　代表性研究有金锡禧《18、19 世纪户口的实态与身分变动：以彦阳县户籍大帐为中心》，《人文论丛》第 26 辑，1984。

2　　崔承熙：《朝鲜后期"幼学"、"学生"的身分史意味》，《国史馆论丛》第 1 辑，1989；李俊九：《朝鲜后期身分职役变动研究》，一潮阁，1992。

3　　李荣薰：《朝鲜后期社会经济史》，第 416~417 页。

4　　户籍大帐研究组：《丹城户籍大帐研究》，成均馆大学大东文化研究院，2003。

　　四方博以来的许多研究试图通过分析户籍大帐来理解朝鲜王朝的身分构造变动，进而勾勒出朝鲜时代的社会变动。这些研究的基本观点是前近代朝鲜社会是身分制社会，而身分制的动摇和解体则象征着朝鲜社会的近代化。以往的职役研究，或将户籍大帐上的"职役"等同于身分，或认为两者有密切关系。而围绕职役和身分之关系的意见相互对立或难以统一，则与朝鲜社会身分这一概念的模糊有关。[1] 户籍大帐上的职役究竟意味着什么，朝鲜时代身分和身分制的概念是什么，这些基本问题过去很少被真正讨论。随着近来学界对户籍大帐资料性质讨论的再次展开，关于户籍大帐所见职役的探讨开始回到职役与身分关系这一基本问题的讨论上来。[2] 以下将结合传世文献和户籍大帐实物，对朝鲜王朝职役的基本含义和户籍大帐上的登载形态进行梳理，以此为线索审视朝鲜王朝职役的基本性质。

第二节　职役的基本含义

　　职役是传统王朝国家征调财源的依据，与赋役制度有密切

1　宫嶋博史认为朝鲜时代身分制构造既不同于身分制国家日本，又区别于非身分制国家中国，朝鲜的身分、身分制本身是十分复杂而暧昧的。参见宫嶋博史《关于朝鲜时代的身分、身分概念》，《大东文化研究》第 42 辑，2003。

2　孙炳圭：《户籍大帐职役记载的样态及意义》，《历史与现实》第 41 辑，2001；孙炳圭：《朝鲜后期国家身分的规定及其适用》，《历史与现实》第 48 辑，2003；宋亮燮：《朝鲜后期身分、职役和"职役体系"的认识》，《朝鲜时代学报》第 34 辑，2005。

联系。《高丽史·食货志》载："国制，民年十六为丁，始服国役；六十为老而免役。州郡每岁计口籍民，贡于户部。凡征兵调役，以户籍抄定。"[1]高丽王朝时期16~60岁的人丁有承担国役的义务，这里的国役就是职役。[2]因史料所限，高丽王朝时期的户籍具体如何反映作为国家征调制度的职役体系，并不十分清晰。

　　朝鲜初期的职役征调体系和编成方法基本延续了高丽时期，[3]相关政策也持续到朝鲜后期，贯穿整个朝鲜王朝。朝鲜王朝延续了国役（职役）制，所有16~60岁的人丁有承担国役的义务。国家对人丁的征兵调役依据户籍。以户为单位上纳贡品或动员到土木工程等的徭役叫作"户役"，以人丁为单位从属于国家机构并承担劳役或以布等实物代纳的叫作"身役"。户籍是征兵调役的基本帐籍，编入户籍的人户有负担身役（军役[4]等）、户役（贡纳、徭役等）的义务。金建泰指出，世祖七年（1461）户籍制改革前后户数、口数、丁户关系、户的性质均有变化。就户的性质而言，户籍制改革以前的户是军户，改革以后政府控制的户不仅要承担军役，还要承担贡纳和徭役。[5]人丁一旦编入户籍上的户，该户的代表者就会被赋予一定的职役。成年男子名字前所记载的军役、官职、乡役等具体职役名，就是其承担的国役类别。这是户籍上登载职役的基本背景。职役中最具代表性的是军役，由良人的主体承担，即兵农合一。现存

1　郑麟趾等：《高丽史》卷七九《食货志二·户口》，第2513页。

2　最初提出"国役即职役"的研究，见金锡亨《朝鲜初期国役编成的基底》，《震旦学报》第14辑，1941。

3　金锡亨：《朝鲜初期国役编成的基底》，《震旦学报》第14辑，1941。

4　关于国役、职役、军役的关系，有研究者持不同意见。金盛祐认为国役不同于职役，朝鲜初期的国役包含职役和军役。16世纪中期以后，军役才属于广义的良役（身役）。金盛祐：《朝鲜中期的国家和士族》，历史批评社，2001，第23~31页。

5　金建泰：《朝鲜后期户的构造与户政运营：以丹城户籍为中心》，《大东文化研究》第40辑，2002。

朝鲜后期的户籍大帐就是这一职役体系得以贯彻的最直观反映。

高丽末以后，职役与土地所有的紧密关系逐渐被打破。据《高丽史·食货志》载，忠宣王即位时曾下教："先王制定，内外田丁，各随职役，平均分给，以资民生，又支国用。……宜令诸道按廉及守令穷诘还主，如无主者，其给内外军闲人，立户充役。"[1]这里讲到全国田丁，随职役平均分给。田地无主，则分给军人和闲人，使其"立户充役"。即，职役是土地分配的主要依据，以户为单位设定。

在经历高丽末朝鲜初的一系列改革后，以职役为依据的土地授予逐渐消失，[2]土地和户口的征调体系出现分离。[3]高丽时期有官职者和乡吏等统治阶层所享有的优免措施被取消，朝鲜初期开始形成一元化职役征调体系的理念，即国家统治所需的各种差役都依据职役进行征调。[4]

在朝鲜王朝户籍制度相关的法律条文中，职役一般被称为"某职""某役""职名""役名""职役"。《经国大典》卷三《礼典·户口式》中，主户姓名前记载的事项称为"某职"。[5]

肃宗元年颁布的《五家统事目》，规定了户籍大帐编造过程中统牌的记载样式。统牌上也出现了"役""职役"等相关记载。[6]每统将一统民户列为一牌，或书诸一纸。书写时，按照家户顺序书写，贱民降一行。每户以主户之役为中心，户内所率男子登记"职役""某业""某技艺"，即便"无役"也须载入统牌。凡姓名不载

1　郑麟趾等：《高丽史》卷七九《食货志一·田制》，第 2478 页。

2　宫嶋博史：《朝鮮土地調查事業史の研究》，東京大学東洋文化研究所，1991，第 93~94 页。

3　李荣薰：《朝鲜前期和中国明户籍的比较史检讨》，韩国古文书学会编《东亚近世社会的比较：身分、村落、土地所有关系》，慧眼出版社，2006，第 266~267 页。

4　孙炳圭：《户籍大帐职役记载的样态及意义》，《历史与现实》第 41 辑，2001。

5　崔恒等：《经国大典》卷三《礼典·户口式》。

6　《朝鲜肃宗实录》卷四，肃宗元年九月丁亥，第 38 册，第 303 页。

统牌者，属于"不在民数之人，讼不得理，死无杀罪"。这里的职役是指国家和地方差役所需的官职、军役、乡役等各种负担。可见朝鲜后期的职役已经成为良贱身分制度下国家管理人丁的诸多方法之一。此后，纸牌、号牌、户籍登记的相关法律条文里，国家的这一人丁管理方法被统称为"职名役名"[1]或"职役"[2]。

　　朝鲜前期职役是以职役征调体系为理念的一般性概念，朝鲜后期职役已逐渐演化为对不同户口进行体系化管理的固定框架。职役既是国家控制人丁的方法，也是国家和地方差役所需各种负担的统称。

第三节　《庆尚道丹城县戊午式年户籍大帐》所见
　　　　　 职役的分类

　　作为统称的职役，具体如何登载于户籍大帐呢？以下以《庆尚道丹城县戊午式年户籍大帐》为基本资料展开分析。丹城县作为独立的县，现存最早的户籍册为戊午式年即 1678 年户籍大帐，由南面元堂、县内面等八个面的户籍构成。

　　户籍大帐本文和各郡县末尾所附的"都已上"条都记载了多

1　李翊等：《受教辑录》卷二《户典·户籍》，首尔大学奎章阁藏肃宗二十四年（1698）戊申字本。
2　弘文馆：《新补受教辑录》卷二《户典·户籍》，首尔大学奎章阁藏英祖十九年（1743）笔写本；金在鲁等：《续大典》卷二《户典·户籍》。

种职役。先看户籍本文部分的职役登记。朝鲜王朝户籍大帐本文对于户的登载格式基本依照《经国大典》的"户口式"条。以《庆尚道丹城县戊午式年户籍大帐》县内面第一里第一统第一户为例，该户户主李龙石的职役是"私贱假吏"，年二十四，"本陕川"是他的本贯信息。李龙石母亲的职役是"私婢"，父亲的职役为"京别队保"，李龙石本人作为私奴同时承担乡役。李龙石和母亲的主人为同一人，都是"晋州幼学赵安世"——"幼学"也是职役。随后登载的是李龙石的四祖，即父、祖、曾祖、外祖父的信息。李龙石妻"陈召史"的职役是"良女"，同样记载了本贯、四祖等信息。李龙石妻的四祖载有"记官""通政大夫""户长"等职役信息。

户籍大帐各面末尾所附的"已上"条是对一个面的户口统计。"已上"条包括元户总额、作统总数、男女总口数等。"已上"条的末尾登载了各面负责户籍事务的面尹。该式年面尹的职役主要包括"幼学""业儒""忠义卫"等。其中"幼学""业儒"是有志于儒业的学业者；"忠义卫"是朝鲜时代中央军五卫中左卫所属的两班特殊兵种，在朝鲜前期特为功臣子孙而设。

各郡县户籍大帐末尾所附的"都已上"条载有郡县全部户口统计数以及各类职役的统计数。"都已上"条首先登载的是丹城整个县该式年元户总额、作统总数、男女总口数，然后分男女，分别统计各职役的口数。现存该式年以后的户籍大帐"都已上"条用"男丁""女丁"取代"男""女"。各职役内部再统计壮、老、弱的口数，某些职役会再细分为若干小类。"壮"是指15~59岁或16~60岁，达到承担国役的法定年龄的人。最后是担任丹城县户籍编造的监官、乡吏的姓名和职役，丹城县守令的官品和手决，各道观察使的手决。"都已上"的职役与本文中个人名字前的职役记载样式基本一致。

不同式年，各类型的具体职役名有所差异。《庆尚道丹城县戊午式年户籍大帐》"都已上"条中出现的职役名种类繁多，该式年出现的职役类别涵盖了户籍大帐出现的多数职役。男丁的职役名大致可归为品官职、诸卫、入格者、学业者、中央军役和中央所属、水军烽军、乡役、驿役、良人、匠人、地方营镇军、邑所属、公贱、私贱、其他等 15 类，女丁的职役名则可归为妇女、良女、驿役、公贱、私贱、其他等 6 类。

朝鲜时期户籍上登记的职役包括前职或现任官职、赠品阶职、以军事为目的的军役、地方官衙和统治所需要的乡役和驿役等负担、良贱身分关系，以及国家所需的其他各种差役。在各种职役中，军役主要由庶民的主体负担。准备科举考试的学生可以免除军役，但在非常时期也可被征调。私贱则常被征调承担地方社会的军役或乡役。编入户籍大帐的男丁，无论是有官职者、良人还是贱民，都通过职役登记被纳入一元化的国家职役体系，以职役名区分彼此。

研究者对户籍大帐上出现的诸多职役类型展开了许多具体分析。例如，有研究认为职役栏中出现的"某奴"或"某婢"不单纯是良贱身分的统称，而是职役体系下的一种职役名。[1] 再如，"纳粟"类职役，在《庆尚道丹城县戊午式年户籍大帐》"都已上"条的"纳粟"职役后，"老男拾捌内"罗列了"嘉善""通政""通德郎""从仕郎""勤力副尉""坐别""主簿""察访""参奉""奉事"的口数（见图 4-12），表示这些不同的品职是通过纳粟手段获得的。

1　孙炳圭：《18 世纪地方的私奴军役把握和运营》，《韩国史学报》第 12 辑，2002；金建泰：《朝鲜后期私奴婢的把握方式》，《历史学报》第 181 辑，2004；金京兰：《朝鲜时期国家对贱民女性的把握实态和编制方式——以〈丹城县户籍大帐〉的"婢"记载样态为中心》，《大东文化研究》第 52 辑，2005。

朝鲜时期以各种目的为由，实行纳粟授职和纳粟免贱的纳粟政策。最常见的是作为凶年和饥馑之年的赈恤政策以及作为国家财源和地方财政的确保手段之"纳粟"。[1] 而"幼学""军役""奴婢""匠人"等相关的职役在不同式年出现了一些变化，这样的变化与国家和地方职役体系的运作有一定关系，这在以往研究中亦有诸多讨论。

　　朝鲜王朝户籍大帐通过登记个人的职役，设定了个人与国家的关系。这些担任职役的人既包括男性，也包括女性，一些女丁也被授予特定的职役，不同程度地负担着中央或地方的公共服务。通过职役设定的关系不仅体现了国家与个人之间公的关系，还包括主人和奴婢之间私的人身支配关系。职役征调体系体现了朝鲜王朝对人丁的控制，不管是有官职者、良人还是公私贱民，原则上都要载入官修户籍。职役征调体系下户籍大帐的职役登记，一直持续到 19 世纪末。

第四节　对职役数字的解读

　　《庆尚道丹城县戊午式年户籍大帐》"都已上"条的每一种职役名后面都载有口数，如"幼学二百七"，是指"幼学"这一职役的男丁口数为 207 口。由表 7-1 可知，男丁的总口数为 4234 口，女

1　徐汉教：《17、18 世纪纳粟策的实施及其成果》，《历史教育论集》第 15 辑，1990；徐汉教：《17、18 世纪丹城地方纳粟人的实态和身分变动》，《历史教育论集》第 24 辑，1999。

丁的总口数为 4187 口。丹城县各类职役的总数为 8421（"役总"），这个数值等于丹城县男女的总口数 8421（"口总"）。换言之，户籍大帐上登载的所有人丁原则上都会对应一个固定的职役名。不过从户籍大帐本文的实际记载情况看，男丁中有 618 口没有记载职役，女丁中有 1504 口没有记载职役。

　　如果对照户籍大帐本文的职役数和"都已上"条的职役数，两者也不完全一致。以公私贱类的职役为例，不管是男丁还是女丁，本文的实际记载和"都已上"条的记载并不完全一致，其他职役类型也出现了类似现象。

表 7-1　《庆尚道丹城县戊午式年户籍大帐》本文和"都已上"条的比较
——以公私贱类职役数为例

单位：口

	男丁		女丁	
	本文	"都已上"条	本文	"都已上"条
公贱	137	133	97	88
私奴	768	1332	1057	1601
仰役奴	605	632	801	702
雇工奴	112	40	28	16
总职役数（占比）	1622（39.2%）	2137（50.5%）	1983（48.3%）	2407（57.5%）
总口数	4133	4234	4108	4187

　　按照通常对户籍大帐攒造顺序的理解，郡县户籍大帐末尾所附整个郡县的户数、口数、职役数，本应是每次户口调查之际，各里的相关数字汇总成面，各面的数字再汇总成郡县的总数。但如 1678 年丹城县户籍大帐所显示，户籍大帐上所见郡县单位的户口数和职役数，不完全是各户申报户口情况的实际汇总。丹城县户籍大帐末

尾所载郡县单位的职役数是如何形成的？近期的一些研究讨论了郡县单位的"都已上"条在朝鲜王朝户政运作中的意义。研究者通过比较丹城县户籍本文和"都已上"条的户口或职役额数，强调"都已上"条登载的额数是中央政府分定到地方的额数，户籍本文上的户口登载以此为参照。[1] 一些研究还比较了丹城县、大邱府户籍大帐"都已上"条和《户口总数》《良役实总》、邑志、实录等的记载，也发现了类似现象。[2]

随着朝鲜后期面里制在全国的落实，面逐渐成为郡县内部户数、口数、职役数分定或运作的基本单位。通过比较 1678 年丹城县户籍大帐"已上"条、"都已上"条、户籍本文的户口数，可以发现各面"已上"条中所载的户口数是所属郡县户口数进一步分配的结果。户籍大帐上的军役登载也出现了从中央分定的军额在郡县内部重新分配的迹象。17 世纪末至 19 世纪初丹城县户籍大帐各面本文所载军役数和郡县的军役总数保持了较为一致的长期变化趋势。[3]

朝鲜王朝承担国役的法定年龄是 16~60 岁，16 岁以下和 60 岁以上原则上免除国役。但在"都已上"条的各类职役统计中，不少职役类别中除了"壮男"，还包含"老男""弱男"群体。以中央机关所属的军役类职役为例，525 名男丁中有 79.8% 是"壮男"，其余 16.0% 和 4.2% 分别为"弱男"和"老男"。中央军役类职役负担者中，16 岁以下男丁占比高达 16.0%。这与当时为确保良丁采取的对

1　孙炳圭：《户籍大帐职役记载的样态及意义》，《历史与现实》第 41 辑，2001；金建泰：《朝鲜后期的人口把握实状及其性质——基于丹城县户籍的分析》，《大东文化研究》第 39 辑，2001；金建泰：《朝鲜后期户的构造与户政运营：以丹城户籍为中心》，《大东文化研究》第 40 辑，2002。

2　郑演植：《朝鲜后期"役总"的运营和良役变通》，博士学位论文，首尔大学，1993；孙炳圭：《户籍大帐职役栏的军役记载和"都已上"的统计》，《大东文化研究》第 39 辑，2001。

3　宋亮燮：《18、19 世纪丹城县的军役把握和运营——〈丹城户籍大帐〉为中心》，《大东文化研究》第 40 辑，2002。

11 岁及以上定役、5~10 岁别录成册的政策显示出相同的取向。[1] 随着军役定额化政策的实施，户籍大帐上对 16 岁以下的军役者统计数逐渐减少，18 世纪中叶以后的户籍大帐上较少出现年幼男丁承担军役的现象。[2]

伴随职役征调运作的体系化，朝鲜王朝的人丁管理逐渐出现中央集权化的倾向，并以郡县进行分定。朝鲜王朝后期对户籍制度和地方行政制度进行了一系列改革，形成了户籍编造、五家作统制、号牌制等户籍管理制度的综合性体系。这一体系的落实，始于户籍大帐编制导入五家作统制的 1675 年前后。这意味着朝鲜王朝的职役体系也在 17 世纪后期基本形成。同时，各郡县一级"都已上"条中的户口、职役额数受到 17 世纪末军额定额化和 18 世纪中叶前后财政运作的定额化政策影响，地方行政单位的各类职役出现了定额化倾向。呈现在户籍大帐上的户籍数字不一定是准确的户口和劳役数字，而是反映了国家财政、劳役需求与地方社会内部秩序之间逐渐出现的平衡关系。

小　结

职役是传统王朝国家征调财源的依据，与赋役制度有密切联系。朝鲜王朝赋役制度下，职役又称"国役"，包括官职、军役、

1　《朝鲜肃宗实录》卷五，肃宗二年六月丙寅，第 38 册，第 330 页。

2　孙炳圭：《户籍大帐职役记载的样态及意义》，《历史与现实》第 41 辑，2001。

乡役等从中央到地方的各个役种。户籍大帐通过登记个人职役，设定了个人与国家的关系。职役体系体现了王朝国家对人丁的控制方法，不管是有官职者、良人还是贱民，原则上都要载入官修户籍。随着职役征调运作的体系化，朝鲜王朝的人丁管理逐渐出现中央集权化倾向，并以郡县单位进行分定。呈现在官修户籍大帐上的户籍数字反映了国家财政、劳役需求与地方社会内部秩序之间逐渐出现的平衡关系。

以往关于户籍大帐上职役的研究已经揭示出职役的复杂性，例如很多研究者提到了个人或特定职役在不同式年或时期出现变动。本章通过对户籍大帐上职役登载特征的考察，可知职役的本质是国家对个人在公共社会中的身分定位，这样的身分更接近个人在国家公共服务中所承担的义务或角色，具有公的性质。朝鲜王朝的职役虽然被赋予了公的性质，但职役并不以个人所属的血缘组织（家）、村落、同业组织等为媒介被赋予，也就是说不存在承担职役的中间组织。这与日本的身分制形成对比。[1]朝鲜的家庭或家族内不同成员的职役可以不同，基层组织"统"内各户、行政村"里"内百姓的职役也有所不同。

从赋役制度与传统王朝国家的角度考虑，定期编造户籍与地籍的主要目的是掌握国家能够调动的徭役和可以征收的赋税，关于职役的讨论有必要回到帐籍编造的历史背景上来。朝鲜王朝的户籍大帐每三年一编，一直持续到王朝灭亡前夕。与同时代的中国、日本相比，朝鲜的户籍编造是最为频繁的。朝鲜王朝户籍大帐的定期编造和职役体系的运作，其实质是由王朝国家来组织所需要的各种差役的社会分工。这样的造籍频率、社会分工机制与朝鲜王朝市场经

1　宫嶋博史:《关于朝鲜时代的身分、身分概念》,《大东文化研究》第42辑，2003。

济的不发达有一定联系。而在市场经济体系发达的社会，相当部分的社会分工可以依据市场机制进行，通过契约制实现市场交换和调节。朝鲜王朝的国家分配和市场调节的两种社会分工机制存在何种关系，这是值得进一步探究的问题。

第八章 从"邦典之议"到"牧民之谱": 18~19 世纪的家座册与基层户政运作

    18~19 世纪产生的不少朝鲜牧民书 [1]（官箴书）均提到"家座法"或"家座册"。家座册被视为守令（郡县一级的地方官）实施地方统治的基础资料。朝鲜文人丁若镛（1762~1836）在《牧民心书》中专门提到家座册，将朝鲜的"家座册"等同于宋人所说的"砧基簿"。他主张借鉴中国的户籍管理制度，对朝鲜实行户籍制度改革。对家座册的重视便是非常重要的事例。为何朝鲜王朝后期各类牧民

书如此重视家座册，朝鲜的家座册究竟是怎样一种册子？过去的户籍制度研究多关注帐籍体系下的户籍大帐等文书，作为新式户籍的家座册由于存世数量少，没有引起学界的广泛重视。本章将利用牧民书和家座册实物，对家座册的设计原理尤其是与地方户政运作的关系等问题展开论述。

第一节　牧民书中的家座册与家座法

17 世纪中后期以来，朝鲜王朝在强化中央集权制的同时，更加重视地方守令的政治地位。守令的政治运作论或强调基于守令权的地方统治，或强调守令与地方势力的共存和协作。在此背景下，针对朝鲜社会现实的守令从政指南书，即牧民书开始大量出现。[1] 牧民书是守令实施地方统治及行政事务的实际指南，"守令七事"[2] 的相关内容成为牧民书的基本纲领。18~19 世纪的牧民书集中探讨了田政、军政、还政等赋税征收问题，而家座册则被视为守令治理地方三政的基础资料。这一时期出现的不少牧民书，如《牧民考》《政要》

1　牧民书在朝鲜的刊行和流通始于 15 世纪，16 世纪以后开始出现反映朝鲜社会现实的牧民书。18 世纪以后各种形态的牧民书开始大量出现。这与 17 世纪中后期的社会变动和政府的政策有关。关于朝鲜时期牧民书的演变，参见金善卿《朝鲜后期牧民学的系谱和〈牧民心书〉》，《朝鲜时代史学报》第 52 辑，2010；郑豪薰《18 世纪牧民书的发展样态和〈牧民心书〉》，《茶山学》第 28 辑，2016。

2　"七事农桑盛、户口增、学校兴、军政修、赋役均、词讼简、奸猾息。"崔恒等编《经国大典》卷三《吏典·考课》。

《居官大要》《牧纲》《牧民心书》均提到"家座法"或"家座册"。

《居官大要》认为家座册是新到之官的最初之大政："新到之官，既不识本邑事情，当先知地形向背及民户虚实，然后三政始可按据而行。然则家座成册，即最初之大政也。"且家座册可与其他成册相互参证，"成册来纳后，与户籍及还上、田结等各样成册，互相参证，则必有一二户绽露处"。[1]

关于家座法对守令统治地方的重要性，《牧民考》亦有所言及："大凡为治之法，境内民人辈人口多少，家计贫富，先为细悉，然后或当设赈之岁，而抄饥之政，庶不紊乱，或当岁抄之时，而括丁之政亦可料量，或有征族之事而别音之道，足可区别。此外种种百事俱可有商量变通之道。为守令者既不亲自逐户摘奸，则莫如家坐法之为妙。"[2] 类似的论述在《牧纲》中也有记载。[3] 针对基层社会治理而设计的家座册在各类牧民书中被视为赋税征调、掌握家户丁口事产情况的重要参考资料。地方官在赈恤和分配还谷时，可根据家座册所录家户的经济情况分配谷物，防止生产力低下的家户陷入危机。

《牧民心书》的《户典六条》《兵典六条》《赈荒六条》相关条目亦强调家座册是有效实行赋税征调、赈荒、军签等地方统治的重要参考资料，应作为基础资料运用于牧民官的各种基层统治中。《牧民心书》由朝鲜后期实学家茶山丁若镛于1818年完成，被视为朝鲜牧民书的集大成之作。该书继承了过去牧民学的传统，而且吸

1　编者未详：《居官大要·户籍》，内藤吉之助编《朝鲜民政资料牧民篇》，朝鲜印刷株式会社，1942，第264~265页。

2　编者未详：《牧民考·家坐法》，金善卿编《朝鲜民政资料丛书》，骊江出版社，1987，第422~423页。

3　编者未详：《牧纲·家座法》，金善卿编《朝鲜民政资料丛书》，第186~187页。

收了 18 世纪至 19 世纪初期经世学的成果。[1] 全书分 12 篇，依次为关于赴任过程的《赴任六条》，三纪《律己六条》《奉公六条》《爱民六条》，六典《吏典六条》《户典六条》《礼典六条》《兵典六条》《刑典六条》《工典六条》，关于凶年赈恤的《赈荒六条》和离任过程的《解官六条》。其中，家座册的相关内容主要收录于该书《户典六条》的"户籍"条中，是目前有关家座册最为系统和详备的文献记载。

丁若镛关于家座册的设计反映了他对朝鲜后期基层户政运作的基本想法。丁若镛生活的 18~19 世纪，不管是朝鲜还是明清的社会经济结构都发生了诸多变化。他在另一部政书《经世遗表》[2] 的《地官修制·户籍法》中，梳理了从周至明代的中国历代户籍之法，注意到从中古户籍到明代户帖、赋役黄册的演变。丁若镛在文中直指朝鲜户籍大帐登记体系的弊端："中国户籍之规，自古以来，以丁、粮为重。丁者，男丁之多少也。粮者，田粮之贫富也。中国有身庸、户调之赋，故民之丁粮，必自官籍之，或令首实。吾东于户籍之册，不核丁粮。唯选至穷至贫可怜之民，签于军保，征其布米，以供国用，豪富多男之民，终岁无铢两之赋，以助国用，斯何法也？此古今天下之所未有也。"[3] 丁若镛的这段话意在暗示有必要借鉴中国的户籍管理制度，对朝鲜实行户籍制度改革。

1　在诸多牧民书中，《牧民心书》最具代表性，因此从政指南类的著述被后世称为"牧民书"，相关学术领域被称为"牧民学"。金善卿：《朝鲜后期牧民学的系谱和〈牧民心书〉》，《朝鲜时代史学报》第 52 辑，2010。

2　茶山丁若镛著有政法三书，包括《牧民心书》《经世遗表》《钦钦新书》。关于此三书的关系，参见林荥泽《〈牧民心书〉的理解：关于茶山政治学》，《韩国实学研究》第 13 辑，2007。

3　丁若镛：《与犹堂全书》第五集政法集卷一三《经世遗表》卷一三《地官修制·户籍法》，《影印标点韩国文集丛刊》第 285 册，第 255 页。

第二节　《牧民心书》关于家座册的设计

　　家座册，在朝鲜时期的文献记载中又称"家座成册""家座簿"，有时还被称作"砧基簿"。据丁若镛《自撰墓志铭》载："凡户籍期至，吏吓民增户，民争输赂，以冀无增。以故败里日凋，富村日裕，民用不均。镛先修砧基簿，作纵横表，又作地图，设经纬线，以周知民虚实强弱，及地之阔狭远近。以故罢籍监籍、吏官为之增减户额，悉中情实。不数日而籍单齐到，无一人诉其冤者。"[1] 丁若镛在黄海道谷山担任府使期间（1797~1799），[2] 为解决民用不均的问题，组织编造"砧基簿"，在此基础上作"纵横表"和"地图"。在《牧民心书》的《户典六条》"户籍"条中，丁若镛对自己担任府使期间编造过的家座册、纵横表、地图这三类资料的相互关系做了专门的论述。[3]

一　宽法、核法和家座

　　在《户典六条》"户籍"条之首，丁若镛首先强调户籍对于赋役的重要性："户籍者，诸赋之源，众徭之本，户籍均而后赋役

---

[1]　丁若镛：《与犹堂全书》第一集诗文集卷一六《文集·墓志铭·自撰墓志铭》，韩国民族文化推进会编《影印标点韩国文集丛刊》第 281 册，景仁文化社，2002，第 343 页。

[2]　丁若镛担任谷山府使的经历在其晚年所撰写的《自撰墓志铭》中有详细介绍。另可参见宋瓒燮《茶山丁若镛的牧民生活和理想社会：谷山府使时期（1797~1799）为中心》，《历史研究》第 31 辑，2016。

[3]　其中，"砧基簿"被称为"家座册"或"家座簿"，"纵横表"又称"经纬表"，在"户籍"条中具体称为"家座表"或"砧基表"。

均。"[1] 针对地方守令，他认为"今之为牧者，户籍唯从宽法"。这里所说的"宽法"，是相对"核法"而言的籍户方法。

> 户籍有二法，一是核法，一是宽法。核法者，一口无漏于口簿，一户无落于户鲊，使无籍者，被杀而无检，被劫而无讼，务得实数，束以严法者也。宽法者，口不必尽录，户不必尽括，里中自有私历，以摊徭赋，府中执其大纲，以知都总，务从均平，驭以柔道者也。[2]

他强调邦典之议应用"核法"，这是"邦之大道"；牧民之谱则采用"宽法"，这是"顺俗之小规"。所谓宽法，是"户不必尽括，口不必尽录，视其原总，计其砧基"，"比总而止，不复求增，斯之谓宽法也"。他在关于砧基的小注中，对"砧基"做了解释："砧基者，家坐。作家者，必砧杵其基地。"

> 所谓宽法者，何也？户不必尽括，口不必尽录，视其原总，计其砧基。原总三千而计家九千，则每于三家，责立一户。原总二千而计家八千，则每于四家，责立一户。比总而止，不复求增，斯之谓宽法也。余于邦典之议，议用核法，此为邦之大道也。今于牧民之谱，议用宽法，此顺俗之小规也。[3]

1　丁若镛：《与犹堂全书》第五集政法集卷二一《牧民心书》卷六《户典六条·户籍》，《影印标点韩国文集丛刊》第285册，第424页。

2　丁若镛：《与犹堂全书》第五集政法集卷二一《牧民心书》卷六《户典六条·户籍》，《影印标点韩国文集丛刊》第285册，第424页。

3　丁若镛：《与犹堂全书》第五集政法集卷二一《牧民心书》卷六《户典六条·户籍》，《影印标点韩国文集丛刊》第285册，第424页。

　　按照宽法的原则，编户的原理是"比总而止，不复求增"。即依据中央所分定的原总和计算出的砧基数，在不求增加户数的基础上，根据家座数进行立户。如果原总是三千户，家座数有九千，则每三家立一户；但如果原总是两千户，家座数有八千，则每四家立一户。但要执行宽法，里中就要有可以进行均摊徭赋的"私历"，地方官府则需执有相应的"大纲"。家座册，其实就是地方官府编户时所参照的基础资料。虽然户籍大帐的编造采用宽法原则，家座册本身的编造却要遵循核法原则，"虽用宽法，家坐必用核法，锱铢毫厘，不可有差爽也"。[1]可见，家座册（家座簿）对地方官掌握民户的虚实十分重要，"将整户籍，先察家坐。周知虚实，乃行增减，家坐之簿，不可忽也"。[2]

二　画图与籍家座

　　丁若镛在《牧民心书》中强调籍家座之前，需要先作本县地图。牧民官上官既十日，便应召集老吏能文者数人，令作本县地图。先画邑城，摸清山地、丘陵、川泽、溪渠的地势。然后画村里，百家之村，画百个三角形，十家之村，画十个，三家则画三个。即使山下孤村，只有一家，亦画一个三角形。最后用不同颜色标记瓦屋、草屋、山水、道路。[3]

　　"此图既成，乃籍家坐"，可见，家座册编造前，还需要画地

1　丁若镛：《与犹堂全书》第五集政法集卷二一《牧民心书》卷六《户典六条·户籍》，《影印标点韩国文集丛刊》第 285 册，第 425 页。

2　丁若镛：《与犹堂全书》第五集政法集卷二一《牧民心书》卷六《户典六条·户籍》，《影印标点韩国文集丛刊》第 285 册，第 425 页。

3　丁若镛：《与犹堂全书》第五集政法集卷二一《牧民心书》卷六《户典六条·户籍》，《影印标点韩国文集丛刊》第 285 册，第 425 页。

图。通过此图，一眼便可了解民户的盛衰，以及瓦屋和草屋各几间。地图画好后，地方官要将其"揭之政堂之壁，常目观之"，这样四境之居民，就如在眼中。[1]

图完成后，待牧民官上官既月之时，其政令取得信任，百姓奉其为"我侯"之后，便可籍家座。籍家座前，选诸吏中敏慧老练者三四人，授以《家座册条例》，并嘱咐不许有差错，否则将定罪。而且籍家座既不是为括户或括丁，也不是为增赋或扰民，"吾为此籍，非欲括户，非欲括丁，非欲增赋，非欲扰民。既为民牧，职当牧民"，所以要掌握民户的肥瘠和虚实，希望将此布告，不使民惊慌或困惑。[2]

从丁若镛的论述看，他认为家座册和画图的顺序是，画图在前，编造家座册在后。通过地图，便能对各乡里的民户虚实了如指掌。同时，家座册和地图还可以相互对照比较。

三　家座表的设计

在籍家座时，具体要掌握哪些信息呢?《牧民心书》中虽然没有直接论述家座册的具体登载内容，但收录了一张家座表（见图8-1）。因为家座表是对家座册之概括，通过家座表可以间接推断家座册的登载事项。丁若镛在家座册的基础上，提出各乡所录的家座册收齐后，将其简化为家座表，又称"砧基表"或"经纬表"的设想。这应该就是前引"府中执其大纲"中提到的"大纲"。[3]

1　丁若镛：《与犹堂全书》第五集政法集卷二一《牧民心书》卷六《户典六条·户籍》,《影印标点韩国文集丛刊》第 285 册，第 425 页。

2　丁若镛：《与犹堂全书》第五集政法集卷二一《牧民心书》卷六《户典六条·户籍》,《影印标点韩国文集丛刊》第 285 册，第 425 页。

3　丁若镛：《与犹堂全书》第五集政法集卷二一《牧民心书》卷六《户典六条·户籍》,《影印标点韩国文集丛刊》第 285 册，第 425 页。

梨峒里	品	世	客	業	役	宅	田	錢	丁	女	老	弱	恤	奴	婢	種	畜	船	銼
李世昌	鄕		[illegible]	農		五	十日		三	二	男一	男一		[illegible]二			牛一		
金以得	良	三		農	布三	三	五日		二	二		女一					小一		
崔東伊	良	二		估	布一	六		百	一	二	男一女一	男一					馬一		
安尙文	士	七		科		七	十日		三	二	男一	女二		一	一	[illegible]	牛一		
鄭一得	良		[illegible]	冶	錢一	三			一	一	女一								二
朴起同	良	三			布一	二					男一	男一	鰥						一
趙正七	良	四		估	錢一	八	七月	百	三	一	女一			一				中一	
林汝三	私	二		倡		三	二日		二	二		女一							
黃世云	驛		[illegible]	吏		五	[illegible]		一	一									

南塘里	品	世	客	業	役	宅	畓	錢	丁	女	老	弱	恤	奴	婢	種	畜	船	銼
尹世文	士	七		科	[illegible]	瓦廿	十石	千	五	三	男一	男一女二		四	四	竹大	[illegible]		
尹世武	士	七		武		瓦十	四石	百	一	一		男一		一	一		牛一		
尹鏶	士	五		科	[illegible]	十	十斗		二	二	女一	女一		一	一	稻十	牛一		
李億同	良	三		漁	[illegible]	二					男一	女一	鰥						
河召史	良	二				二					女一		寡						一
吳以才	良	二				二			一	一			盲						一
孫喜云	良	五		估	[illegible]	五	十斗	[illegible]	二	二	男一							大一	
高昌得	中		[illegible]	校		十	石	百	二	二	女一	男一		[illegible]一			牛一		
白老味	私		[illegible]	冶	米一	三	二斗		一	一									二

图 8-1 《牧民心书》所载“家座表”

资料来源：丁若镛《与犹堂全书》第五集政法集卷二一《牧民心书》卷六《户典六条 · 户籍》,《影印标点韩国文集丛刊》第 285 册，第 425~426 页。

该家座表以里为单位，关于里名，他解释道：“梨峒里者，西邑之村名，南塘里者，南微之村名。”[1] 各里列了九户，各户登载品、世、客、业、役、宅、田或畓、钱、丁、女、老、弱、恤、奴、婢、种、畜、船、锉等项目。丁若镛对家座表中出现的各事项以及

1　丁若镛:《与犹堂全书》第五集政法集卷二一《牧民心书》卷六《户典六条 · 户籍》,《影印标点韩国文集丛刊》第 285 册，第 426 页。

项内所填内容逐个进行详细说明。首先列举了户主的身分等级、主户或客户、职业、应役等信息。品一栏对表示身分等级的乡、良、士、私、驿、中分别做了界定。户则分成了主户和客户，主户登世，即第几世；客户则登从何处移来。业分为农、估、科、冶、倡、吏、武、渔、校等九种具体的职业。役者，即军布之役，具体可以通过纳布、纳钱、束伍军、保米等方式应役。[1]

与事产有关的事项，主要包括家舍、田产和钱。家舍分为草屋和瓦屋，并记载间数。田产包括旱田和水田（畓）及其面积。[2]关于户内的情况，主要登载户内所率男女丁口，丁（16 岁及以上）、老（60 岁以上）、弱（16 岁以下）分别统计口数。另外设了恤一栏，专门统计鳏、寡、孤、独、废疾人口数。奴和婢各设一栏，计其口数。[3]最后四栏也与事产有关，包括该户所有的种、畜、船、锉。种栏和畜栏分别登载可供买卖的果树和竹田规模，以及可以买卖的牛、马、羊、猪的数量。牛又分大、小。船作为在江海运送货物者，亦登其大、中。[4]

家座表是将家座册的登载内容概括为表，根据以上家座表的登载事项，可以推断丁若镛所设计的家座册，对每家每户的调查是十分详尽的，不仅包括丁口的多寡，还有关于事产的各项内容。家座册的登记须遵从核法原则，而户籍大帐登记遵照宽法原则。家座册对各家的户口田产等内容的登载，原则上要尽可能翔实，尽力核

1　丁若镛：《与犹堂全书》第五集政法集卷二一《牧民心书》卷六《户典六条·户籍》，《影印标点韩国文集丛刊》第 285 册，第 426 页。

2　丁若镛：《与犹堂全书》第五集政法集卷二一《牧民心书》卷六《户典六条·户籍》，《影印标点韩国文集丛刊》第 285 册，第 426 页。

3　丁若镛：《与犹堂全书》第五集政法集卷二一《牧民心书》卷六《户典六条·户籍》，《影印标点韩国文集丛刊》第 285 册，第 426 页。

4　丁若镛：《与犹堂全书》第五集政法集卷二一《牧民心书》卷六《户典六条·户籍》，《影印标点韩国文集丛刊》第 285 册，第 426 页。

实，做到登载无误。

为何已经编造了家座册，还要进一步制作家座表或砧基表呢？丁若镛认为，"砧基表者，牧民之要把也"。[1]家座册采用列录方式，一户有数十行，编造成的册子"卷帙粗重"；而家座表一户一行，比较简约，一眼可以比较出户之贫富、族之强弱，方便抽阅。做成此表后，"户之贫富，里之虚实，族之强弱，势之主客，眉列掌示，眼明手快，一开卷而了然矣"。[2]一张纸可以列录二十家，一百张就是两千家。百张为一卷的话，两万家的郡县，不过十卷，这样就可以经常阅览。

在丁若镛的"户籍议"篇中，也收录了一份家座表，其格式、内容与《户典六条》中所载家座表几乎相同。[3]"户籍议"提到丁若镛在黄海道谷山担任府使期间，"选吏校详慎者十人，分遣各方括户"，并亲自实践家座表的实际效果，"世之为守令者，每一括户，必为家座册子。然卷帙浩大，不便考检。余为此表，虽百忙之中，一开卷了然易别，行之三年，无一差错"。[4]

为了有效实行基层赋税征调，丁若镛设计出一种比家座册更简洁明了的家座表。家座表与家座册一样，采用户口、事产一元化的登记方式；有所不同的是家座表使用经纬表的公文书形式，有助于提高行政效率和透明度。

1　丁若镛：《与犹堂全书》第五集政法集卷二一《牧民心书》卷六《户典六条·户籍》，《影印标点韩国文集丛刊》第285册，第426页。

2　丁若镛：《与犹堂全书》第五集政法集卷二一《牧民心书》卷六《户典六条·户籍》，《影印标点韩国文集丛刊》第285册，第426页。

3　丁若镛：《与犹堂全书》第一集诗文集卷九《文集·户议·户籍议》，《影印标点韩国文集丛刊》第281册，第191页。

4　丁若镛：《与犹堂全书》第一集诗文集卷九《文集·户议·户籍议》，《影印标点韩国文集丛刊》第281册，第191页。

第三节　家座册与基层户政运作

　　除了定期编造的户籍大帐，地方官还需另外编造反映乡村实际的家座册，这一主张与地方官通过户籍大帐难以掌握基层实际户政情况有关。帐籍体系下的户籍大帐相关文书，只登载户口多寡，难以反映各户的事产等其他情况。朝鲜后期出现的家座册是地方守令为了掌握所辖郡县的邑势、民户的虚实，命令乡吏（胥吏）编造的一种册子。地方守令掌握这样的册子，其实质是为了能均平赋役，更好地进行基层统治，也是为了防止胥吏之横滥，强化守令的基层统治权。家座册的首要功能，就是依据所录家户的实际情况进行籍户，确保基层户政的良好运作。

　　家座册被视为户籍大帐攒造的基础资料，理论上是先于户籍大帐编造的。《户典六条》里专门讲到在户籍编造式年临近之际如何运用家座表，进而使各里户额均实且无虚伪。"寅、申、巳、亥之年"，就是户籍大帐编造的子、卯、午、酉式年的前一年。

　　　　户籍期至，乃据此簿，增减推移，使诸里户额，大均至实，无有虚伪。寅、申、巳、亥之年七月初吉，乡丞告曰："户籍期至，将差都监，诸乡风约，例亦改差。"牧曰："不急。姑俟我言。"首校告曰："户籍期至，将差监官与诸监考。"牧曰："不急。姑俟我言。"籍吏告曰："户籍期至，今将设厅。"牧曰：

"不急。姑俟我言。"[1]

如何利用家座表进行编户，丁若镛在《户典六条》中也做了详尽的说明。家座册作为掌握基层社会民户虚实的册子，利用家座表的编户过程其实是在讨论基层一级的户政运作。根据史料，大致可以还原出基层的编户过程，具体可分为以下几个步骤。第一，编造关于户总的册子。取上一式年的各乡、里的户总数额，单独制成册子，与砧基表进行比观。第二，用砧基总数分排郡县户总原额。假设依据砧基表，查得本县大户 2000 户、中户 4000 户、小户 8000 户，而京司磨勘的郡县户总原额为 4000 户，那么就要用砧基的实际总额分排原额。以大户 1 户和小户 2 户编为 1 户，或者中户 2 户和小户 2 户编为 1 户。第三，分定各里户额。基于此换算率，再利用砧基表，制定本式年各里的户总。大致为小户 6 户为 1 户，中户 3 户为 1 户，大户 1.5 户为 1 户。假如柳川里有中户 30 户，即定为 10 户；石川里有中户 27 户、小户 66 户，即定为 20 户。第四，新总和旧总的比较。各里户额定下后，将本式年的户总和前一式年的户总进行比较，再做调整。第五，根据上一式年郡县的户总与男女口数，换算出户与口的比例，进而得出各里的男女总口数。例如，上一式年郡县原额 4000 户，其中男 7800 口，女 8200 口，则可以得出每 20 户，男 39 口和女 41 口的户、口比例。假如柳川里的户额是 20 户，则列男 39 口、女 41 口。[2]

从编户过程可知，基层一级是按照郡县的户总原额并参照家座

1　丁若镛：《与犹堂全书》第五集政法集卷二一《牧民心书》卷六《户典六条·户籍》，《影印标点韩国文集丛刊》第 285 册，第 426 页。

2　丁若镛：《与犹堂全书》第五集政法集卷二一《牧民心书》卷六《户典六条·户籍》，《影印标点韩国文集丛刊》第 285 册，第 426~427 页。

的实际情况进行编户的。如果郡县的户总原额数定得太高，实际家
座烟户数比较少，或者遇到饥荒之年，难以充额时，就要根据民情
报上司，从实减少原额。例如，一县户总原额是 3600 户，而家座
烟户数不到 3000 户，就要将户总减少 500 户。上报时要"执诸乡
中最败之村，查其虚户，论理报营"，必要时要"再报三报，期决
去留"。

> 若烟户衰败，无以充额者，论报上司，大饥之余，十室九
> 空，无以充额者，论报上司，请减其额。本县磨勘之总高，而
> 砧基之数少，则或以小户四个为一户，中户二个为一户，大户
> 独自为户。如或磨勘之总太高，砧基之数太少，不可以如此分
> 配，则我之计总，勿以一县通计，但执诸乡中最败之村，查其
> 虚户，论理报营，以冀减总，再报三报，期决去留。报曰：本
> 县户总，三千六百户，而家坐烟户之数，未满三千。如松山
> 里、支石里、长杨里、大谷里、柴谷里等三十二村家坐，都不
> 过百余，而去式年户总，多至六百余户，其余诸村，亦皆残
> 败，虽欲衰多而益寡，破东以补西，亦无由矣。（中略）户籍
> 今将磨勘，必于前总减下五百户，然后始可以汰其虚伪。伏
> 望，匀慈曲察民情，许令从实减总以副民望。[1]

丁若镛在设计反映民户实际情况的家座册时，并未仅仅把它当
作基层户政运作的参考资料，一味地去填充或适应中央分定到各郡
县的原额；而是当原额与实际情况相差太多时，他主张要按照地方

1　丁若镛：《与犹堂全书》第五集政法集卷二一《牧民心书》卷六《户典六条·户籍》，《影印标
　点韩国文集丛刊》第 285 册，第 427~428 页。

官掌握的基层实际情况去调整中央分定的原额。丁若镛在此提出了一个重要观点，就是基层的户政运作要"顺俗"。这反映了丁若镛对地方官的期许。

第四节 家座册实物及其书式复原

朝鲜时期的家座册究竟是怎样一种册子，其与以往帐籍体系下的户籍文书又有何联系？虽然牧民书中常常提及家座册是地方行政统治的基础资料，但目前能见到的家座册并不多。所谓册子，很可能只是地方实际统治时所用，非进呈到中央的帐籍。虽然家座册很重要，但家座册的编造并没有像户籍大帐或土地台帐那样成为各地普遍编造的帐籍，更没有看到具有各级官府保存义务的相关记载。

家座册最早编造的时间很难依据史料加以确定。金建泰根据《承政院日记》的相关记载，推测汉城府的家座册编造大概开始于18 世纪后期。[1] 宋亮燮也推测到 19 世纪，家座册才比较多地被运用到户籍的编造中。[2] 目前已经介绍到学界的家座册只有四五种，其编造时间也主要分布于 18 世纪后期和 19 世纪，包括 1774 年《顺天府西面家座册》、1854 年《林川郡家座草册》、1830 年晋州大谷面家

---

1 根据《承政院日记》的记载，1783 年汉城府北部加佐洞编造过家座册。同年，汉城判尹金履素主张在户籍大帐编造的式年之前，先编造家座册。参见金建泰《通过户名看 19 世纪职役和率下奴婢》，《韩国史研究》第 144 辑，2009。

2 宋亮燮：《1888 年宁海府户口纷争中所见的户政运营》，《朝鲜时代史学报》第 82 辑，2017。

座成册《大谷家座》、1890 年和 1895 年求礼郡《吐旨面家座成册》、1875 年彦阳县上北面《乙亥六月泉所洞家座人口姓名成册》等。

这里选取 1774 年《顺天府西面家座册》略做探析。[1]《顺天府西面家座册》最初发现于《春秋课学》一书的背面。该资料由韩国学中央研究院郑铁焕研究员发掘和整理，并通过对照资料上木川张氏两位登场人物的族谱，进而推断资料的编成年份。[2] 家座册封面已不见，不少地方也有残缺或错页。资料本文部分包括顺天府西面所辖的 22 个里，其中 21 个里的里名可以确认。资料共载 373 户，其中 337 户可辨认洞里。

现存《顺天府西面家座册》资料第一页"庄尺里"的第一、第二户辑录如下：

庄尺

户老人吴石万年七十八

妻尹召史年六十二

草家二间

田七卜八束

畓二十一卜四束自己晚

赁牛一只

户故金叱乭代妻朴召史年六十五

率女占辰年十五

草家二间

1　《顺天府西面家座册》（1774 年），韩国学中央研究院藏书阁藏（MF35-11424）。

2　许元宁：《18 世纪后半期顺天府农民的存在样态和农业经营：以"顺天府西面家座册"（1774）的分析为中心》，《历史文化研究》第 47 辑，2013。该资料的发现、保存经纬，以及时间、地区的判定在这篇文章中有所介绍。

田四卜

畓三卜六来自己晚

牛只无

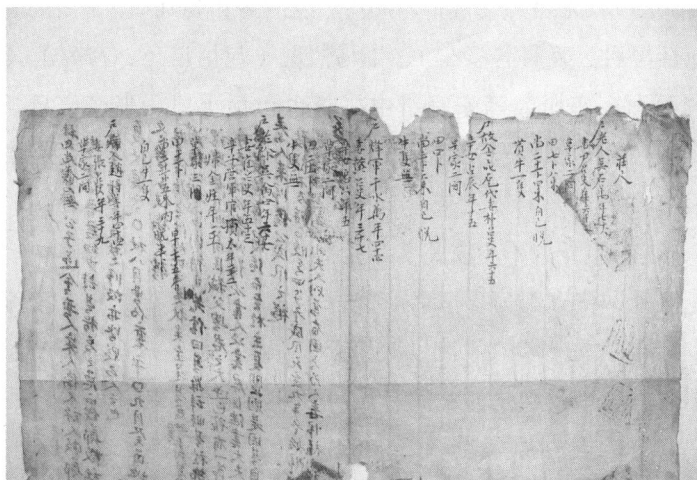

图 8-2 《顺天府西面家座册》第 1 页

资料来源：本图片承首尔大学国史系金建泰先生惠赐。特此感谢！

家座册对于各里户的登记先登载元户，然后登载无籍户。这里的"元户"是指登载于户籍上的户；"无籍户"则是未登载于户籍上的户，又称"籍外户"。庄尺里有元户 14 户、无籍户 4 户。吴石万户和代妻朴召史户分别是元户部分的第一、第二户。

第一户的户主是老人，吴石万，78 岁，妻是尹召史，62 岁。第二户的户主金叱乭去世，由其妻朴召史代为户主，65 岁。如有所率子女及其家属、奴婢等户口信息随后登载。第二户的户内登载了女儿名占辰，15 岁。然后登载家舍信息，两户都有草家 2 间。家舍后面有时会登载自家、借居或者家舍的主人信息。家舍

之后登载田产信息，一般分为旱田和水田的所有情况以及耕作
类型。耕作类型通常分为自耕、并作等；水田还会分早种、晚
种。最后是牛马的所有情况，没有登"无"，有则写明"自己"、
"贳"或"官"等。所有户列举完后，各里最后登载该里总的户
（包括元户和无籍户各几户）、口（包括男女各几口）、田产（水
田包括早种、晚种各多少）、牛马情况（包括自己、官等）。《顺
天府西面家座册》等家座册中尽管也包括丁口、事产信息，但
现存家座册的实际登载事项并没有《牧民心书》所载家座表的
事项繁多。

18~19 世纪的不少牧民书都提及家座册规式。这些规式虽有差
异，但基本格式都为丁口事产登记。据《居官大要》载，家座成
册应录有以下内容："家座以次第五家作统，而主户役名年岁、女
口男口几何、奴婢几何、瓦家几间、牛马有无、田畓几石落、还
上户名为某、结卜户名为某，一一分录。"[1]《牧民考》和《政要二》
中提到的家座册规式基本相同。首先登记面里、统户地址和户主
信息，然后列举各户的家舍、牛马、人丁、田畓、元户或移居、
应役等情况。与其他规式有所不同的是，其需登载东西南北的家
舍或道路川渠等。

　　　　　某面某里、第几统几户、某人
　　　　　家舍几间内瓦家几间、草舍几间　牛马几匹　元户或移居
　　　　　人口几名内男丁几名、女丁几口　田畓几结　有役或无役
　　　　　东西某人家

1　编者未详：《居官大要·户籍》，内藤吉之助编《朝鲜民政资料牧民篇》，第 264~265 页。

南北某人家 [1]

《牧纲》将家座册分为有职者和普通良民的规式，登载事项包括面里、统户地址，户主夫妇的基本信息，以及家舍、牛马、釜鼎、作物、田产、户奴等情况。

规式
某面某里
第一统第一户前行某官姓某名某年几本某郡
妇某氏齿几籍某郡
瓦家几间
草家几间
食鼎几座分其大小及釜
牛几只
马几匹
桑木几株
果木几株
己畓几斗落
　田几斗落（若他人田畓书其本主姓名居住）
结卜几许
户奴名某（结户还户不同复书）
（以下略）[2]

1　编者未详：《牧民考·家坐法》，金善卿编《朝鲜民政资料丛书》，第 422~423 页。编者未详：《政要二·家坐法》，内藤吉之助编《朝鲜民政资料牧民篇》，第 57 页。
2　编者未详：《牧纲·家座法》，金善卿编《朝鲜民政资料丛书》，第 190~191 页。

　　以上提到的家座册规式都以户为单位，各户标注统户或面里、统户地址。户内的登载事项包含户主夫妇的信息、户内所率人丁、家舍、田畓、牛马等要素，有时还会出现家舍周边环境、作物、釜鼎等一些申报事项。

　　《顺天府西面家座册》中各户主要的登载事项包括主户的职役、姓名、年龄，户内所率成员的名字和年龄，以及家舍、田畓、牛马等相关信息。现存各地方的家座册登载格式也大体如此。家座册上关于户的登载格式基本遵照了汉城府所编《成册规式》中关于家座册登载事项的规定："家座成册。几统，几户，某职役，昭详区别。某姓名、年甲，率下弟、子、侄、雇工，某名、年甲，家舍、行廊几间，田畓、牛马几只，分明开录。"[1]

　　综合《顺天府西面家座册》和《成册规式》，并参考各类牧民书，大致可以复原出朝鲜后期家座册的基本登载格式，如下：

```
第几统第几户
某职，姓名，年甲
妻，某氏，年甲
率居子女，某某，年甲
奴婢、雇工，某某，年甲
田，几卜几束
畓，几卜几束
牛马，几头
```

<hr>

1　编者未详：《成册规式》，首尔大学奎章阁藏（奎12317），刊年未详。

第五节　家座册性质再议

家座册除了登记户口信息，还登记各户所耕田地和家舍规模、牛马所有情况等。家座册的记载样式与帐籍体系下的户籍文书相比，显然出现了变化，可以说是一种新式户籍文书。

帐籍体系下的户籍文书书式在《经国大典》卷三《礼典·户口式》中有明确规定。"户口式"由抬头和本文两部分构成。抬头包括"户"字和住所。本文则为户口记载的核心内容，包括主户夫妇、率居子女、奴婢雇工等户内成员。各成员的职役、姓名、本贯、年岁等具体信息也有记载，主户夫妇还记载四祖相关信息。

> 户，某部某坊、第几里住
>
> 某职，姓名，年甲，本贯，四祖
>
> 妻，某氏，年甲，本贯，四祖
>
> 率居子女，某某，年甲
>
> 奴婢、雇工，某某，年甲

现存朝鲜王朝户籍文书的登载格式基本上依照该"户口式"。不同类型的户籍文书在格式上存在差异，不同地区和不同时期户籍文书的登载格式略有差异，但文书核心部分的内容基本一致。主户夫妇的职役（或身分）、世系和率居奴婢是各户记载内容的基本要素，即户籍文书只登载户口，没有土地等事产的记录。从现存户籍文书看，高丽后期已经基本确定了纯户口籍的登载形式。朝鲜王朝建立后，户籍文书的书式延续了高丽以来纯户口籍的记载样式。[1] 各户的事产情况，有可能载于各里的私历中。可以肯定的是，朝鲜王朝的官修户籍不登记事产，地籍也没有与户籍形成经纬关系。这样的户籍登载形式一直延续至朝鲜王朝末期。

与帐籍系统下的户口单子、准户口、户籍大帐相比，18~19世纪出现的家座册依从户籍，是以户为单位登记各户的田产、牛马，呈现出一些新的特征，大致可以概括为以下两点。第一，18~19世纪出现的家座册，最主要的特征是采用了人丁事产并录的登载格式，这可以说是与前述户籍大帐及其相关文书最大的不同之处。与户籍大帐相比，主户夫妇的四祖记载在家座册上有所省略。第二，除了登载内容的变化，家座册的登记遵从核法原则，而户籍大帐登记遵照宽法原则。家座册虽然是为了依照宽法原则进行编户而作，但在编造家座册这一册籍时，须遵从核法原则。因此，对各家的户口田产等内容须尽心核实，做到登载无误。而且，家座册只是地方实际统治时所用，牧民官所掌握的家座册或家座簿无须进呈。而户籍大帐每三年定期编造，并且需要在中央、各道和各邑分别保管。这一差异也体现在名称上，家座册多称为"某某册"或"某某簿"，户籍大帐则通常称为"某某帐"。

朝鲜后期的牧民书中还出现了其他一些新式户籍的设计，多是人丁事产登记格式。例如，18世纪朝鲜实学家安鼎福在《临官政要》中主张守令赴任后，应传令编造登载各户户口和财产、税额的户籍。他提出的户口籍式，含有户口、牛马、田产、身役、邻保等

1　虽然延续了纯户口籍的记载样式，但也发生了一些变化。如世系记载部分，两班阶层不再使用特殊的世系记载样式，而是使用与庶民一样的记载格式，世系的记载范围只追溯至四祖。

信息:"某面某里某村,某业、某姓名、年几何,土著则曰土著,移来则曰某年自某所至,父某、某业,母某氏、某地某业某之女,兄弟某某,同居则曰同居,别居则曰住某地,妻某氏、某地某业某之女,子某、某业,妇某氏、某地某业某之女(孙侄并同),女某、适某地某业某人(娣妹同),寄客几人,雇奴几人,牛马几头,田畓几结(田几日耕、畓几斗落),几结永业、几结佃作,税谷几石,身役几斗,邻保某某家。"[1]

家座册和安鼎福提出的户口籍式都是区别于帐籍系统户籍文书的新式户籍。朝鲜王朝后期家座册这类新式户籍的登场,受到朝鲜后期社会经济变动的影响。随着 17 世纪前后朝鲜完成向集约型农业的转型与农业生产力的逐渐安定,[2]朝鲜王朝的赋役制度发生了变化。研究者指出,16 世纪以前,朝鲜王朝赋役收入的三大来源中,田赋的比重小,而军役和贡纳等负担相对更重。17、18 世纪大同法和均役法实施后,贡纳和部分军役逐渐实现地税化。[3]在赋役体制的这一变化下,户口、事产的一元化管理成为基层统治的必然趋势。以往地方社会同时登记户口、土地的册子主要掌握在乡吏手中,不为国家所掌握。而国家的官修帐籍,即户籍大帐和量案对户口、土地采用了各自独立的登记方式,彼此难以参证。户口、土地二元化的登记体系难以适应 18 世纪以后朝鲜社会的一系列变动。在此背景下,适应基层统治实际需要的丁口、事产一元化登记的新式户籍开始出现。

1　安鼎福:《临官政要》(1757),李佑成编《顺庵全集》卷三,骊江出版社,1984,第300页。

2　韩国在 15~16 世纪才开始对山间平地和西海岸一带的农地进行大规模的开垦,17 世纪前后基本完成向集约型农业的转型;河川下游地区或广阔平原地带向集约型水田农业的转变则要到日据时期的水利组合结成以后才得以实现。参见宫嶋博史《东亚小农社会的形成》,《人文科学研究》第 5 辑,1999(中文版载《开放时代》2018 年第 4 期)。

3　岸本美绪、宫嶋博史:《朝鲜和中国近世五百年》,第 244~247 页。

　　丁若镛在《牧民心书》中多次将家座册与砧基簿加以联系。他在关于砧基的小注中提到："砧基者，家坐也。作家者，必砧杵其基地。"[1] 在关于宋代砧基簿的小注中则提到："砧基簿者，如吾东之家坐册录其田产者也。"[2] 在前附砧基表后面，有下述文章："右表二首，即砧基簿之遗意也。"[3] 也就是说，在家座册基础上设计的家座表（砧基表）同样继承了砧基簿的属性。

　　丁若镛生活在 18~19 世纪的朝鲜，不曾见到宋代砧基簿实物。丁若镛设计的家座册是否源于宋代砧基簿，或是根据砧基簿的记载进行了相应的设计，从目前掌握的史料很难判断。但可以从两种资料的性质入手，考察两者的关系。丁若镛之所以将朝鲜的家座册等同于宋人所说的砧基簿，有一种可能是看到传世文献中关于宋代砧基簿的相关记载，认为两者的属性十分相似。在他看来，砧基簿具有两大基本属性：一是登载田产，二是依从户籍。"家坐册者，宋人所谓砧基簿也。砧基之簿，本籍田产，无微不录，今亦依之户籍。虽用宽法，家坐必用核法，锱铢毫厘，不可有差爽也。"[4] 关于南宋砧基簿，学界已有很多讨论。但由于砧基簿的实物鲜有保存下来，目前的研究主要依据传世文献的记载。[5] 尤其是关于砧基簿属性

1　丁若镛：《与犹堂全书》第五集政法集卷二一《牧民心书》卷六《户典六条·户籍》，《影印标点韩国文集丛刊》第 285 册，第 424 页。

2　丁若镛：《与犹堂全书》第五集政法集卷二一《牧民心书》卷六《户典六条·户籍》，《影印标点韩国文集丛刊》第 285 册，第 391 页。

3　丁若镛：《与犹堂全书》第五集政法集卷二一《牧民心书》卷六《户典六条·户籍》，《影印标点韩国文集丛刊》第 285 册，第 426 页。

4　丁若镛：《与犹堂全书》第五集政法集卷二一《牧民心书》卷六《户典六条·户籍》，《影印标点韩国文集丛刊》第 285 册，第 425 页。

5　近年来，学界开始关注载于石碑或族谱的元代砧基文书，其对理解宋元砧基簿具有重要的参考价值。王晓欣、郑旭东：《宋元砧基簿问题再探——以两件未被讨论过的元代砧基文书为中心》，南京大学"元朝与中华民族的形成和发展——纪念韩儒林先生诞辰 120 周年学术研讨会"论文，江苏南京，2023 年 10 月。

的讨论,研究者多把焦点放在南宋的砧基簿与同时期出现的鱼鳞图籍之关系上。早期的研究者多将砧基簿等同于鱼鳞图册,但 2000 年以后研究者对南宋砧基簿的性质及其与鱼鳞图册的关系做了新的探讨,认为砧基簿属于户籍性质,其基本属性是"以人为母,以地从人",不同于鱼鳞图册的册籍。[1]

朝鲜文人将朝鲜家座册与宋代砧基簿加以联系,与家座册作为新式户籍文书的属性也不无关系。无论是依据家座册实物,还是从朝鲜后期《牧民心书》所见的家座册设计看,朝鲜的家座册与官修户籍大帐相比,其最大特点是出现了事产登记。丁若镛主张丁口事产皆书的书式变化,继承了周制,并没有脱离先王之法:

> 周法,司民登民数之版,乡、遂之人登其夫家之众寡,六畜车辇之多少。后世之制,以此二事合之于户籍,不可曰丁口事产之皆书,非先王之法也。臣前在谷山,作砧基表,亦丁口、事产并录名下,每有征调,必察其贫富虚实,甚有资益,此法不可少也。[2]

---

1 尚平认为南宋最初出现的砧基簿属于户籍性质,虽然在登记时突出了田产内容,但其对土地的登记归于户名之下,与以户从地的土地登记方式不同,因此不是严格意义上的独立单行的地籍。但同时他认为砧基簿含有土地丘块绘图,构成了它与鱼鳞图册之间的联系,也提供了它向鱼鳞图册转变的契机,即鱼鳞图册是由砧基簿演变而来。栾成显也认为两者虽然关系密切,却是绍兴经界所造的不同册籍,而且是先撰鱼鳞图册,后造砧基簿。绍兴经界后,鱼鳞图帐成为砧基簿撰造的根据和基础。鱼鳞图帐的基本属性是以地为母、以人从地;而砧基簿的基本属性则是以人为母、以地从人。砧基簿是一种归户册,是在鱼鳞图帐完成后,将田产赋税落实到户而造的归户税役册,明清以后演变成了归户册。尚平:《南宋砧基簿与鱼鳞图册的关系》,《史学月刊》2007 年第 6 期;栾成显:《鱼鳞图册起源考辨》,《中国史研究》2020 年第 2 期。

2 丁若镛:《与犹堂全书》第五集政法集卷二一《牧民心书》卷六《户典六条·户籍》,《影印标点韩国文集丛刊》第 285 册,第 252~253 页。

家座册尽管包含了更为丰富的内容，但其延续了户籍大帐相关文书以户为单位的登记方式，即事产依户登记。从这点看，家座册与宋代砧基簿的基本属性确有相似的一面。不过，朝鲜的家座册没有出现朝鲜时期量案上土地登记所采用的字号、四至等信息，更没有出现关于土地丘段的图。

《牧民心书》中关于家座册的原理设计是，家座册是在户籍大帐编造之前所编，其主要关联的是户籍大帐的编造，而非量案的编造。与家座册的相关论述，并没有提及朝鲜时期的土地调查或相关帐籍，虽然提到绘图，但此图是在地图中标识家座，与田地无关。丁若镛提到家座册编造之时，从诸吏中选择三四人，授予《家座册条例》，派遣他们进入乡里籍家座。这反映了家座册的设计理念是守令主导命令乡吏（胥吏）编造的一种能切实反映基层实际民情的册子。

综上，从目前掌握的史料很难判断朝鲜的家座册与宋代砧基簿之间是否存在渊源，但两者在属性上确有一定相似性。本节对朝鲜王朝后期的家座册进行了初步考察，关于朝鲜后期家座册的出现背景及其属性论断，有待于全面分析该时期的牧民书和家座册实物，并将其置于朝鲜王朝赋役制度的整体演变中考察。

小　结

本章以 18~19 世纪的牧民书为中心，对家座册的设计原理，尤其是与户政运作的关系等问题展开论述,从过去较多关注的户籍大帐等官修资料转向对地方官在基层统治中所运用的簿册类资料的讨论,并综合现存家座册实物和规式,大致可以复原出家座册的书式。家座册最主要的特征是采用了丁口事产并录的登载格式,这是与帐籍系统户籍文书最大的不同之处,可以说是适应基层统治需要的新式户籍文书。朝鲜后期出现的家座册是地方官为了掌握所辖郡县的邑势、民户的虚实,命令乡吏编造的一种册子。地方官掌握此类切实反映基层实际民情的册子,其实质是为了能均平赋役,更好地进行基层统治,也是为了防止乡吏之横滥,强化地方官基层统治权。

本章还从"邦典之议"与"牧民之谱"之间的关系引出"正典"与"官箴"存在分离关系。家座册的出现也体现了朝鲜时期地方社会户籍制度的复杂性。家座册只是在地方使用的户籍文书,地方官所掌握的家座册或家座簿无须进呈上级官府,不属于帐籍系统的户籍文书。而帐籍系统的户籍大帐相对均一。户籍大帐每三年定期编造,制作更为连贯,并且需要在中央、各道和各邑分别保管。这意味着从郡县到中央共享同一套信息,朝廷可以根据这些信息直接指挥地方,实现理想中的律令统治。此外,两者的登记内容和原则也有所不同。家座册的登记遵从核法原则,而户籍大帐登记遵照宽法原则。两套不同的户籍文书系统的运作,导致了中央与地方之间掌握的户口信息的不对称,也说明国家和地方社会户籍管理之间的张力。

第九章 朝鲜王朝的"号牌"与人丁管理

朝鲜时期，上至王族、朝官，下至庶民、公私贱，所有 15 岁以上的男丁都须佩戴号牌。仁祖三年（1625）颁布《号牌事目》，明确规定："凡男丁年十五岁以上，勿论贵贱，勿问有无役，上自正一品宗室百官，下至公私贱，各令照式呈单入籍给牌为白乎矣。其中良民有役者，虽未满十五岁，亦令呈单。"[1] 相关条款也写入《续大典》[2]《受教辑录》[3]《新补受教辑录》[4] 等大典和法令集当中。

---

1 号牌厅：《号牌事目》，首尔大学奎章阁藏仁祖三年（1625）训练都监木活字本。

2 金在鲁等：《续大典》卷二《户典·户籍》。

3 李翊等：《受教辑录》卷二《户典·户籍》。

4 弘文馆：《新补受教辑录》卷二《户典·户籍》。

　　为何朝鲜王朝规定全体男丁都须佩戴号牌，朝鲜的号牌究竟从何而来？以往对号牌的研究多从制度史的角度出发，对号牌制在各个时期的实施情况进行考察，但对号牌的基本性质尚缺乏整体的研究。[1]针对上述研究现状，本章将在对号牌的渊源略做考证的基础上，梳理朝鲜时期号牌的设废和功用类别等问题，进而分析朝鲜时期社会经济构造的特点，勾勒出牌类文书在朝鲜与元、明王朝的不同演变路径。

第一节　号牌的渊源

　　"号牌"一词最早出现在《高丽史·兵志》中：

　　　七月都堂启请，"籍水陆军丁，仍带号牌"。[2]

1　李光麟：《号牌考——以实施变迁为中心》，庸斋白乐濬博士还甲纪念论文集刊行会编《庸斋白乐濬博士还甲纪念论文集：国学论丛》，思想界社，1955；李钟英：《僧人号牌考》，《东方学志》第6辑，1963；崔石云：《世祖时的号牌法施行》，《乡土首尔》第28辑，1966；闵丙官：《17世纪号牌制的施行和民人把握问题》，硕士学位论文，首尔大学，2000。对号牌本身的研究主要有三篇论文，庆南大学历史系张允祯的《从考古学角度对号牌的初步研究——庆南大学博物馆藏品为中心》(《加罗文化》第27辑，2015）一文辑录了庆南大学博物馆收藏的70余件号牌的照片，并附有各号牌的材质、正反面记载内容、尺寸的相关说明，但这些号牌均为木质号牌，并不能展现朝鲜时期号牌的全貌。另有李俊九的《17世纪末号牌、户籍所见的郁陵岛、独岛守卫者安龙福和朴于屯》(《朝鲜史研究》第14辑，2005）及权五晔的《安龙福的号牌》(《日本文化学报》第64辑，2015），但这两篇论文的侧重点并不在号牌本身，对安龙福、朴于屯号牌记载内容介绍较为简略，也没有附实物照片。

2　郑麟趾等：《高丽史》卷八一《兵志一·兵制·五军》。

　　这条史料中的"七月"是高丽恭让王三年（1391）七月，研究者多依据此记载，推论号牌制始创于高丽恭让王三年。《增补文献备考》"号牌"条对号牌制的起源也有记载："号牌之制，肇自元氏"，"东国始创于恭让三年"。这条材料也提到朝鲜王朝亦尝试设立号牌制，但"屡行屡罢"，"至肃宗三年着为挈令"。

　　　　臣谨按，号牌之制，肇自元氏，概括户料民之要法也。东国始创于恭让三年，盖因元氏之旧，而其制置法令，史无明文，不可得而详也。我朝亦尝，屡行屡罢。至肃宗三年着为挈令，未知与丽氏之制同异阔狭果何如耳。[1]

　　号牌自元代传来的说法在朝鲜中期文臣李恒福（1556~1618）的文集中也得到印证。李恒福认为，元代使用号牌大致始于太祖十年（1215）至太宗元年（1229），高丽末，号牌自元传入高丽。

　　　　至元氏而号牌行焉。……至太祖十年，始命忽睹虎，括汉民户分隶州县。至太宗元年，分设三科，中原以户，西域以丁，蒙古以牛马。意者，号牌之设，必于此二时也。时夷夏统合，版图淆乱，故使佩标牌，以相识认耳。丽朝季，元之传来，已失本意。臣之前议以为不可行者，此也。[2]

　　综合以上几条史料记载可知，朝鲜时期的号牌极有可能源自

1　弘文馆：《增补文献备考》卷一六二《户口考二·附号牌》，首尔大学奎章阁藏朝鲜隆熙二年（1908）新式活字本。
2　李恒福：《白沙集》卷五《札子·辛亥正月在告时札子》，韩国民族文化推进会编《影印标点韩国文集丛刊》第62册，景仁文化社，1991，第308页。

元代的牌类文书。朝鲜王朝共有五次大举推行号牌制，每次实施前后，朝野上下都有诸多讨论，更有论者将号牌制与宋代保甲法联系起来。世宗二十年（1438），判中枢院事李顺蒙在上言中将号牌之法比作"盛宋之良法"，认为"复行号牌于今日，则良贱不能混淆，而流亡作贼之弊，亦可革矣"。[1]

世宗二十二年（1440）传旨号牌法的相关内容后面附载了大臣对于号牌制的诸多看法，其中一说为号牌之法是"丁口毕现之法"，与"中朝保甲之法"相同，号牌法不可速成，长久实行，才能达到"漏挟之民，立皆自见"的效果。[2]

号牌法又常常被称作"新法"。这样的论述很多，如"向者大臣，请复立号牌之法，此法太宗时已行，以民之不愿，而遂除之。予不喜立新法，今若复行，恐民之怨咨也"。[3]再如"民情安于古常，不乐新法。量田，旧制也，民不为苦。号牌，新法也，民必惊扰"。[4]又有"号牌一事，似是新法，而节目苛刻，故以此为重难，欲先行军籍矣。近因此事，群议亦郁云，将何以处之？"[5]这些论述中言及的"新法"含义十分丰富，但至少包含了两层意思：一是号牌创立于宋代以后，与"三代遗制""古法"形成对比；二是号牌之法非朝鲜太祖所创，未载入《经国大典》，与"先王之政""大典之法"形成对比。[6]称号牌法为"新法"的论述，通常对号牌制的实施持有谨慎或反对之意，隐含了号牌制严酷、扰民、

1　《朝鲜世宗实录》卷八一，世宗二十年五月丙申，第4册，第147页。

2　《朝鲜世宗实录》卷八八，世宗二十二年二月丙申，第4册，第270页。

3　《朝鲜世宗实录》卷三四，世宗八年十二月丁卯，第3册，第52页。

4　沈悦：《南坡相国集》卷六《启辞·户曹判书时收议·乙丑》，韩国民族文化推进会编《影印标点韩国文集丛刊》第75册，景仁文化社，1991，第533页。

5　《朝鲜仁祖实录》卷九，仁祖三年七月丙寅，第34册，第20页。

6　李景奭：《白轩集》卷二四《疏札·论五家统号牌乡约三件事札》，《影印标点韩国文集丛刊》第96册，第127页。

非仁政等特性。

对此，朝鲜文人李埈（1560~1635）在《请行号牌疏》中特别指出，朝鲜的号牌之法不同于宋熙宁初的"王安石变乱旧章"，将号牌之法比之于"新法"的议论有"引安石事以谤之"之嫌。他认为号牌之制承袭了周代的六乡六遂制，"号牌之名，虽见于今，而号牌之制，其来古矣"。[1]

综观以上关于号牌与宋代保甲法关系的论述，可以知道号牌的实际运作与推行是相当有难度的。关于号牌制"行"与"罢"、"利"与"弊"的争论贯穿始终，从未停歇。政见不同，对号牌的评价也褒贬不一。文献中明确提到号牌是高丽末自元代传入，为何在朝鲜时期会出现将号牌与宋代保甲法加以联系的论说呢？这与号牌的原理有很大关系，后文将展开分析。

第二节　号牌的功用及号牌制设废

《增补文献备考》提到号牌为"元氏之旧，其制置法令，史无明文，不可得而详也"。从《高丽史》中"籍水陆军丁，仍带号牌"的记载看，说明号牌传入初期曾用于军丁管理，不过关于高丽末号

1　李埈：《苍石集》续集卷三《疏·请行号牌疏》，韩国民族文化推进会编《影印标点韩国文集丛刊》第 64 册，景仁文化社，1991，第 625 页。

牌的建置情况和号牌的功用仍然缺乏明确的史料记载。[1] 朝鲜时期号牌的功用在《增补文献备考》中得到了很好的概括："概括户料民之要法也。"这意味着号牌制已经成为朝鲜王朝控制和管理民众的重要手段之一。

朝鲜王朝建立初期，执政者已经意识到号牌制对强兵固国的重要性。太祖初年，都评议使司曾请行号牌法，但"事竟不行"。[2] 太宗初年，承枢府、议政府先后请行号牌法，[3] 通过"皆给号牌"，"则流移逃匿者，无所容矣。此法一立，人皆土著，非特有恒产而有恒心也，实强兵固国之一助也"。[4] 经多次议论后，太宗十三年（1413）八月议号牌之法，[5] 同年十二月，"中外大小臣民，始佩号牌"。[6] 但号牌法并没有取得预想中的实效，太宗十六年（1416）六月被罢。[7]

世宗年间，国家升平日久、生齿日众，众臣前后五次议论号牌制的实施。世宗十八年（1436）六月，司宪府大司宪李叔畤等向国王进言时弊时就提到了号牌之法："伏望命复号牌之法，以明

1　近来黑城出土文书所见的"牌子"也有一定的户籍管理职能。不过，朝鲜号牌与元代"牌子"是否存在渊源关系，仍有待考证。据吴超观察，"牌子"在蒙古建国初仅是在其部族内部抽调壮丁组成的军事组织的基本单位，其主要职能是上马则战斗，下马则屯聚牧养。牌头领有年龄在15~70岁的男性部民10人，具体负责战时出征，无战屯聚牧养。也就是说，"牌子"在元朝初期的职能多体现在军事上，并不具有户籍管理的职能。随着元朝势力的扩张，牌子的性质逐渐发生了变化，在具有军事职能的同时又具有一定的户籍管理职能。吴超：《〈黑城出土文书〉所见"牌子"考》，《北华大学学报》2009年第4期。

2　《朝鲜太祖实录》卷一三，太祖七年一月甲寅，第1册，第115页。

3　《朝鲜太宗实录》卷四，太宗二年八月壬子、太宗二年八月癸丑，第1册，第243页。

4　《朝鲜太宗实录》卷一一，太宗六年三月甲寅，第1册，第352页；《朝鲜太宗实录》卷二六，太宗十三年八月丁卯，第1册，第684页。

5　《朝鲜太宗实录》卷二六，太宗十三年九月丁丑，第1册，第686页。

6　《朝鲜太宗实录》卷二六，太宗十三年十二月丙午，第1册，第699页。

7　《朝鲜太宗实录》卷三一，太宗十六年六月壬戌，第2册，第120页。

版籍，以防奸伪。"[1]明确指出实施号牌法有防止无恒产者流移、有身役者谋避之功用。但因恐号牌之法扰民，终未轻易举行。

世祖即位后，为了改变户籍不明、军丁多漏的现状，大举"丁括号牌，额增军籍"。[2]世祖四年（1458）四月，申叔舟主张"欲明户籍"，应重新实施户牌之法。[3]这里所说的户牌之法，就是号牌之法。世祖遂下令起草号牌事目，并传旨议政府："自今大小臣民皆佩号牌。"在谕诸道观察使的御书中，号牌的功用被归纳为三点："明其职任"，"明其户口"，"盗贼自弭，且使百姓无流离失所之患"。[4]号牌之法被定性为"明尊卑""定户籍"之法。御书对号牌的形状做了说明，号牌为方形，与圆形的标信有所区别。[5]

世祖四年四月与七月朝鲜两次制定号牌相关事目，并于翌年二月始行号牌法。[6]虽然积极推行号牌法，但"隐丁者、压良者、冒认他奴为己奴者、流亡未见者、盗贼在逃者"颇多，成效显微。[7]世祖九年（1463）对事目的更作，更是招致了关于号牌法行之不精，[8]军籍、号牌并行而使民厌苦的批评声。[9]成宗元年（1470）号牌法被

1　《朝鲜世宗实录》卷七二，世宗十八年六月癸丑，第3册，第686页。

2　《朝鲜世祖实录》卷四六，世宗十四年十一月甲申，第8册，第213页。

3　《朝鲜世祖实录》卷一二，世祖四年四月辛酉，第7册，第264页。

4　《朝鲜世祖实录》卷一二，世祖四年四月壬戌，第7册，第265页。

5　朝鲜时期的标信主要用于传达王命、紧急召唤、夜间通行等。主要类型有宣传标信、徽旨标信、内旨标信、召集标信、开门标信、通行标信等。参见韩国古典用语辞典编纂委员会《韩国古典用语辞典》，世宗大王纪念事业会，2001。

6　《朝鲜世祖实录》卷一五，世祖五年二月甲寅，第7册，第311页。

7　《朝鲜世祖实录》卷一六，世祖五年六月乙丑，第7册，第333页。

8　《朝鲜世祖实录》卷三三，世祖十年五月庚申，第7册，第624页；《朝鲜世祖实录》卷三七，世祖十一年十月壬寅，第7册，第710页。

9　《朝鲜世祖实录》卷三四，世祖十年九月甲戌，第7册，第654页；《朝鲜世祖实录》卷三六，世祖十一年七月辛未，第7册，第696页；《朝鲜世祖实录》卷三九，世祖十二年六月癸亥，第8册，第28页；《朝鲜世祖实录》卷四六，世祖十四年五月丁亥，第8册，第188页；等等。

罢，[1]直至壬辰倭乱，号牌法没能再实施。

壬辰倭乱爆发以后，朝鲜王朝迫切需要施行号牌法以控制军丁和恢复乡村社会秩序，因此出现了"修军籍，必先行号牌法"，"如欲籍兵，必作号牌"等主张。[2]号牌对于抽丁、强兵的重要性常被论及。李晬光（1563~1628）就主张：

> 富国之术，在于钱币。足兵之策，在于号牌。盖钱币行，则国用自裕，号牌行，则时无幸民，其利益必大矣。用钱之议，起于先王末年。廷臣献言，皆以为可行而事竟寝。号牌则顷在壬子，设厅成籍。公卿以下，佩持数月而罢，我国之习，不能耐久如此。惜哉。[3]

李贵（1557~1633）认为号牌才是搜括人丁与籍军的重要依据：

> 公于反正初，以为先行号牌，次行量田，乃是富国强兵之计。
>
> 臣意不行号牌，民居无恒，军籍无路。
>
> 籍军之难，不至如今日之甚。然而年久，则还为空籍矣。今则经乱以后，田多民少，避役失业，散而之他。若无号牌拘束之举，则何凭括出。必至于举国纷乱，而终无籍军之效矣。[4]

1　《朝鲜成宗实录》卷一，成宗即位年十二月癸丑，第 8 册，第 443 页。

2　《光海君日记》卷五，光海元年四月乙卯，第 31 册，第 409 页。

3　李晬光：《芝峰类说》卷三《君道部·制度》，南晚星译，乙酉文化社，1994，第 526 页。

4　参见安邦俊《默斋日记》卷三《备御论辩》，朝鲜古书刊行会编《大东野乘》第 12 册，朝鲜古书刊行会，1909，第 81 页。

郑经世（1563~1633）也视号牌法为"必可行之良法"：

> 号牌一事，乃是必可行之良法。国家欲签丁选兵，以为教练，舍此他无善策。（中略）壬辰丧乱以后，尤为荡然，而教练之法则终始未有所闻。我国武略之不竟，职由于此。今欲着实行之，则必须先行号牌之法，多得闲丁以充阙伍。[1]

> 率土皆民，百姓皆兵，而或终身戍守，害及族邻，或无役闲游，息偃在床。大夫不均之怨，未有甚于今日。而论其多寡之分，则无役者遍国中，为兵者未什一。以故阙额未得充，逃故未得除，而国为无兵之国。号牌之法行，则壮实者签入军伍，老弱及贫无业者，量收价布以助军饷。民无不均之怨，兵为可用之兵。此臣之所以为甚当。而今日之急务莫有先于此者矣。[2]

光海君于光海二年（1610）下令实行号牌法，[3]并设置专门机构"号牌厅"用以管理和监督号牌制的施行。与大臣积极支持号牌法的执行相比，光海君的态度显得十分谨慎。四年（1612），朝中再起请罢之论，号牌制施行数月即被革罢。[4]

与光海君不同，仁祖对外采取亲明排金的外交政策，扩充军

1　郑经世：《愚伏集》卷八《议·宣惠号牌便否议》，韩国民族文化推进会编《影印标点韩国文集丛刊》第68册，景仁文化社，1991，第139页。

2　郑经世：《愚伏集》卷八《议·号牌量田议》，《影印标点韩国文集丛刊》第68册，第140页。

3　《光海君日记》卷三三，光海二年九月戊申，第31册，第565页。

4　《光海君日记》卷五〇，光海四年二月辛卯，第32册，第21页；《光海君日记》卷五五，光海四年四月壬申，第32册，第44页；《光海君日记》卷五五，光海四年七月丙申，第32册，第83页；等等。

费、确保财政、增强国力等国策，又归结为号牌制的施行。仁祖三年重新设置号牌厅，并制定了新的号牌事目。但由于号牌节目繁多、苛刻，举行甚难，且前朝屡行屡罢，号牌制已经失信于民。[1]号牌制实施一年后，搜括出226万余男丁成册，[2]但搜括隐匿人丁的举措，却又招致民心骚动。号牌法的实施并不尽如人意，加上仁祖五年（1627）突如其来的丁卯胡乱，号牌制被迫终止。[3]

孝宗朝初年，为了确保军丁和实现身役均等，号牌制与五家作统制的施行被同时论及。[4]显宗朝初年，李惟泰提出若行乡约、不必行号牌的意见，围绕五家统、号牌、乡约的施行与否，朝中意见不一，号牌终未行。[5]肃宗元年（1675）九月颁布《五家统事目》，以纸牌（统牌）代行号牌。纸牌的施行遭到诸多不满，有数次企图恢复号牌制。肃宗十一年（1685）以后，因为执政者意识到号牌制在实际运作和落实上的局限性，行罢之争终于停止，良役变通等更为直接的赋税制改革开始受到关注。[6]

各朝再三推行号牌法的主要原因在于，号牌被视作朝鲜王朝管理人丁的重要手段，具有掌握民数、抽丁籍军、辨别身分、抑制百

1　《朝鲜仁祖实录》卷一〇，仁祖三年十月丙子、己卯，第34册，第35页。

2　《朝鲜仁祖实录》卷一三，仁祖四年六月丙子，第34册，第105页。

3　《朝鲜仁祖实录》卷一五，仁祖五年一月丁亥，第34册，第161页；《朝鲜仁祖实录》卷一五，仁祖五年一月庚寅，第34册，第163页。

4　《朝鲜孝宗实录》卷二〇，孝宗九年十一月丙午，第36册，第158页；《朝鲜孝宗实录》卷二一，孝宗十年二月甲戌，第36册，第174页。

5　《朝鲜显宗实录》卷三，显宗元年六月丁未，第36册，第264页；《朝鲜显宗改修实录》卷四，显宗元年七月丙辰，第37册，第181页；《朝鲜显宗改修实录》卷九，显宗四年七月辛卯，第37册，第328页；《朝鲜显宗实录》卷九，显宗五年十月甲戌，第36册，第433页；等等。

6　权乃铉：《肃宗代地方统治论的展开和政策运营》，《历史与现实》第25辑，1997，第87~112页。

姓迁移等基本功用。在出入官府、就讼庭时，号牌亦被视作重要的身分证明。一度取代号牌的纸牌由"官司印之，每出入囊佩之。无此者，不得入官门、就讼庭，以为身符"。[1] 另有史料记载，科举应考时，也须照讫或考见号牌："科场应赴人，无照讫号牌者，停举"；"谒圣春塘台入场时，令四馆，考见户牌点入"。[2] 那么，号牌作为随身携带的身符，如何发挥上述功用呢？

第三节　职役、身分与号牌：基于形制和内容的分析

朝鲜王朝每次推行号牌时都制定了相关事目或法令，这些内容经过不断的修正和补充，逐渐趋于稳定。号牌事目涉及牌的形制、登载内容、造牌、给牌、号牌成册、守令督责、惩罚规定等多项内容，有的还写入僧人号牌等特殊号牌的相关条目。[3] 通过分析事目，可知不同身分地位所佩戴的号牌在形制和牌式内容上均有严格区分。

太宗十三年（1413）九月，议政府颁布的《议号牌之法》包含

1　《朝鲜肃宗实录》卷四，肃宗元年九月辛亥，第 38 册，第 240 页。

2　李命龙：《戒逸轩日记》（庚辰九月初八日），《韩国史料总书》第 42 辑，国史编纂委员会，1999，第 362 页。

3　号牌事目的内容丰富，是考察号牌在户籍管理、军事管理、身分管理、基层社会统治等方面职能的重要资料。本节仅对这些事目中关于普通号牌的形制和登载内容的条目进行梳理。

形制、面书、号令三项内容。[1] 这一时期的号牌使用统一的尺寸，形状为上圆下方。材质则依据职品高低而有所区别，二品以上用象牙，四品以上用鹿角，五品以下用木牌，且区分材质，五品以下用黄杨木，七品以下用资作木，庶人以下用杂木。牌的登载事项也有严格区分，二品以上及显官三品以下书官职，散官三品以下书官职、姓名、居住地，庶人则加书面色与髯有无，军官书所属军队与身长，杂色人书职役或上典、年龄、居住地、面色、髯有无、身长。牌的背后有刻印，显官以上免刻印，其他皆刻火印。

世祖四年（1458）四月，给诸道观察使谕示的《十四条事目》将号牌按照材质分成了两大类：堂上官以上用牙牌，东西班三品至庶人用木牌。木牌又依据身分高低，使用不同材质：两班层（东西班三品至成众官、有荫子弟）用山柚子木；非两班层（无荫良人、公私贱、乡吏、驿子、府吏、胥徒、民丁、军士等）则用杂木。牙牌和木牌的尺寸不同：前者长 3 寸 5 分、广 1 寸 1 分，后者长 4 寸、广 1 寸 5 分。[2]

同年七月，兵曹所启的《十八条号牌条件》中也有多条涉及号牌的形制、大小和记载内容。号牌的记载事项依据职品和身分的不同有所区别。佩戴号牌的人大体被分为三大类：堂上官；东西班三品以下和权务、杂职的现任官员、前衔东西班三品以下和有荫子弟、成众官等不任现职的两班层；无荫子弟、良人、前衔杂色军人、杂职人、府吏、胥徒及民丁、公私贱等。第一、二类中现任官员的号牌正面书官职，背面烙篆"号牌"二字。第二类中无官守者的号牌正面书姓名、年甲与本贯，背面横书"汉"（京中居住者）

1　《朝鲜太宗实录》卷二六，太宗十三年九月丁丑，第 1 册，第 686 页。
2　《朝鲜世祖实录》卷一二，世祖四年四月壬戌，第 7 册，第 265 页。

或州名（京外居住者），并在正面烙篆。第三类一般百姓所需记载的事项更为详尽，正面包括所在州面里等居住地、户主及其率居人、本人的年甲、本贯、形貌，私贱加书主人的姓名，公贱则加书所属司官，背面与第二类相同，并须记入发给的年月日，以凭后考。[1]

光海君时期有关号牌事目的内容只存零星记载，难以还原事目的全貌。仁祖三年由号牌厅编制的《号牌事目》，记录了号牌法的实施细则。该事目由号牌厅启目、号牌事目 35 条、单子式 14 条、成册式 1 条、牌式 16 条、牌样图等构成，其中就包含关于号牌形制与记载事项的规定。与太宗朝、世祖朝相比，仁祖三年颁布的《号牌事目》对不同职品和身分的人群所佩戴的号牌做了更为细致的分类。从材质上看，二品以上用牙牌，三品以下朝官有职者及前衔者用角牌，其他均用木牌。木牌又被分为黄杨木牌和普通木牌。普通木牌根据尺寸大小还可分为小木牌与大木牌，前者长 2 寸、广 1 寸，后者长 2 寸 5 分、广 1 寸 5 分（见表 9-1）。将木牌分为大、小木牌，实为首创。

表 9-1　仁祖三年《号牌事目》规定的号牌形制与登载内容

品、职别	登载事项	材质	尺寸
二品以上	姓名、某年生、某年某科	牙牌	长 2 寸，广 7 分
三品以下朝官有职者及前衔者	姓名、某年生、某年某科	角牌	
生进	姓名、某年生、某年生进	黄杨木牌	长 2 寸，广 1 寸

1　《朝鲜世祖实录》卷一三，世祖四年七月庚寅，第 7 册，第 283 页。

续表

品、职别	登载事项	材质	尺寸
忠义卫、内禁卫、兼私仆、羽林卫受禄者	姓名、某年生、某年口传	小木牌	长2寸，广1寸
忠顺卫、训导、学生、校生、武学生，士族中闲良、算员、吏文学官、录事、未经流品实职者、内侍生徒、三医司生徒、画员、杂类中加设职，司谒、写字官、司钥、典乐	年岁、居住、疤记		
诸色军士中有厅有荫者、庶孽、书吏、乡吏	役名、容貌、年岁、疤记、居住、身长		
诸色军兵及良丁、余丁、公私贱	役名、容貌、年岁、疤记、居住、身长	大木牌	长2寸5分，广1寸5分

从牌式的内容看，黄杨木牌似为生员进士使用，士庶人、杂职、庶孽、书吏、乡吏等使用普通木牌中的小木牌，诸色军兵及良丁、余丁、公私贱则用大木牌。牌式部分还对牌的填色做了说明，宗室与文官填红色，武官填青色，南行（荫职）填黄色，杂职填白色，这也是之前未见的。身分越低，牌面的记载事项就越详细。如生进书姓名、某年生、某年生进，而诸色军士、庶孽、书吏、乡吏、良丁、公私贱等则书役名、容貌、年岁、疤记、居住、身长。

仁祖朝的号牌还出现与五家作统制逐渐融为一体的趋势。《号牌事目》的第二条明确指出，"号牌成籍时必须申明大典户统之法"，这意味着号牌法与统户法逐渐融为一体。在牌式图的木方牌式中也能看到牌的上部须注明"几统第几家"。木方牌式的左侧使用的是大年号（中国年号）。与五家作统制的结合，使号牌逐渐成为强化基层社会统治的重要制度之一。

肃宗元年号牌的相关内容被编入《五家统事目》，并一度以纸牌（统牌）代行。《五家统事目》规定，每统须将一统民户列名，或作为一牌，或书诸一纸。牌上书"某邑某面，第几里第几统，统首某，某户某役"，根据家户等级依次书写，贱人则降一行；然后书"率男子几丁，某差，某职役，某业，某技艺，某无役，某年幼，某借入"。事目还规定统内 16 岁以上男丁，出行须随身佩戴纸牌，上书"某道某县邑，某面某里，某役某姓名，年岁几许"，公私贱则各书"官、主"，有官印。[1] 纸牌曾尝试打破身分的区隔，使用统一的材质和记载方法。肃宗年间，纸牌和号牌有很长一段时间并行，但终究遭到士族的反对。肃宗三年（1677）重新施行号牌法，制定《号牌事目》。[2] 翌年改订。[3] 肃宗三年及四年的号牌事目内容基本以仁祖朝的号牌事目为基础，略做改动和补充。[4]

综上，朝鲜时期对号牌的形制与记载内容的规定逐步具体化，并逐渐完善。17 世纪以后，号牌相关事目中所见的号牌形制基本趋于稳定，没有发生大的变化。号牌具有辨别尊卑贵贱的重要功用，

1　《朝鲜肃宗实录》卷四，肃宗元年九月辛亥，第 38 册，第 240 页。

2　《备边司誊录》卷三三，肃宗三年一月八日。

3　《备边司誊录》卷三三，肃宗四年四月十五日。

4　肃宗朝《号牌事目》对号牌材质的规定为：二品以上用牙牌，三品以下无论前衔者用角牌，生员进士用黄杨木牌，其他用普通木牌。此外，内官、医译嘉善阶以上者，分许牙牌。三医司本业登科者，许佩角牌。各类号牌的形状、尺寸和填色均与仁祖朝相同。此外，事目对学生、校生、庶孽和庶孽子孙、掖庭署别监、守仆、良贱无属处者的牌面记载方式也做了单独说明。对公私贱相关者，则强调书录主名和司名。肃宗四年事目将身长和疤记的书录对象从仁祖朝丙寅事目中的学生以下，缩小限定为大木牌佩持者。另外，对诸色军兵，明确指出如有腰牌，不必重复给号牌，以军中腰牌代之。无腰牌的军士，与平民一样佩戴号牌。

身分不同，号牌的尺寸、材质和登载事项也有区别。总体看来，号
牌根据材质大体分为牙牌、角牌、黄杨木牌、普通木牌四类（见图
9-1、图9-2、图9-3、图9-4）。木牌按照尺寸又分成大、小木牌；
牙牌和角牌主要适用于品官；生进也单独使用一类号牌，即黄杨木
牌；两班士族以外的常民，即号牌品职中学生以下身分之人使用木
牌。牌上要记载统户地址、役名，公私贱相关者还要加书主名、司
名，大木牌佩持者则要书录身长和疤记。

　　韩国国立中央博物馆网站上有数张可供阅览的号牌照片，均为
馆内藏品。虽然数量很少，但基本涵盖了以上不同材质的号牌。从
照片上显示的号牌材质及其所载内容看，大体上符合号牌事目中的
分类规定。[1]

图9-1　牙牌

1　从目前所能看到的零星介绍看，朝鲜时期的号牌实物主要为各大博物馆或宗族、个人所收
　　藏，但还没有关于其遗存情况的系统整理和研究，无法对号牌的规模做出准确的统计。2014
　　年10月1日至11月2日，韩国忠州博物馆举办了"朝鲜时代的身分证：号牌"特别展。此
　　次展览共展示了收藏于各地博物馆和宗族或个人的号牌350余件以及日据时期及以后的身分
　　证100余件。笔者通过韩国e-博物馆检索系统，共检索出韩国各地博物馆收藏的302件号
　　牌实物的照片。但该网站只提供号牌的单面照片，并没有关于尺寸、材质、记载内容等的说
　　明，因此难以做归类分析。

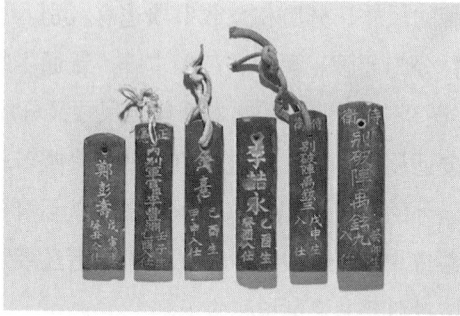

图9-2　角牌

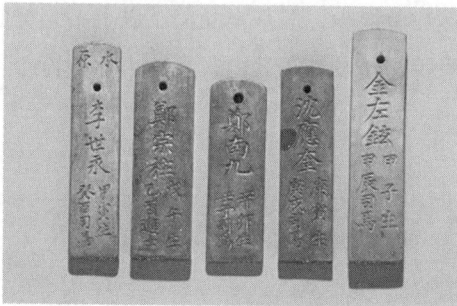

图9-3　黄杨木牌

图9-4　普通木牌

资料来源：图9-1、图9-2、图9-3、图9-4均采自韩国国立中央博物馆，https://www.museum.go.kr。

第四节 试论牌类文书在朝鲜与元、明的流变

元代的牌传入高丽，经过发展，形成了朝鲜王朝特有的号牌，有掌握民数、征兵调役、辨别身分、抑制百姓迁移等功用。号牌的主要特征与朝鲜王朝的社会经济构造、统治构造，尤其是职役制、身分制有着紧密关系。

朝鲜王朝实行兵农合一的职役制，所有16岁以上的男丁都要服国役（职役）。职役中最具代表性的是军役，而广义上官职、乡役、学生等也属于职役的范畴。国家通过对全体16岁以上的男丁发给号牌，旨在掌握个人的职役，佩戴号牌意味着编入了国家职役体系。佩戴号牌的对象适用于各阶层，便于掌握丁口总数及有役、无役之数。号牌的另一职能抑制百姓流移、防止其避役也与这一点紧密相关。

朝鲜王朝仍存在严格的良贱身分制，良人内部还有是否任官或及第、职品高低、嫡庶孽等的身分区别。现存的朝鲜号牌多为上圆下方的长形牌，不同身分之人所佩戴的号牌在大小、材质、记载内容、填色上有所差异。肃宗元年试图用同一材质与记载内容的纸牌取代号牌，但遭到士族的反对，后又逐渐恢复号牌制。肃宗四年允许庶孽出身、生进、入仕者佩戴号牌，但仍须在牌面上书"许通"或"庶孽"以区别于一般士族。

朝鲜的号牌源自元代的牌类文书。关于元代的"牌"，门岿有专门的梳理："牌"又叫"符"，或合称"符牌"。元代符牌从形状上可分成长形和圆形，从质地上可分为金、银、铜、铁材质，牌上文

字有汉文、契丹文、维吾尔文等。长形牌为上圆下方的长牌，三品官以上佩戴"虎头金牌"，四品、五品官员佩戴"素金牌"，六品、七品官员佩戴"银牌"。圆形牌则以铁质为多，也有金牌、银牌。长形牌与圆形牌都用于军务，但长形牌还可以用于政务或表明佩戴者的身分地位；圆形牌则几乎都用于驿站传递军务。[1]

与元代的牌相比，朝鲜的号牌既有所沿袭，又发生了很大的变化。朝鲜的号牌与元代的符牌一样，均为官制、官给牌，且根据身分地位采用不同的材质或刻画方式。但是朝鲜的号牌多为牙、角和木等材质，而元代的符牌多为金、银、铜、铁等材质。朝鲜的号牌比较接近元代符牌中的长形牌，外形均为上圆下方的长形。朝鲜号牌发生的最大变化在于其功用。李恒福在描述高丽号牌自元传来的路径时，曾明确指出元代牌和高丽号牌的实施背景有很大不同："时夷夏统合，版图淆乱，故使佩标牌，以相识认耳。丽朝季，元之传来，已失本意。"[2] 这里所说的元代"标牌"，指的就是元代的牌类文书。很显然，牌在高丽末传来以后，已经失去了本义，没有区分"夷夏"之义。朝鲜时期原则上所有阶层都要佩戴号牌，根据身分采取不同形制与内容。朝鲜号牌的功用体现在掌握民数、征兵调役、辨别身分、抑制百姓迁移等方面。元代的符牌虽然也有区分身分等级之功用，但使用范围主要限定于官员。[3]

在考证号牌渊源时，笔者发现朝鲜时期有论者曾将号牌与宋代

1　门岿：《论元代的符牌系列——兼论"圣旨金牌"上的汉字之谜》，《东南大学学报》2007年第6期。关于元代的符牌，以下文章也有梳理。党宝海：《蒙古帝国的牌符——以实物为中心》，《欧亚学刊》第4辑，中华书局，2002；李婧：《元代符牌浅析》，《赤峰学院学报》2014年第1期。

2　李恒福：《白沙集》卷五《札子·辛亥正月在告时札子》，《影印标点韩国文集丛刊》第62册，第308页。

3　在元代，地方诸路万户府、千户所、百户所的官员根据级别的不同，分别使用虎符、金牌、银牌。宋濂等：《元史》卷九一《百官志七·诸路万户府》，中华书局，1976年点校本，第2310页。

保甲法加以联系，这与朝鲜时期号牌的功用不无关系。朝鲜王朝实施号牌制的初衷是要通过"丁口毕现"征兵调役，以富国强兵。号牌制又与朝鲜时期的职役制紧密结合，并逐渐融入五家作统法。号牌在军事治安、户籍管理方面的职能，与宋代保甲法确实存在相通之处。[1]

纵观朝鲜号牌制的变迁，可知自元代传入后，高丽结合自身的社会经济结构有所调整，到了朝鲜王朝已经发展成兼有政治、军事和社会功用的制度。朝鲜时期的号牌既继承了元代符牌中长形牌的形制与身分等级证明的功用，又吸收了宋代保甲法在户籍管理、军事治安等方面的原理，可以说融合了中国南北方制度的相关要素，形成了朝鲜王朝特有的号牌制度。

符牌系统在明代的变迁路径，则呈现出与朝鲜不同的特征。明代的符牌一定程度上继承了元代的符牌，不过明代的符牌上大量使用牙牌，适用范围主要集中在朝参、祭祀、出入宫禁等宫廷事务的管理方面。[2]据高寿仙考证，明代用于禁卫的符牌除了金、铜、牙牌，还有木牌，作为低等宦官、朝参官随从人员、匠人等出入内府的凭证。[3]明代符牌也是官制牌、官给牌，有表明身分等级之功用，并根据身分采用牙牌、木牌等不同材质，同为牙牌，不同身分间依据官号相互区别。明代文人沈德符（1578~1642）就专门描述过明代的"牙牌"："本朝在京朝士，俱佩牙牌。然而大小臣僚皆一色，惟刻官号为别耳。如公侯伯则为勋字号，驸马则为亲字号，文臣则文字号，武臣则武字号，伶官则乐字号，惟内臣又别为一式。其后工

1　程民生、郑传斌：《熙丰时期的兵制改革及启示》，《河南大学学报》1996 年第 3 期；郭晓祯、陈韶：《中国历代户籍治安管理制度溯源》，《船山学刊》2007 年第 3 期。

2　明代还注重将符牌用于民族事务的管理，参见李晓菲《浅析符牌在明代国家治理中的特点》，《兰州学刊》2012 年第 9 期。

3　高寿仙：《明代用于禁卫的符牌》，张显清主编《第十三届明史国际学术研讨会论文集》，湖南人民出版社，2011，第 428~438 页。

匠等官，虽非朝参官员，以出入内廷，难以稽考，乃制官字号牌与之。"[1]

　　不过与朝鲜号牌的佩戴人群相比，明代符牌的佩戴人群较为固定，非全体成年男丁；适用范围主要集中在朝参、祭祀、出入宫禁等特定场合，国家管理普通百姓的出行则引入了路引机制。[2] 朝鲜时期的文人赵翼（1579~1655）在其文集中对明代符牌与朝鲜号牌的差异有过精辟的概括：明代之号牌"只朝官佩戴，庶民则不佩也"；朝鲜之号牌旨在括民数和禁移徙，"与皇朝异"。[3] 成海应（1760~1839）在对鱼袋进行考证时，曾指出朝鲜号牌中的牙角牌类似于"唐时鱼袋"，但朝鲜制定的号牌法是为"周知国内人民之数而设者也"，异于鱼袋制。

　　　　唐之鱼袋，用以为符契者也。始曰鱼符。左一者进于内，右一者随身，刻官衔姓名，出入合之，盛以袋，故改称鱼袋。……至皇明时去之。凡常服参官制牙牌，刻官衔而佩之，带以之出入禁门。虽异诸唐鱼袋之制，其所以为出入之防则一也。国制号牌法，如生员进士用黄杨木户牌，流品杂职士庶以下用木防（方）牌，军卒用腰牌，此欲周知国内人民之数而设者也，与鱼袋异。[4]

1　沈德符：《万历野获编》卷一三《礼部·牙牌》，中华书局，1959，第347页。

2　陈学文：《明代信牌、信票和路引的考释》，《中国典籍与文化》2014年第2期。明代中叶随着经济社会的发展，人口流动日趋频繁，为了对人口进行有效的管理，明廷引入了路引制度。路引为纸质，上面注明姓名、年龄、身长体貌特征、家人身分等，这一登载内容虽与朝鲜的号牌有相似之处，但路引仅为通行证，不具备朝鲜号牌的诸功能。

3　赵翼：《浦渚集》卷二《疏·因求言论时事疏》，韩国民族文化推进会编《影印标点韩国文集丛刊》第85册，景仁文化社，1994，第56页。

4　成海应：《研经斋全集》卷四七《服饰考·鱼袋》，韩国民族文化推进会编《影印标点韩国文集丛刊》第274册，景仁文化社，2001，第507页。

　　综上，朝鲜号牌在户籍管理、禁止百姓迁移等方面的功用，是区别于明代符牌的最大特征。这也从侧面说明牌类文书在朝鲜与元、明呈现出了不同的变迁路径。一方面，中国的符牌系统，自元代开始逐渐衍生发展出"信牌（票）"，被地方政府用于催督公务。[1]而在朝鲜社会，号牌没有出现这种变化。

小　结

　　朝鲜王朝时期的号牌是官造、官给牌，适用对象不仅包括有官职者，一般的庶民乃至公私贱等所有阶层都要佩戴。国家通过对全体 16 岁以上的男丁发给号牌，旨在掌握各人的职役。身分不同者，所佩戴的号牌在大小、材质、记载内容、填色上有所差异，故号牌有身分象征的功能。

　　号牌自元代传入高丽，到了朝鲜王朝时期，已经发展成兼有政治、军事和社会功能的制度。朝鲜王朝既继承了元代符牌中长形牌的形制与身分等级证明的功能，又吸收了宋代保甲法在户籍管理、军事治安等方面的原理，可以说融合了中国南北方制度的相关要素，形成了特有的号牌制度。中国的符牌系统，自元代开始逐渐衍生发展出"信牌（票）"，被地方政府用于催督公务。而在朝鲜社会，号牌没有出现这种变化。可以说，牌类文书在朝鲜与元、明呈现出了不同的变迁路径。

1　阿风：《明清徽州诉讼文书研究》，上海古籍出版社，2016，第70~98 页。

结　语

一　中朝近世户籍文书演进路径之比较

本书通过考察朝鲜近世户籍文书与户籍制度的演变，探讨编户齐民在朝鲜传统社会的形成与落地过程。第一章至第四章主要考察了朝鲜近世户籍文书的演变，如果结合中国近世户籍文书的演进，可以发现朝鲜近世户籍文书的演变路径既有相似性，也有其独特性。

随着唐中后期均田制的崩溃和两税法的推行，中国的户籍制度逐渐从"以人定籍"转向以财产分户等、"以地定籍"。这一变化趋势倘若放在中国史内部看，似乎是顺理成章的。本书通过比较高丽、朝鲜与同时代元、明户籍文书的记载要素，指出两者存在一大根本差异：现存宋元以来户籍文书的一大特征是典型的人丁事产并记。新发现的元代黑城地区户籍文书、湖州路户籍册，明代的户帖、小黄册及黄册等，均呈现出"人丁事产"并记的特点。与之相比，高丽后期、朝鲜王朝帐籍系统的户籍文书上只登载户口相关情况，没有土地等事产的记录，属于"纯户口籍"。到了19世纪末大韩帝国时期的"新式户籍"，也只看到"家宅"一栏，土地情况是不登记于官修户籍上的。那么，人丁事产的登载方式何以产生呢？

一般认为，中国户籍文书上人丁事产的登载方式与户口、土地在赋役征收中的地位变化有紧密联系。根据梁方仲对中国历代户籍、地籍的关系及总体演变趋势的梳理，宋以前户籍是基本册籍，土地的情况只是作为附带项目登记于户籍册中。但自唐代中叶以后均田制渐趋废止，尤其是宋以后私有土地的日益发达与土地分配日益不均，土地对于编排户等高下的作用愈显重要。地籍进而从户籍中独立出来，并逐渐取得了和户籍平行的地位。砧基簿等归户属性的册籍、鱼鳞图册等各种单行的地籍相继设立；原有户籍多半失实，户帖、丁口簿、鼠尾册等新型的户籍纷纷增设。

尽管存在一定的时间差，但高丽到朝鲜后期户口、土地在赋役征收中地位变化的整体趋势与宋以后的演变趋势大体上是相同的。高丽以前的统一新罗时期，土地等事产的情况也是作为附带项目登记于户籍上的。高丽后期的户籍以纯户口籍的形式出现。高丽前期由于户籍和地籍实物的缺乏及相关史料记载的不足，目前尚没有研究对此做过系统的梳理。不过高丽时期出现了关于量田和地籍（量田帐簿、量田都帐、田籍、导行帐）编造的相关规定，这意味着这一时期地籍也逐渐独立出来。目前，朝鲜时期的地籍即量案有大量保存。从赋役制度看，16世纪以前，国家赋役的三大来源中，田赋的比重小，身役和贡纳等负担重。到了 17、18 世纪，贡纳和部分身役逐渐实现了地税化。

综上可知，梁方仲指出的地籍的逐渐独立以及土地在赋役征收中地位的上升，在唐以后的中国、朝鲜历史上是共同现象。但是，朝鲜的户籍上没有登记事产，对个人的职役和身分记载十分详细。户籍上事产登记的差异，体现了国家对人口、土地支配方式的不同。

以明代黄册为例，其以户为主，同属于一业户的土地都登记在黄册上，丁产情况成为户等分定、赋役多寡的基本依据；各户关于土地的登记还包括田土买卖推收的各笔细目，体现了国家对人口、土地支配方式的一元化管理。换言之，黄册体现了以户为单位，人口与土地相结合的一元化征收体制的自我完结。中国古代中世户籍上也标注身分，但随着唐中后期兵农分离，以户等制为基础的差役制的设立，户籍上的身分记载基本上被否定。户籍文书无须通过个人的职役或身分记载，通过户的编制就可以实现统一的赋役征调。

相比之下，朝鲜时期的田赋和身役、贡纳是通过不同台帐，即田赋是通过量案，身役和贡纳则是通过户籍来征收的。两者采用了各自独立，即二元化的登记体系。在朝鲜的官修户籍上，看不到各户的事产情况，也没有体现身役、贡纳征收与土地多寡之间的直接联系。[1] 直至 18、19 世纪，适应基层统治实际需要的人丁事产登记的新式户籍开始出现。第八章涉及的“家座册”就是这类文书。不过，家座册仅在地方社会使用，无须申报朝廷，并不属于国家用于户籍管理的帐籍系统。

1　虽然有文献记载，朝鲜时期除了帐籍系统的户籍，也可能存在由乡吏编制或登记人丁事产的文书，不过相关的实物鲜有保存下来。

朝鲜时期户籍文书的登记要素中，个人的职役和身分记载十分详细。职役制一直是朝鲜户籍大帐研究的焦点，同时也是一套十分复杂的体系。对此，第七章做了简单的介绍，但未能展开充分细致的讨论。仅从原理上讲，朝鲜王朝实行的职役制，规定所有 16 岁至 60 岁的人丁都有承担国役的义务。职役由官府赋予，无论是有官职者、良人还是贱民，都通过户籍大帐的职役登记被纳入一元化的国家职役体系，以职役名区分彼此。朝鲜王朝最终形成了户口与土地相分离的二元化国家征收体系，直到朝鲜后期始终存在官府对个人的职役摊派。朝鲜近世对编户齐民的控制，与职役体制有着十分紧密的联系。朝鲜特有的职役体制的形成及其延续，最大的原因是朝鲜社会没有出现像中国近世那样兵农分离的契机。

二　朝鲜王朝与明朝的户籍登记体系和基层组织

本书第五、六两章的研究还引出了一个核心问题，即如何解读王朝国家为编户齐民的管理而形成的户籍资料。朝鲜王朝和明朝作为中央集权的国家，都通过定期的户籍编造对王权所及之处的臣民进行统治。户籍的编制原理，体现了王朝国家对基层社会的组织和统治方式。从朝鲜王朝与明朝的户籍编制体系出发去解读户籍文书，可以发现两者编户齐民的具体形式及特质。

明朝从洪武十四年（1381）开始在全国范围内编造赋役黄册，每十年一大造。黄册制度是明朝制定的户籍编造之法。明赋役黄册使用图甲登记体制。图甲制不仅是户籍登记的单位，亦体现了黄册的里甲编制原则，即将 110 户编为一里，选出丁粮多的 10 户为里长户，其余的 100 户为甲首户。110 户又分成十甲，每甲一里长户，十甲首户，实行十甲轮流应役。里甲制也蕴含着应役方式。

　　朝鲜王朝和明朝分别通过"面—里—统"或"都—图（里）—甲"的户籍登记体系，将版图内的百姓编入户籍，进而作为郡县统治之下的编户齐民。"面—里—统"或"都—图（里）—甲"不仅是户籍登记系统，王朝国家还将这套体系与乡村基层建置结合在一起。从根本上讲，这两套系统都以人户划分为主。不过，明黄册本身反映了里甲编制原理及相应的应役方式，朝鲜户籍大帐则没有直接体现编制原则或役制原理。具体可从以下两方面的比较看出其性质的分化。

　　第一，关于"面—里"与"图"。

　　朝鲜后期成立的"面里制"是对中国古代"乡里制"的继承与发展。"面里"既是户籍管理单位，又是地域性的基层建置单位。朝鲜时期一直没有放弃"乡"一级单位，即"面"在户籍、土地管理的职能。与之相比，明万历清丈后，"图"逐渐成为户籍（图—甲）和土地（图）登记的基础单位。"图"是南宋江南地区基层组织长期变迁的集成与发展。图的功能偏重赋役管理。"甲"的功能亦体现在赋役方面，其作为邻保组织的功能被弱化。黄册上的图甲组织与古代乡里制、邻保制相比已经发生了变迁，而凸显了作为赋役单位的性质。与"面里"相比，"图"呈现出与地域性的分离和高度组织化的倾向。"面里"和"图"呈现出的不同结构特征，体现了王朝国家控制编户齐民的不同方式。

　　明黄册采用里甲的编制原则，却往往采用图甲登记形式。现存的官修黄册使用图甲登记体系。图甲编制的一大特征是十甲轮差。[1]每图编为 110 户，并附有若干带管畸零户。图中丁粮多者十户为里长户，余百户分为十甲，每年由一户里长带领本甲十户甲首充当现

1　栾成显：《明代黄册研究》（增订本），第 264~269 页。

役，按甲轮差，十年而周。每次大造黄册之际，预先排定下一个十年各户在图甲中的顺序及应役年份，并登记在册。官府通过黄册的图甲编排，对各户的赋役能力和每一年由哪一户应役一目了然。

相比之下，朝鲜的户籍上并没有出现类似于明代的轮流应役方式。朝鲜时期户籍所见的面里制只体现了户籍编制的单位，面里内部各户的赋役能力、各式年的应役方式没有直接反映在官修户籍上。这是黄册和户籍大帐两套登记体系的一大差异。朝鲜的户籍大帐上只载有郡县、面的总额数，这意味着朝鲜后期政府一定程度上赋予了面里在赋役征收方面的自治性。户籍相关研究也表明，朝鲜后期默认了籍外户的存在，户籍大帐只登载了部分现实人口，有许多实际生存人口并没有登载在户籍上。面内的赋役征派很多情况下是依赖担当赋役实务的乡吏自己编写的相关文书，不过这些文书鲜有保存下来。

第二，关于"统"与"甲"、"统首"与"甲首"。

朝鲜户籍大帐的"统"与明黄册的"甲"都是户籍登记的最小单位。"甲"与"统"在性质上呈现出不同特点。首先，甲与统的功能不同。明代黄册上的"甲"组织，已经被置于图（里）甲制之下，图（里）甲制同属一个系统。里甲的职责为"催征钱粮、勾摄公事"，主要涉及人丁事产的管理和征赋派役。[1] 图（里）甲制下甲的功能也主要体现在赋役方面，其作为邻保组织的功能被弱化。[2] 这是与朝鲜户籍"统"的最大区别。朝鲜时代的统虽然与面里制有密切联系，但属于两个不同的系统。这从名称上也得到体现。统主要

---

[1]　唐文基：《试论明代里甲制度》，《社会科学战线》1987 年第 4 期。

[2]　徽州婺源乡村行政组织的个案研究显示，清康熙年间图甲组织下还产生了"甲催"机制，甲逐渐成为赋役运作的基本单元。黄忠鑫：《明清婺源乡村行政组织的空间组合机制》，《中国历史地理论丛》2018 年第 3 期。

作为基层邻保组织存在，统的上部组织面里则属于基层行政建置。17世纪《五家统事目》对统的设计，仍然保留了统作为基层邻保组织的基本特性。统的主要功能体现在户籍人丁管理、治安维持等方面。明代前期还存在"都保"系统，但这一系统与宋元以来经理疆界而设置的都保一脉相承。都保以地域划分为主，属鱼鳞图册系统。[1] "都保"之"保"与基于人户的邻保组织的"保"实为不同的概念。

其次，甲首与统首的性质也有所不同。黄册上的户是人丁、事产的结合体。黄册的甲，包含了一个里长户和十个甲首户。其中里长户是丁粮最多者。凡有一定丁产而必须服役纳赋者，都要被编为甲首。[2] 黄册里甲中的甲首是一种职役，是有能力纳税服役的人户。这一编排方式，有利于判断各户的赋役负担能力。与之相比，朝鲜时代的里长为一里之长，统首则为一统之首，指的就是某一级别基层组织的首或长。而且各首长之间存在上下统领关系，"面尹统里正，里正统统首"。这些基层组织之首长的择定标准与纳税赋役能力无关。里正和面尹由"有地位闻望于一乡者"担任。户籍上的统首由统内"勤干解事者"，实则由良人、奴婢等中下层担任。

如上，朝鲜的统保留了邻保组织维持治安的功能，并没有演化为赋役单位；统首是一统之首，由统内勤干解事者担任。黄册体系下的甲则演化为基层应役单位，作为邻保组织的功能被弱化；甲首代表的是具有赋役承担能力的户。朝鲜时代户籍上"统"与明代黄册上"甲"的差异，为理解朝鲜王朝与明朝基层社会组织，以及户籍大帐与黄册的差异提供了重要的线索。值得注意的是，明代中后

1　刘道胜：《明清时期徽州的都保与保甲——以文书资料为中心》，《历史地理》2008年第1期；栾成显：《明代黄册研究》（增订本），第255~257页。

2　栾成显：《明代黄册研究》（增订本），第269~284页。

期保甲制再度兴起。[1] 保甲制的兴起是否意味着对里甲制的补充，这些问题对于思考朝鲜与明清时期基层组织、赋役制度的内在变化也颇具意义。

"甲"与"统"的性质分化，提醒我们有必要将目光投向唐宋以来东亚社会基层组织与户籍管理的长期变迁路径。有学者将黄册上的甲首起源追溯至南宋绍兴的"甲首之法"，认为黄册中的甲首并非源于户籍的编制，而是源于赋役催科制度。[2] 这暗示了甲的性质与功能的转向在南宋江南地区早就发生了。明黄册体系下的里甲制是对宋元以来基层组织长期变迁的集成与演进。黄册里甲体制的一大特征是十甲轮差制。[3] 明代的十甲轮差制将各户按照纳税能力排定在里甲中的顺序及应役时间，这是从谋求公平负担而构想出来的一种组织方式。官府通过官修黄册的里甲编制，对各户的赋役能力和每一年哪一户应役一目了然。这样的组织方式旨在排除中间的胥吏、衙役等势力，将编户齐民置于国家管理之下。[4] 黄册所体现的十甲轮差制，相比宋、元时期的户籍，可谓一种新的组织化方式。

朝鲜的户籍大帐上并没有直接体现类似于明代的轮流应役方式。五家统下的统并不是作为赋役征发单位存在的。朝鲜时代的户籍每三年一造，每次编造户籍之际，需要对各里的人户进行统户编

1　保甲制兴起以后，里甲制的走向仍存争议。但明中后期保甲制的兴起是不争的事实。关于明清时期里甲制与保甲制的关系，黄忠鑫有系统的学术史整理。参见黄忠鑫《清代图甲与保甲关系新论——基于徽州赋役合同文书的考察》，《安徽大学学报》2014 年第 4 期。

2　栾成显：《明代黄册研究》（增订本），第 282~283 页。

3　栾成显：《明代黄册研究》（增订本），第 264~269 页；李新峰：《论明初里甲的轮役方式》，《明代研究》（台北）第 14 期，2010 年。

4　岩井茂树：《赋役负担团体的里甲与村》，森正夫等编《明清时代史的基本问题》，周绍泉等译，商务印书馆，2013，第 171 页。

排。在下一式年的户籍上,不仅里数可能会发生变化,里内的统数也常常会出现变化。统内的人户构成并不固定。朝鲜时代的基层赋役单位通常是面。朝鲜的官修户籍上载有郡县、面的总额数。面内部各户的赋役能力、各式年的应役方式没有直接体现在户籍册上。朝鲜的五家统组织方式通过对户口、人丁的控制,防止避役、流移者的产生,其最终目的亦是将所有具有国役负担义务的户口编入户籍。

综上,朝鲜时代的"统"更多地保留了周、唐基层组织制度的基本特征,而明代的"甲"是宋元以来长期演变而成的新的组织化方式。作为官治的基层组织体系与户籍管理体系的组成部分,两者均体现了国家通过一套户籍登记体系将百姓编入户籍,使其成为郡县统治之下的编户齐民,进而实现乡村治理的意图,其结构亦蕴含了平均赋役的理念。

三 户籍大帐与黄册的"户"

前面提到,朝鲜王朝最终形成了人口与土地相分离的二元化管理和赋税征收体系,人口与土地未能通过户形成经纬关系。户籍上的户没有直接体现事产情况。因此,户的编制依据什么原则,即户籍大帐上登记的"户"的性质,长期以来成为朝鲜王朝户籍研究的重要课题。

对于户的性质,过去的研究大致有两种主张。一种认为户籍大帐上登记的户即为家户,即自然户说;[1] 另一种则认为户籍大帐上

1　崔在锡:《韩国家族制度史研究》,一志社,1983;韩荣国:《朝鲜王朝户籍的基础的研究》,《韩国史学》第 6 辑,1985;林学成:《通过户籍相关古文书看朝鲜后期的家族构成样态——为了探明韩国家族史实体的尝试》,《民族文化研究》第 44 辑,2006。

登记的户是人为编制而形成的，即编户说。近年来，研究者通过比照户籍大帐与其他资料，基本认同户籍大帐上的户口不包括全体成员的这一观点。但具体到编户所依据的原则，学界仍有争议。有代表性的看法是李荣薰提出的"主户－挟户论"。他认为，朝鲜后期的"主户"在经济上是土著富实户，"挟户"则是非独立且经济上处于附属地位的户。主户登载于户籍，挟户除了奴婢外，主要是漏籍户。[1] 郑震英对照 18 世纪大邱租岩坊的户籍与地籍，指出登载于户籍大帐上的户包含相当规模的贫农层，籍外户中则包含拥有大量土地的户，进而对主户与挟户的关系提出了质疑。[2] 他进一步指出，户籍大帐上依据"分等编户而作户"，登记部分户口，其过程经历了自然家、法制户、编户、元户四个阶段。[3] 金建泰依据户当口数推测，朝鲜后期的户口编制原理和 15 世纪保法阶段相同，即男丁 2 丁编为 1 户。[4] 他还基于户籍大帐上的户口出入情况，指出朝鲜后期户籍的作成和编制结合了政府分定的职役数，并综合考虑农家家长的身分、经济实力等因素，是极为复杂的过程。[5]

这些对于户的编制原则或过程的各种推论，有一个共同的观点，即认为朝鲜户籍上的户不包括全体成员。户有户籍上的户和户

1 李荣薰：《朝鲜后期农民经营的主户－挟户关系》《通过彦阳户籍看主户－挟户关系和户政的运营状况》，《朝鲜后期社会经济史》；《朝鲜时代主户－挟户关系再论》，《古文书研究》第 25 辑，2004。

2 郑震英：《18 世纪户籍大帐的"户"及其经济基础——1714 年大邱租岩坊户籍为中心》，《历史与现实》第 39 辑，2001；郑震英：《朝鲜后期户籍大帐"户"的编制样相》，《历史与现实》第 45 辑，2002。

3 郑震英：《朝鲜后期"户"的新理解与展望》，《大东文化研究》第 42 辑，2003。

4 金建泰：《朝鲜后期户的构造与户政运营：以丹城户籍为中心》，《大东文化研究》第 40 辑，2002。

5 金建泰：《通过户口出入看 18 世纪户籍大帐的编制方式——以丹城户籍为中心》，《大东文化研究》第 42 辑，2003。

籍之外的户，即存在"元户"与"籍外户"之分。这里涉及一个有关编户原则与社会秩序之间关系的尚有待深入研究的问题。前面也提到，通过现存朝鲜后期户籍大帐，我们无法一目了然地了解到朝鲜时期的编户和应役原理。这也反映了在当时实际的户政运作过程中，中央与地方官府同样面临这些问题，这中间的张力隐含着怎样的信息更是值得深思。国家对个别人户和土地的直接管控，在地方社会推行时并不能很好地贯彻。大部分情况下，国家的户政运作实行郡县为单位的总额制，然后由郡县分配到下部的行政单位面里和户。朝鲜后期，一些地方出现了户政运作单位从郡县到面里的下移（第五、七章）。地方社会试图设计出一套新的户籍文书和户籍制度，去应对中央的这套分定方法，使其"顺俗"（第八章）。

　　关于明代的户，学界也存在一种共识，就是黄册上的户不包括全体成员。刘志伟明确指出，明代的里甲户籍编制，不是一种单纯的人口登记。里甲体制中的"户"，是与土地相结合的人口，即所谓的"人丁事产"。里甲编户不包括全体成员，存在"里甲编户"与"化外之民"之间的互动关系。[1] 关于黄册的里甲编制原则和应役方式，刘志伟和栾成显都有非常深入的阐述。栾成显在《明代黄册研究》第九章"黄册制度的几个基本问题"中就清楚地指出，黄册上的户籍与户等登记，也是一套复杂而严密的系统，且与征调赋役有关。户等为人户点差的标准，户籍是人户当差服役的首要根据。户籍，是指人户著于官府册籍上的应役种类（役种划分），大的类别有军、民户、匠户、灶户等，其最终以国家的需要为准，由官府佥定，实质上是一种配户当差制。[2] 他特别强调，黄册编制体现

1　刘志伟：《在国家与社会之间——明清广东地区里甲赋役制度与乡村社会》，第 7 页。

2　关于配户当差制，参见王毓铨《明朝的配户当差制》，《中国史研究》1991 年第 1 期。

出明朝不仅关注纳税人口，还关注非纳税人户（可能当差应役者）。黄册里甲编制除了应役的正管户，还设有带管户、畸零户，其本意并不是要将这类人户排除在外，而是要把王朝国家统治下的编户齐民都纳入赋役系统之中。[1]

关于"户"的性质，还会涉及"户"与现实家庭之间的关系问题。尤其是明清时期，中国户的内涵发生了变化。黄册里甲制最初施行的时候，黄册中登记的户与现实的家庭有一定的对应关系。到了清代，图甲制下"户"的性质发生了演变。比如在清代珠江三角洲地区，"户"一般不代表现实中作为生活单位的个别家庭，户名一般也不是现实的个人。[2]相比之下，朝鲜时期户籍大帐上登记的"户"虽然不完全等同于现实的家庭，但仍是基于现实中的家庭通过编制形成的。户和户名并没有脱离现实的个人。[3]这样的演变有待结合两个地区的赋役制度和社会变迁做深入探讨。

四　户籍与东亚传统社会结构

总体来看，黄册和户籍大帐都体现出王朝国家想要把编户齐民纳入赋役系统之中。但是，朝鲜时期的官修户籍系统没有发展出像明代黄册里甲编制这样具有网罗性、严密性的系统。黄册的里甲编制可以说是明朝设计出的关于人户的高度组织化体系，反映了国家对于州县以下人户的管控方式。朝鲜王朝户籍大帐没有直接反映国

1　栾成显：《明代黄册研究》（增订本），第 254~334 页。

2　刘志伟：《在国家与社会之间——明清广东地区里甲赋役制度与乡村社会》，第197~199 页。

3　19 世纪的一些官私文书显示，有上层使用户名的现象，主要以率下奴婢为惯习。金建泰：《通过户名看 19 世纪职役和率下奴婢》，《韩国史研究》第 144 辑，2009。

家对于郡县以下人户的应役机制或管控机制，郡县以下的行政单位有一定的自治性，国家难以向基层社会推行类似里甲编制的方案。而朝鲜发展出了一套特有的国役（职役）体制，并结合良贱身分制，把编户齐民组织到赋役系统之中。

此外，明代黄册所体现的身分等级秩序，与朝鲜社会表现出很大不同。黄册制度下，土地的占有与里甲户籍身分有相当密切的联系。且里甲体制下的编户齐民与体制外的无籍之人有着社会区分。[1] 奴婢、佃仆等贱民未被编入黄册的人户，被排除在国家编户齐民之外。[2] 关于这些差异，都有必要进一步深入研究。

可以看到，朝鲜近世社会结合自己的政治、社会和经济现实情况，形成了国役制和良贱制相结合的户籍编制体制，并与郡县制和乡村基层建置结合在一起，以此实施庶民均等为理念的齐民政策。不过，编户齐民在朝鲜社会面对的社会现实和课题与同时代的中国有所不同。13~17世纪的朝鲜社会，仍然处于建立基于先进稻作农业的科举官僚制（文官制）社会，实现从贵族到官僚、封建向郡县、分权到集权的转型和博弈过程中。对于朝鲜王朝而言，赋税特权阶级、乡吏等中间势力的存在是官僚制国家建立所面临的一大社会课题。高丽末，国家通过户籍与土地改革，试图消除优免差役和赋税特权。户籍制度体现了王朝国家试图排除中间的乡吏等势力，将编户齐民置于国家管控之下，实现赋役公平负担的努力。

朝鲜半岛作为汉字文化圈的重要地区，历史上深受中国文化的影响。尤其在讲到东亚社会的共同性时，汉字、儒学、汉译佛教和律令等7~8世纪朝鲜半岛和日本所接受的汉文化要素常被提及。因

1　刘志伟：《在国家与社会之间——明清广东地区里甲赋役制度与乡村社会》，第19、53~55页。

2　栾成显：《赋役黄册与明代等级身分》，《中国社会科学院研究生院学报》2007年第1期。

此一般认为，东亚的共同性在中国唐代最为显著，以唐的衰退为
始，东亚的一体性逐渐减弱，而各地区的独特性逐渐增强。正如宫
嶋博史所指出，唐宋变革期以后东亚一体性减弱的认识，是以变革
期前后中国文明的样态基本没有发生变化为前提的。即持续的中国
文明和摆脱其影响的朝鲜和日本。但事实上，中国文明的样态在唐
宋变革期前后发生了根本性的变化，新的文明对朝鲜半岛和日本列
岛产生了更为绝对的影响。唐代为止对于中国文明的接受主要是国
家体制层面的接受，宋代以后的接受则涉及整个社会的广大领域。[1]
通过分析朝鲜近世户籍文书及相关制度，我们可以看到唐宋以来朝
鲜的历史演进与中国有着共同趋势。高丽后期以后，朝鲜社会逐渐
完成了以科举官僚制和郡县制为特征的政治社会结构转型，编户齐
民进而成为维系王朝统治秩序的基础。朝鲜近世户籍制度所体现的
国家对社会的组织方式，与中国近世国家与社会的关系十分相似，
也不乏其独特性。恐怕只有深入了解东亚各地区的历史脉络，才能
发现东亚各地区的内在联系，进而理解传统与现代的东亚。

---

[1]　宫嶋博史:《东亚小农社会的形成》,《人文科学研究》第 5 辑, 1999（中文版载《开放
时代》2018 年第 4 期）；宫嶋博史:《韩中日比较通史：有必要重新整理历史像之际》,
Nermerbooks, 2020, 第 174~175 页。

参考文献

史　料

《高丽史》，西南师范大学出版社、人民出版社，2014 年标点校勘本。

《朝鲜王朝实录》，韩国国史编纂委员会，1955~1958 年影印本。

《元史》，中华书局，1976 年点校本。

《明实录》，台北，中研院历史语言研究所，1962 年校印本。

《备边司誊录》，韩国国史编纂委员会，1959~1960 年影印本。

《经国大典》，首尔大学奎章阁藏显宗二年（1661）木版本。

《续大典》，首尔大学奎章阁藏英祖二十二年（1746）木版本。

《受教辑录》，首尔大学奎章阁藏肃宗二十四年（1698）戊申字本。

《新补受教辑录》，首尔大学奎章阁藏英祖十九年（1743）笔写本。

《增补文献备考》，首尔大学奎章阁藏朝鲜隆熙二年（1908）新式活字本。

具允明:《典律通补》，首尔大学奎章阁藏正祖十一年（1787）笔写本。

李恒福:《白沙集》，韩国民族文化推进会编《影印标点韩国文集丛刊》第62册，景仁文化社，1991。

李埈:《苍石集》，韩国民族文化推进会编《影印标点韩国文集丛刊》第64册，景仁文化社，1991。

郑经世:《愚伏集》，韩国民族文化推进会编《影印标点韩国文集丛刊》第68册，景仁文化社，1991。

沈悦:《南坡相国集》，韩国民族文化推进会编《影印标点韩国文集丛刊》第75册，景仁文化社，1991。

赵翼:《浦渚集》，韩国民族文化推进会编《影印标点韩国文集丛刊》第85册，景仁文化社，1994。

李景奭:《白轩集》，韩国民族文化推进会编《影印标点韩国文集丛刊》第96册，景仁文化社，1992。

尹鑴:《白湖集》，韩国民族文化推进会编《影印标点韩国文集丛刊》第123册，景仁文化社，1994。

成海应:《研经斋全集》，韩国民族文化推进会编《影印标点韩国文集丛刊》第261~280册，景仁文化社，2001。

丁若镛:《与犹堂全书》，韩国民族文化推进会编《影印标点韩国文集丛刊》第281~286册，景仁文化社，2002。

柳馨远:《磻溪随录》，韩国古典翻译院"韩国古典综合DB"

点校本。

　　李睟光：《芝峰类说》，南晚星译，乙酉文化社，1994。

　　安邦俊：《默斋日记》，朝鲜古书刊行会编《大东野乘》第 12 册，朝鲜古书刊行会，1909。

　　李命龙：《导哉日记　戒逸轩日记　杂记》，《韩国史料总书》第 42 辑，国史编纂委员会，1999。

　　沈德符：《万历野获编》，中华书局，1959。

　　内藤吉之助编《朝鲜民政资料牧民篇》，朝鲜印刷株式会社，1942。

　　金善卿编《朝鲜民政资料丛书》，骊江出版社，1987。

　　李佑成编《顺庵全集》，骊江出版社，1984。

　　《(国译)庆州先生案》，赵喆济译注，庆州文化院，2002。

　　《宣武三十九年丙午山阴帐籍》(1606 年)，首尔大学奎章阁藏(奎 14820)。

　　《仁祖八年庚午山阴帐籍》(1630 年)，首尔大学奎章阁藏(奎 14640)。

　　《蔚山府壬子户籍大帐》(1672 年)，首尔大学奎章阁藏(奎 14999)。

　　《庆尚道丹城县戊午式年户籍大帐》(1678 年)，原为丹城乡校所藏，现保管于庆尚大学校图书馆。

　　《顺天府西面家座册》(1774 年)，韩国学中央研究院藏书阁藏(MF35-11424)。

　　《号牌事目》，首尔大学奎章阁藏仁祖三年(1625)训练都监木活字本。

　　《成册规式》，首尔大学奎章阁藏(奎 12317)，刊年未详。

　　《户籍事目》，首尔大学奎章阁藏英祖五十年(1774)笔写本。

《户口总数》，首尔大学奎章阁藏正祖十三年（1789）笔写本。

韩国精神文化研究院史学研究室编《庆尚道丹城县户籍大帐》（上、下），韩国精神文化研究院，1980。

釜山大学韩国文化研究所编《庆尚道彦阳县户籍大帐》（上、下），民族文化，1988。

济州大学耽罗文化研究所编《济州大静县德修里户籍中草》（1~4），济州大学耽罗文化研究所，1993。

济州大学耽罗文化研究所编《济州大静县沙溪里户籍中草》（1~2），济州大学耽罗文化研究所，1996。

首尔大学奎章阁编《济州河源里户籍中草》（1~3），首尔大学奎章阁，1992、1996。

国学振兴研究事业推进委员会编《庆尚道丹城县户籍大帐：一九世纪篇》（1~4），韩国精神文化研究院，1999~2001。

成均馆大学东亚学术院编《庆尚道丹城县户籍大帐数据库CD》，成均馆大学东亚学术院，1999~2006。

成均馆大学东亚学术院编《庆尚道大邱府户籍大帐数据库CD》，成均馆大学东亚学术院，2009~2019。

《古文书集成》第1~98辑，韩国学中央研究院（韩国精神文化研究院），1986~2010。

《古文书集成》第5辑（义城金氏川上各派篇），韩国精神文化研究院，1989。

《古文书集成》第32辑（庆州　庆州孙氏篇），韩国精神文化研究院，1997。

《古文书集成》第35辑（巨济　旧助罗里篇），韩国精神文化研究院，1998。

《古文书集成》第60辑（晋州晋阳河氏丹池宗宅篇），韩国精神文化研究院，2002。

　　王钰欣、周绍泉主编《徽州千年契约文书》（宋·元·明编），花山文艺出版社，1991。

中文论著

　　阿风：《明清徽州诉讼文书研究》，上海古籍出版社，2016。

　　陈高华：《元代户等制略论》，《中国史研究》1979 年第 1 期。

　　陈高华：《论元代的军户》，元史研究会编《元史论丛》第 1 辑，中华书局，1982。

　　陈高华：《元史研究论稿》，中华书局，1991。

　　陈学文：《明代信牌、信票和路引的考释》，《中国典籍与文化》2014 年第 2 期。

　　程民生、郑传斌：《熙丰时期的兵制改革及启示》，《河南大学学报》1996 年第 3 期。

　　杜正胜：《编户齐民：传统政治社会结构之形成》，台北，联经出版事业公司，1990。

　　高寿仙：《明代用于禁卫的符牌》，张显清主编《第十三届明史国际学术研讨会论文集》，湖南人民出版社，2011。

　　郭晓祯、陈韶：《中国历代户籍治安管理制度溯源》，《船山学刊》2007 年第 3 期。

　　黄忠鑫：《清代图甲与保甲关系新论——基于徽州赋役合同文书的考察》，《安徽大学学报》2014 年第 4 期。

　　黄忠鑫：《明清婺源乡村行政组织的空间组合机制》，《中国历史地理论丛》2018 年第 3 期。

　　黄正建：《中国古文书学的历史与现状》，《史学理论研究》2015

年第 3 期。

　　李晓菲:《浅析符牌在明代国家治理中的特点》,《兰州学刊》2012 年第 9 期。

　　李新峰:《论明初里甲的轮役方式》,《明代研究》(台北)第 14 期,2010 年。

　　《梁方仲经济史论文集》,中华书局,1989。

　　梁方仲编著《中国历代户口、田地、田赋统计》,中华书局,2008。

　　刘道胜:《明清时期徽州的都保与保甲——以文书资料为中心》,《历史地理》2008 年第 1 期。

　　刘志伟:《在国家与社会之间——明清广东地区里甲赋役制度与乡村社会》,中国人民大学出版社,2010。

　　栾成显:《明代黄册研究》(增订本),中国社会科学出版社,1998。

　　唐文基:《试论明代里甲制度》,《社会科学战线》1987 年第 4 期。

　　王毓铨:《莱芜集》,中华书局,1983。

　　王毓铨:《明代的军户——明代配户当差之一例》,《历史研究》1959 年第 6 期。

　　王毓铨:《明朝徭役审编与土地》,《历史研究》1988 年第 1 期。

　　王毓铨:《纳粮也是当差》,《史学史研究》1989 年第 1 期。

　　王毓铨:《明朝的配户当差制》,《中国史研究》1991 年第 1 期。

　　王晓欣、郑旭东:《元湖州路户籍册初探——宋刊元印本〈增修互注礼部韵略〉第一册纸背公文纸资料整理与研究》,《文史》2015 年第 1 期。

　　吴超:《〈黑城出土文书〉所见"牌子"考》,《北华大学学报》2009 年第 4 期。

岩井茂树:《赋役负担团体的里甲与村》,森正夫等编《明清时代史的基本问题》,周绍泉等译,商务印书馆,2013。

张哲郎:《乡遂遗规——村社的结构》,杜正胜等编《吾土与吾民:中国文化新论(社会篇)》,台北,联经出版事业公司,1982。

韩文论著

Edward Wagner:《17世纪朝鲜的社会阶层:1663年首尔北部户籍为中心》,梨花女子史学系研究室编译《朝鲜身分史研究》,法务社,1987。

Susan Shin:《17世纪金化地域的社会构造》,梨花女子史学系研究室编译《朝鲜身分史研究》,法务社,1987。

岸本美绪、宫嶋博史:《朝鲜和中国近世五百年》,金炫荣、文纯实译,历史批评社,2003。

白承钟:《高丽后期的"八祖户口"》,《震檀学报》第34辑,1984。

边太燮:《高丽前期的外官制》,《韩国史研究》第2辑,1968。

崔承熙:《韩国古文书研究》(增补版),知识产业社,1989。

崔承熙:《关于户口单子和准户口》,《奎章阁》第7辑,1983。

崔弘基:《韩国户籍制度史研究》,首尔大学出版社,1975。

崔石云:《世祖时的号牌法施行》,《乡土首尔》第28辑,1966。

崔在锡:《高丽后期家族的类型与构成——对国宝131号高丽后期户籍文书的分析》,《韩国学报》第3辑,1976。

崔在锡:《韩国家族制度史研究》,一志社,1983。

高光仪:《乐浪郡初元户口簿再检讨》,《木简与文字》第7辑,2011。

宫嶋博史:《东亚小农社会的形成》,《人文科学研究》第 5 辑，1999。

宫嶋博史:《关于朝鲜时代的身分、身分概念》,《大东文化研究》第 42 辑，2003。

宫嶋博史:《从〈安东权氏成化谱〉看韩国族谱的构造特征》,《大东文化研究》第 62 辑，2008。

宫嶋博史:《韩中日比较通史：有必要重新整理历史像之际》,Nermerbooks，2020。

国史编纂委员会编《新编韩国史》第 19 卷《高丽后期的政治与社会》，国史编纂委员会，1996。

国史编纂委员会编《新编韩国史》第 23 卷《朝鲜初期的政治结构》，国史编纂委员会，1994。

国史编纂委员会编《新编韩国史》第 30 卷《朝鲜中期的政治与经济》，国史编纂委员会，1998。

韩国古典用语辞典编纂委员会:《韩国古典用语辞典》，世宗大王纪念事业会，2001。

韩基范:《17世纪初丹城县民的身分构成：以户籍分析为中心》,《湖西史学》第 10 辑，1982。

韩荣国:《朝鲜王朝户籍的基础的研究》,《韩国史学》第 6 辑，1985。

洪承基:《高丽时期私奴婢的法制上地位》,《韩国学报》第 4 辑，1978。

洪承基:《高丽时期公奴婢的性质》,《历史学报》第 80 辑，1978。

洪承佑:《从木简资料看百济的籍帐文书和收取制度》,《韩国古代史研究》第 80 辑，2015。

户籍大帐研究组：《丹城户籍大帐研究》，成均馆大学大东文化研究院，2003。

金秉骏：《乐浪郡初期的编户过程与"胡汉稍别"——以"乐浪郡初元四年县别户口 □□"木简为端绪》，《木简与文字》创刊号，2008 年。

金昌锡：《通过户籍相关资料看三国时期的户籍制度》，《木简与文字》第 23 号，2019 年。

金建泰：《朝鲜后期的人口把握实状及其性质——基于丹城县户籍的分析》，《大东文化研究》第 39 辑，2001。

金建泰：《朝鲜后期户的构造与户政运营：以丹城户籍为中心》，《大东文化研究》第 40 辑，2002。

金建泰：《通过户口出入看 18 世纪户籍大帐的编制方式——以丹城户籍为中心》，《大东文化研究》第 42 辑，2003。

金建泰：《朝鲜后期私奴婢的把握方式》，《历史学报》第 181 辑，2004。

金建泰：《通过户名看 19 世纪职役和率下奴婢》，《韩国史研究》第 144 辑，2009。

金建泰：《18 世纪中叶私奴婢的社会经济性质——庆尚道安东金溪里义城金氏家的个案》，《大东文化研究》第 75 辑，2011。

金俊亨：《朝鲜后期面里制的性质》，硕士学位论文，首尔大学，1982。

金龙善：《高丽社会的基本性质》，《韩国史市民讲座》第 40 辑，一潮阁，2007。

金龙善：《科举和荫叙——高丽贵族社会的两种登用之路》，《韩国史市民讲座》第 46 辑，一潮阁，2010。

金庆兰：《朝鲜后期户籍大帐女性称呼的规定和性质——以〈丹

城户籍〉为中心》,《历史与现实》第 48 辑,2003。

金京兰:《朝鲜时期国家对贱民女性的把握实态和编制方式——以〈丹城县户籍大帐〉的"婢"记载样态为中心》,《大东文化研究》第 52 辑,2005。

金盛祐:《朝鲜中期的国家和士族》,历史批评社,2001。

金盛祐:《社会身分》,韩国史研究会编《新韩国史指南(上):韩国史研究入门》(第 3 版),知识产业社,2008。

金仁杰:《朝鲜后期身分史研究现况》,近代史研究会编《韩国中世社会解体期的诸问题(下):朝鲜后期史研究的现况和课题》,韩尔学术出版社,1987。

金仁杰:《朝鲜时期社会史研究动向与资料活用方案》,李海濬、金仁杰等:《朝鲜时期社会史研究法》,韩国精神文化研究院,1993。

金仁杰:《朝鲜社会的结构和性质》,韩国史研究会编《新韩国史指南(上):韩国史研究入门》(第 3 版),知识产业社,2008。

金仁杰:《1960、70 年代"内在发展论"与韩国史学》,《朝鲜时代社会史与韩国史认识》,景仁文化社,2017。

金容燮:《朝鲜后期的身分制动摇和农地所有》,《史学研究》第 15 辑,1963。

金容燮:《朝鲜后期农业史研究:农村经济、社会变动》,一潮阁,1970。

金容燮:《高丽时期的量田制》,《东方学志》第 16 辑,1975。

金锡亨:《朝鲜初期国役编成的基底》,《震旦学报》第 14 辑,1941。

金锡禧:《18、19 世纪户口的实态与身分变动:以彦阳县户籍大帐为中心》,《人文论丛》第 26 辑,1984。

金锡禧:《朝鲜后期地方社会史研究动向与课题:以户籍大帐研

究为中心》，《韩国民族文化》第 5 辑，1992。

金英夏、许兴植：《唐宋户籍制度对韩国中世户籍的影响》，《韩国史研究》第 19 辑，1978。

近代史研究会编《韩国中世社会解体期的诸问题（下）：朝鲜后期史研究的现况与课题》（经济、社会篇），韩尔学术出版社，1987。

金善卿：《朝鲜后期租税收取和面里运营》，硕士学位论文，延世大学，1984。

金善卿：《朝鲜后期牧民学的系谱和〈牧民心书〉》，《朝鲜时代史学报》第 52 辑，2010。

李纯根：《高丽初乡吏制的成立和实施》，《金哲埈博士华甲纪念史学论丛》，知识产业社，1983。

李光麟：《号牌考——以实施变迁为中心》，庸斋白乐濬博士还甲纪念论文集刊行会编《庸斋白乐濬博士还甲纪念论文集：国学论丛》，思想界社，1955。

李海濬：《17世纪初晋州地方的里坊再编与士族》，《奎章阁》第 6 辑，1982。

李俊九：《17世纪末号牌、户籍所见的郁陵岛、独岛守卫者安龙福和朴于屯》，《朝鲜史研究》第 14 辑，2005。

李南九：《朝鲜王朝后期里洞组织的研究——以协同生活构造为中心》，《安东教大论文集》第 16 辑，1981。

李树健：《直村考——朝鲜前期村落构造的一断面》，《大邱史学》第 15、16 辑，1978。

李树健：《韩国的姓氏与族谱》，首尔大学出版社，2003。

李荣薰：《朝鲜后期社会经济史》，韩吉社，1988。

李荣薰：《朝鲜时代主户－挟户关系再论》，《古文书研究》第 25 辑，2004。

李荣薰：《朝鲜前期和中国明户籍的比较史检讨》，韩国古文书学会编《东亚近世社会的比较：身分、村落、土地所有关系》，慧眼出版社，2006。

李泰景：《十四、十五世纪农业技术的发达和新兴士族》，《东洋学》第9辑，1978。

李泰景：《高丽末、朝鲜初的社会变化》，《震檀学报》第55辑，1983。

李泰景：《韩国社会史研究》，知识产业社，1986。

李相国：《高丽时期户口把握样像及其意义——以户口资料为中心》，《大东文化研究》第52辑，2005。

李佑成：《高丽时代的家族》，《东洋学》第5辑，1973。

李正兰：《高丽时代系谱记录和财产继承——以女系家门的继承权为中心》，《女性和历史》第23辑，2015。

李钟书：《高丽末和宁府户籍的作成原则与记载内容——以同居状况及关联性为中心》，《震檀学报》第95辑，2003。

李钟书：《高丽八祖户口式的成立时期和成立原因》，《韩国中世史研究》第25辑，2008。

李钟英：《僧人号牌考》，《东方学志》第6辑，1963。

林学成：《通过户籍相关古文书看朝鲜后期的家族构成样态——为了探明韩国家族史实体的尝试》，《民族文化研究》第44辑，2006。

林学成：《朝鲜时期奴婢制度的演进及奴婢的存在形式》，《历史民俗学》第41辑，2013。

林荧泽：《〈牧民心书〉的理解：关于茶山政治学》，《韩国实学研究》第13辑，2007。

卢明镐：《高丽社会的两侧亲属组织研究》，博士学位论文，首尔大学，1988。

卢明镐：《高丽时期户籍记载样式的成立及其社会意义》，《震檀学报》第 79 辑，1995。

卢明镐：《高丽时期的分家规定和单丁户》，《历史学报》第 172 辑，2001。

卢明镐等：《韩国古代中世古文书研究》（上、下），首尔大学出版社，2011。

卢永九：《朝鲜后期户籍大帐研究现况和电算化一例》，《大东文化研究》第 39 辑，2001。

卢镇英：《17 世纪山阴县的社会身分构造及其变动》，《历史教育》第 25 辑，1979。

闵丙官：《17 世纪号牌制的施行和民人把握问题》，硕士学位论文，首尔大学，2000。

丘秉朔：《高丽时代奴婢制度的法理（1）》，《法律行政论集》第 14 辑，1976。

朴顺贤：《18 世纪丹城县的面里编制》，《大东文化研究》第 40 辑，2002。

朴贤淑：《百济户籍文书相关木简的再检讨》，《百济研究》第 67 辑，2018。

朴镇愚：《朝鲜初期面里制和村落支配的强化》，《韩国史论》第 20 辑，1988。

朴宗基：《高丽时代村落的机能和构造》，《震檀学报》第 64 辑，1987。

权斗奎：《高丽时期的别籍异财与家庭规模》，《庆北史学》第 13 辑，1990。

权乃铉：《肃宗代地方统治论的展开和政策运营》，《历史与现实》第 25 辑，1997。

权乃铉：《朝鲜后期户籍作成过程的分析》，《大东文化研究》第 39 辑，2001。

权乃铉：《朝鲜后期户籍、户口的性质与新的论争》，《韩国史研究》第 135 辑，2006。

权乃铉：《朝鲜后期户籍的理解：论争和课题》，《韩国史研究》第 165 辑，2014。

权奇奭：《族谱和朝鲜社会——15~17 世纪的谱系意识和社会关系网》，太学社，2015。

权奇重：《朝鲜后期户籍研究的现在与今后课题》，《大东文化研究》第 100 辑，2017。

权五晔：《安龙福的号牌》，《日本文化学报》第 64 辑，2015。

权五中等：《乐浪郡户口簿研究》，东北亚历史财团，2010。

全炅穆：《19 世纪末作成的南原屯德坊户籍中草及其性质》，《古文书研究》第 3 辑，1992。

全炅穆：《古文书研究的方法论与活性化方案——与韩国学中央研究院的作用相关》，《精神文化研究》第 28 卷第 2 号，2005。

沈载祐：《朝鲜后期社会变动和户籍大帐研究的课题》，《历史与现实》第 62 辑，2006。

宋俊浩：《朝鲜社会史研究——朝鲜社会的构造和性格及其变迁研究》，一潮阁，1987。

宋亮燮：《18、19 世纪丹城县的军役把握和运营——〈丹城户籍大帐〉为中心》，《大东文化研究》第 40 辑，2002。

宋亮燮：《朝鲜后期身分、职役和"职役体系"的认识》，《朝鲜时代学报》第 34 辑，2005。

申正熙：《五家作统法小考》，《大邱史学》第 12、13 辑，1977。

孙炳圭：《户籍大帐职役记载的样态及含义》，《历史与现实》第41辑，2001。

孙炳圭：《户籍大帐职役栏的军役记载和"都已上"的统计》，《大东文化研究》第39辑，2001。

孙炳圭：《18世纪地方的私奴军役把握和运营》，《韩国史学报》第12辑，2002。

孙炳圭：《朝鲜后期国家身分的规定及其适用》，《历史与现实》第48辑，2003。

孙炳圭：《户籍——从1606~1923年的户口记录看朝鲜的文化史》，人文主义者（humanist），2007。

孙炳圭：《18世纪末的地域别"户口总数"及其统计含义》，《史林》第38辑，2011。

孙炳圭编《朝鲜王朝户籍：新研究方法的摸索》，成均馆大学大东文化研究院，2020。

文现妊：《朝鲜后期户口单子和准户口的作成过程研究——以庆州府户口单子和准户口为中心》，《古文书研究》第38辑，2011。

文现妊：《朝鲜后期汉城府的户口单子、准户口作成过程再考》，《古文书研究》第42辑，2013。

吴英善：《朝鲜前期汉城府的户籍业务》，《首尔学研究》第20辑，2003。

吴英善：《高丽末朝鲜初户口资料的形式分类》，卢明镐等：《韩国古代中世古文书研究》（下），首尔大学出版社，2011。

吴永教：《朝鲜后期五家作统制的构造与展开》，《东方学志》第73辑，1991。

吴永教：《19世纪的社会变动和五家作统制的展开过程》，《学林》第12、13辑，1991。

吴永教:《17世纪地方制度改革论的展开》,《东方学志》第77~79辑,1993。

吴永教:《17世纪乡村政策和面里制的运营》,《东方学志》第85辑,1994。

徐汉教:《17、18世纪纳粟策的实施及其成果》,《历史教育论集》第15辑,1990。

徐汉教:《17、18世纪丹城地方纳粟人的实态和身分变动》,《历史教育论集》第24辑,1999。

许兴植:《从国宝户籍看高丽末的社会构造》,《韩国史研究》第16辑,1977。

许兴植:《高丽社会史研究》,亚细亚文化社,1981。

许元宁:《18世纪后半期顺天府农民的存在样态和农业经营:以"顺天府西面家座册"(1774)的分析为中心》,《历史文化研究》第47辑,2013。

尹龙九:《新发现的乐浪木简——乐浪郡初元四年县别户口簿》,《韩国古代史研究》第6辑,2007。

尹龙九:《平壤出土"乐浪郡初元四年县别户口簿"研究》,《木简与文字》第3辑,2009。

尹善泰:《新罗村落文书的计烟和孔烟——以中国、日本户等制、年龄等级制的比较为中心》,《韩国古代史研究》第21辑,2001。

尹善泰:《罗州伏岩里出土百济木简的判读与用途分析:与7世纪初百济的地方统治相关》,《百济研究》第56辑,2012。

尹善泰:《"新罗村落文书"的记载样式与用途——以中国、日本籍帐文书的比较检讨为中心》,卢明镐等:《韩国古代中世古文书研究》(下),首尔大学出版社,2011。

张允祯：《从考古学角度对号牌的初步研究——庆南大学博物馆藏品为中心》，《加罗文化》第 27 辑，2015。

郑杜熙：《朝鲜后期户籍研究的现况和课题》，《韩国史研究》第 101 辑，1998。

郑豪薰：《18 世纪牧民书的发展样态和〈牧民心书〉》，《茶山学》第 28 辑，2016。

郑奭钟：《朝鲜后期社会身分制的变化：以蔚山府户籍大帐为中心》，《大东文化研究》第 9 辑，1969。

郑演植：《朝鲜后期“役总”的运营和良役变通》，博士学位论文，首尔大学，1993。

郑震英：《朝鲜后期国家的村落支配政策的趋势与局限》，《峤南史学》第 6 辑，1994。

郑震英：《18 世纪户籍大帐“户口”记录的检讨：与族谱、洞案类的比较》，《李树健教授停年纪念：韩国中世史论丛》，2000。

郑震英：《18 世纪户籍大帐的“户”及其经济基础——1714 年大邱租岩坊户籍为中心》，《历史与现实》第 39 辑，2001。

郑震英：《朝鲜后期户籍大帐“户”的编制样相》，《历史与现实》第 45 辑，2002。

郑震英：《朝鲜后期“户”的新理解与展望》，《大东文化研究》第 42 辑，2003。

日文论著

今村鞆：《朝鮮の地方自治制度に就て》，朝鮮總督府編《朝鮮總攬》，朝鮮總督府，1933。

中村栄孝：《朝鮮時代地方制度の歴史的考察》，朝鮮總督府編

《朝鮮總攬》，朝鮮總督府，1933。

　　四方博：《李朝人口に關する身分階級別的勸察》，京城帝國大學法文學會編《朝鮮經濟の研究》第 3，岩波書店，1938。

　　四方博：《朝鮮社会経済史研究》（中），国書刊行会，1976。

　　武田幸男：《高麗・李朝時代の属県》，《史学雑誌》第 72 巻第 8 号，1963。

　　武田幸男：《学習院大学蔵の丹城県戸籍大帳とその意義》，武田幸男編《朝鮮後期の慶尚道丹城県におけて社會動態の研究——学習院大学蔵朝鮮戸籍大帳の基礎的研究（2）》（I），学習院大学東洋文化研究所，1991。

　　井上和支《〈雲窓誌（丹城誌）〉解題》，武田幸男編《朝鮮後期の慶尚道丹城県におけて社會動態の研究——学習院大学蔵朝鮮戸籍大帳の基礎的研究（2）》（I），学習院大学東洋文化研究所，1991。

　　山内弘一：《李朝後期の戸籍編成について——特に地方の場合を中心に》，武田幸男編《朝鮮後期の慶尚道丹城県における社会動態の研究——学習院大学蔵朝鮮戸籍大帳の基礎的研究（3）》（II），学習院大学東洋文化研究所，1997。

　　宮嶋博史：《朝鮮農業史上における十五世紀》，《朝鮮史叢》3 号，1980。

　　宮嶋博史：《朝鮮土地調査事業史の研究》，東京大学東洋文化研究所，1991。

　　溝口雄三、浜下武志、平石直昭、宮嶋博史編《長期社會變動》（"アシアから考える" Vol.6），東京大学出版会，1994。

后 记

　　我出生于浙江杭州临安的一个小镇，小学六年级来到萧山县，现在两地都已成为杭州的区。于我而言，临安和萧山的文化和语言有很大差异。寒暑假，我常去奶奶家住。那是一个地处钱塘江南岸、位于萧绍平原的同姓村落。村民原先主要以种地打鱼为生，改革开放以后创办了乡镇企业，在父辈们的艰苦努力下，村子发生了翻天覆地的变化。虽然越来越多的人住进了别墅，村民成了上市公司的股东，但大家的生活方式并没有发生太多变化。每天晚上，一大家子的几代人都会聚在奶奶家分享村里的逸事，生活、工作的喜怒哀乐。奶奶不识字，更不会讲普通话，常用萧山话和我讲村里的故事。我住在奶奶家的日子里，经常看到奶奶和叔叔、姑姑们聚在一起商量家里大小事，进行各类祭祀等活动。

　　小学六年级前，每年我都会在村里生活三四个月，小学六年级举家搬到萧山后，逢年过节我也会随家人往返于县城与农村，在有文字和无文字的社会之间切换。不知何时起，我开始习惯乡村社会的礼仪秩序。而这种没有文字却依然充满温情的生活，成为我童年生活的重要部分，那份鲜活的记忆是我离乡后心底最温暖和坚实的土壤。

　　儿时体会到的农村与县城生活的所谓"文化"差异，在我心底埋下了对乡村产生好奇的第一颗种子。奶奶和姑姑们常说自己读书少，没有文化，而我却从她们身上看到了教科书上不曾教给我的最深厚的"文化"。后来我离开家乡，去往异地求学，这段生活对我产生了第二次重要的文化冲击。2001 年，我第一次离家来到遥远的延边大学学习。朝鲜族老师和当地同学为了让我们这些外省同学了解当地文化，热心组织丰富多彩的集体活动，与同学们的户外活动成为大学生活最大的乐趣。老师身体力行地教我们这些"80 后"孩子人与人之间的"礼"。几年下来，我不仅体会到东北人的热情和老师的用心，也感受到朝鲜族社会与江南社会不同的风土与人情。大三时我交换到釜山学习一年，与韩国学生同住一间宿舍。每逢周末，我便出门旅行或随韩国朋友体验当地生活。当时最大的收获，便是发现韩国也有很多同姓村落。为什么我能在韩国感受到某种亲切感，那份留存于心底的疑惑一直挥之不去。

　　大学毕业后，我赴成均馆大学东亚学术院继续学习，我与韩国社会经济史研究者的交往也由此开始。在韩国的八年学习和生活经历，让我真正有机会对韩国社会、东亚社会有了一些深入了解。硕士入学不久，金建泰老师（后入职首尔大学）便成为我的生活指导教授，我很自然地选择了朝鲜时代社会经济史作为我的研究方向。

　　我记得金老师给我的第一个任务便是让我去首尔大学奎章阁学

习复印朝鲜时代某个县的量案（土地册）。我好几次在奎章阁里边看胶片边复印，而与户籍、量案等基础资料的邂逅，大概就始于那时。不久，金老师又让我加入户籍大帐课题组，并将户籍大帐课题组成员合著的《丹城户籍大帐研究》一书赠予我，还在扉页上写了"朱玫君一读"。在金老师的鼓励下，我还报名了汉文研修班，研读"四书"等经典著作；在同门的读书班里，我接触到了朝鲜时代两班日记等更加"鲜活"的资料。通过老师们的引导和研读不同类型的资料，我逐渐进入朝鲜史的研究，并对朝鲜的传统社会产生了一些兴趣。

当时宫嶋博史老师、孙炳圭老师、金建泰老师等同在一个研究组，我加入了宫嶋博史老师主持的"韩国社会长期变迁"研究团队。我常在老师的带领下，参加各种学术活动、研讨班，有时跟着老师去他们的田野点考察和查阅资料。金建泰老师入职首尔大学后，孙炳圭老师成为我的博士导师。我常去孙老师办公室喝咖啡，坐下来边喝咖啡边聊我最新的一些思考。孙老师很健谈，有时一聊就是几个小时。孙老师也有意传授给我很多研究心得。我们的关系不知何时起从师生关系变成了学术合作关系，开始共同构思论文、参会和写作。

从硕士入学一直到博士毕业，金建泰老师和孙炳圭老师让我参与了丹城县、大邱府户籍大帐数据库建设的全过程，使我有机会近距离与户籍组的老师和相关研究者进行交流，在这一过程中我了解到前辈学者对于户籍的思考，以及国内外学术界对于户籍资料的最新研究动向。尤其是老师们一直有意识地把我们看作年轻学者，不遗余力地创造各种机会让我们拓宽视野，接触学术前沿。记得硕士二年级，我手头并没有成熟的论文，老师们创造机会，带我去法国索邦大学参加"历史人口学"的国际学术研讨会。那一次法国之行，启发我在世界史视野下去理解韩国的相关资料。老师们还精心组织各类研修营和学术活动，让我了解到东亚地区不同形态的户籍、族谱等资料及其应用，与东亚各地的户籍研究者、欧美历史人口学领域的学者有诸多交流机会。现在回想起来，老师们无私地给予我太多东西。老师们总能一针见血地指出我的不足。老师们不仅在学习上，在生活和为人处世方面也循循善诱、诲人不倦。每当疲倦的时候，宫嶋博史、金建泰、孙炳圭等老师作为学者的追求和坚持，总能激励我保持"初心"。

当时的户籍大帐项目组设在东亚学术院大东文化研究院，项目组每两周召开一次户籍大帐项目组会议，定期对资料、数据输入和校对中发现的问题进行讨论，从而对资料有了更深的理解。尤其在我博士学位论文撰写的几年，项目组为我提供了安静的学习环境，我每天从早到晚都泡在项目组里看资料和学习。后来，我也基于户籍资料做了一些社会史和历史人口学方面的个案研究。可以说，户籍资料一直伴随我研究生阶段的学习和研究。

或许与儿时的经历有关，我的博士学位论文最后选择了最感兴趣的宗族与乡村社会展开研究，论文里运用了多种民间文献，其中包括户籍、量案（地籍）和族谱等基础性资料。虽然没有选择老师们擅长的农业史、财政史、户籍或量案本身作为学位论文的主题，但我心中始终存有疑问：户籍究竟是怎样的资料？为何老师们如此关注这类资料，用将近 20 年的时间建立丹城县和大邱府两个户籍大帐数据库？或许是为了解开心中的那份疑惑和弥补一些遗憾，回国后我选择"13~17 世纪中韩户籍文书比较研究"作为自己的博士后课题。

我清楚记得，宫嶋博史老师在我的推荐信里写道："尤其是利用了朝鲜时代最为基础的一手资料，即户籍大帐和量案撰写了博士论文。"我深知这句话其实隐含了老师对我研究的期许。2019 年，我邀请宫嶋博史老师来中山大学讲座时，我与老师聊到自己最近在做户籍研究。宫嶋老师提醒我户籍研究里的两个重要问题，我记在笔记上，不时拿出来琢磨。孙炳圭老师得知我的博士后课题与中韩近世户籍比较有关，发来相关资料和论文，鼓励我坚持做这个课题。去年我和孙老师听了彼此的会议报告，再一次萌发了共同研究的想法。金建泰老师听说我这几年在做户籍研究，倍感欣慰。最近和金老师聊到户籍资料，老师说自己研究了几十年，现在才对户籍有了一点点的认识。我听后惭愧不已。这本小书，可以说是我在博士学位论文以后，对于户籍文书的阶段性整理心得，也是想补交的一份小作业。

回国以后，我有幸认识阿风、栾成显、刘志伟和张荣强等先生，先生们在户籍制度或社会经济史研究领域长期耕耘，对于我研究韩国古代的户籍制度有诸多启发。我也认识了从事社会经济史研究、区域史研究、历史人类学研究、亚洲史研究的诸多师友，让独自坚守朝鲜时代社会经济史研究的我，有了找到同伴的感觉。近年来各种前沿课题和方法被提出，我在关注和尝试这些前沿研究的同时，仍然坚持做一些不太受宠的朝鲜古代史研究的基本问题。尤其是观照国内的朝鲜史研究，总觉得有太多基础性的工作要做。考虑到户籍资料本身的性质尚有待梳理，本书没有将户籍置于某个地域去讨论，也没有放入运用历史人口学等其他方向的文章，许多课题只好留在未来的研究中去慢慢补充完善。

本书的完成，想要感谢太多人，恐怕难以在后记中一一表达谢意。他们既有我的师友和同事，也有各种因缘结识的朋友，他们教会我太多东西。尤其是在韩国求学期间和中国社会科学院读博士后期间遇到的各位老师，他们给予我长期的关心和帮助。中山大学历史学系的同事在不同层面给予我帮助，让我深感温暖。

最后，我要感谢我的家人长期以来的陪伴和爱护。郑墇谟先生，他既是我的伴侣，也是我最好的朋友。镇昊、镇文两个宝贝先后来到我身边，给我带来了无比的幸福和安慰。社会科学文献出版社历史学分社的郑庆寰社长和赵晨、徐花编辑为本书的出版做了大量的工作。刘志伟老师、黄国信老师为本书的出版提供了无私的帮助。

朱 玫

2024 年 3 月 19 日于永芳堂

图书在版编目（CIP）数据

编户齐民：朝鲜近世的户籍文书/朱玫著.

北京：社会科学文献出版社，2024. 10. --（新经济史丛书）. -- ISBN 978-7-5228-3848-9

Ⅰ. D731.29

中国国家版本馆 CIP 数据核字第 2024XK1118 号

· 新经济史丛书 ·

编户齐民：朝鲜近世的户籍文书

著　　者／朱　玫

出 版 人／冀祥德
组稿编辑／郑庆寰
责任编辑／赵　晨
文稿编辑／徐　花
责任印制／王京美

出　　版／社会科学文献出版社·历史学分社 （010）59367256
　　　　　　地址：北京市北三环中路甲29号院华龙大厦　邮编：100029
　　　　　　网址：www.ssap.com.cn
发　　行／社会科学文献出版社 （010）59367028
印　　装／北京联兴盛业印刷股份有限公司

规　　格／开　本：787mm×1092mm 1/16
　　　　　　印　张：18.75　字　数：234 千字
版　　次／2024年10月第1版　2024年10月第1次印刷
书　　号／ISBN 978-7-5228-3848-9
定　　价／88.00元

读者服务电话：4008918866